oficio de tinieblas 5

camilo josé cela

oficio de tinieblas 5 o novela de tesis escrita para ser cantada por un coro de enfermos como adorno de la liturgia con que se celebra el triunfo de los bienaventurados y las circunstancias de bienaventuranza que se dicen: el suplicio de santa teodora el martirio de san venancio el destierro de san macario la soledad de san hugo cuyo tránsito tuvo lugar bajo una lluvia de abyectas sonrisas de gratitud y se conmemora el día primero de abril

Nueva Galería Literaria
Editorial Noguer, S. A.

El guarismo 5 que figura en el título de esta novela no significa quinto sino que representa un ordinal alógico, paradójicamente abstracto, fluctuante e indeterminado.

He aquí algunas papeletas bibliográficas de igual enunciado en lengua castellana:

B[ernardo]. R[amírez]. de L[una]. *El oficio de tinieblas.* Narración escrita con arreglo a la más moderna prosodia por D. ... Vitoria, Establecimiento Tipográfico de la Viuda e Hijos de Iturbe. 1880. 64 ps.

Fidelino Yáñez L. *Oficio de tinieblas.* [Poema], en la revista *El guaco de oro*, n.º 1 (y único). San José de Costa Rica, mayo de 1932.

Alejo Carpentier. *Oficio de tinieblas.* [Cuento], en la revista *Orígenes*, n.º 1. La Habana, diciembre de 1944.

Antonio Larreta. *Oficio de tinieblas.* Montevideo. [Pieza en tres actos. Imprenta El Siglo Ilustrado. 1954.] 116 ps. Se estrenó el día 23 de abril de 1954, en el Teatro Solís, de Montevideo.

Rosario Castellanos. *Oficio de tinieblas.* [Novela.] J[oaquín] M[ortiz]. [México, Talleres de Litoarte. 1962.] 368 ps. 1 h.

Alfonso Sastre. *Oficio de tinieblas.* Drama en tres actos, original de... Ediciones Alfil... [Madrid, Escelicer; Cádiz, Imp. Escelicer. 1967.] 79 ps. Colección Teatro, n.º 546. Se estrenó el día 8 de febrero de 1967, en el Teatro de la Comedia, de Madrid.

Salustiano Masó. *Oficio de tinieblas.* [En] *La bramadera* [portadilla p. 7]. Carboneras de Guadazaón. [Madrid, Gráficas Do-Mo. 1971.] 76 ps., 4 hs. El toro de barro, 20.

Primera edición: noviembre de 1973
Segunda edición: diciembre de 1973
Tercera edición: diciembre de 1973
Cuarta edición: febrero de 1974
Quinta edición: febrero de 1974
Sexta edición: marzo de 1974
RESERVADOS TODOS LOS DERECHOS
ISBN: 84 - 279 - 0623 - 4
Depósito legal: B. 4458 - 1974
Dibujo sobrecubierta: Pla Narbona
© Camilo José Cela, 1973
Editorial Noguer, S. A., Paseo de Gracia, 96, Barcelona, España
Printed in Spain
1974. Talleres Gráficos A. Núñez. París, 208. Barcelona

naturalmente, esto no es una novela sino
la purga de mi corazón.

odio et amo. quare id faciam fortasse requiris.
nescio, sed fieri sentio et excrucior.

Catvlli Carmina, lxxxv.

La literatura no es más que muerte.

Unamuno, *Cómo se hace una novela.*

1   ... es cómodo ser derrotado a los veinticinco años aún sin una sola cana en la cabeza sin una sola caries en la dentadura sin una sola nube en la conciencia con sólo dos o tres lagunas en la memoria y mirar el mundo desde el cielo desde el purgatorio desde el infierno desde más acá de los montes pirineos y la cordillera de los andes con frialdad con indiferencia con estupor

2   no merece la pena que te desnudes a nadie le importa nada ni el precio oficial de la remolacha para la campaña azucarera ni nada la arroba de sexos de varón y hembra la arroba de nalgas de varón y hembra y menos que a nadie a tu padre no pronuncies su nombre que acaba de quedar en el cementerio civil detrás de las tumbas de los masones a su cobijo en el camino de las arañas y de los lagartos

3   no, no te resignes aguanta di cien veces mil veces un millón de veces no quiero nada ni siquiera que me dejéis vivir en paz morir en paz no quiero la vida ni la muerte ni la paz tampoco la guerra no vivo no me doy cuenta de que vivo

4   ni me muero no me doy cuenta de que me muero

5   ni declaro la huelga del hambre ni me trago la lengua ni me ahorco

6   es como una letanía ora pro nobis ora pro nobis

7   tendréis que tomaros la molestia de matarme con un almohadón de seda con una toalla de felpa con una cuerda de esparto con el cuchillo de cocina que tiene las cachas de asta de ciervo con cinco fusiles de chispa

8   hay cadáveres que no acaban de estarse quietos que dan ligeros respingos que tiemblan que suspiran y piden clemencia y se quedan mirando:

9   para las mujeres que les escupen en la boca

10 para los niños que les hurgan el vientre con un palito que a veces se quiebra con un palito de avellano

11 para los hombres que se ríen llenos de temor y de estruendo

12 entonces llega la horda de los sepultureros borrachos de ginebra cantando himnos litúrgicos himnos funerarios himnos procaces y cuplés y cubren los diversos cadáveres de tierra les echan encima tonelada y media de tierra para que no puedan levantarse jamás

13 quienes quedan vivos suelen tener mucho miedo y por eso ríen y cantan ríen y cantan sin cesar también sin que nadie se lo pida y miran con malos ojos a los que no ríen y cantan y les preguntan que por qué no ríen y cantan

14 ellos no lo saben pero se lo imaginan no ríen ni cantan porque también quieren morir por mano ajena

15 no vivir por mano ajena

16 no, no te mueras ni declares la huelga del hambre ni te tragues la lengua etcétera

17 tú no participaste en el suplicio de santa teodora el día primero de abril

18 ni en el martirio de san venancio el día primero de abril ni te reíste de él y de sus piruetas

19 ni en el destierro de san macario el día primero de abril que acabará que ya acabó muriendo en méjico el extrañamiento es dolorosa enfermedad mortal

20 ni en la soledad de san hugo el día primero de abril ni tampoco en las otras calamidades que se reciben bajo una lluvia de abyectas sonrisas de gratitud

21 no, tú fuiste un espectador muy torpe y ése es tu grave pecado el pecado para el que no puede haber perdón sin penitencia dolorosa sin penitencia de sangre

12

22   no te fíes de fechas todas son falaces y torturadoras y muy débiles
tarde o temprano todas son falaces y torturadoras y muy débiles

23   algunos creyeron que la historia empezaba a un toque de silbato o
de campana o a un concierto de silbato y campana y después se
pasaron la vida y llegaron más allá de la muerte oyendo horrísonos silbidos ensordecedores destemplados y muy solemnes cam-
panazos ensordecedores

24   tú recibes el castigo en este mundo antes de muerto casi como
todos y más tarde te alarmas y no puedes cargar con tu dolor te
derriba tu propio dolor sobre el que saltan todas las mujeres desnudas que conoces

25   las de color rojo sangre las de color naranja veneno las de color
amarillo agonía las de color verde yerba las de color azul ciruela
las de color blanco hueso blanco yeso blanco de españa todas las
harpías y alguna pantera llena de condecoraciones ganadas en justa lid

26   recuérdalo siempre: no hay final glorioso de trompetería hay final
amargo de fagot final neutro de fagot final confortador y doméstico de corno inglés y ni te enteras de sus ventajas o de sus vicios
ni de sus ventajas ni de sus vicios

27   no, no hay ventajas todas las ventajas se las toma el enemigo tu
enemigo el dueño del arsenal tú sabes que es un obseso de las
ventajas pero no es tu enemigo

28   tú también eres un vicioso de las ventajas aunque no quieras de-
clararlo soplas en una pajita y esperas que salgan pompas de jabón
volando pero salen aullidos de lobo volando y tauteos de zorra
volando o mejor maullidos de gato manso volando y te desesperas
y quieres ahorcarte con una cuerda de violín o un sedal de pescador de jibias o ahogarte en el lavabo o desnucarte golpeándote
contra la esquina de una mesa etcétera

29   ése no es el camino que todo es como una letanía ora pro nobis
ora pro nobis

30   venecia se hunde equis centímetros cada equis tiempo mientras los
venecianos cantan barcarolas románticas y se ofrecen desnudos a

los turistas que necesitan acopiar sucesos o se refugian en la masturbación y la mendicidad tú dices los venecianos como si todos fueran rubicundos cardenales leprosos y venecia su sede el péndulo de venecia no hace tic tac sino tic tac toc es un péndulo muy raro de hábitos poco previstos

31   y a los fetos de raza no blanca los disecan y los ponen de adorno encima del piano los fetos de biafra en los pianos europeos los fetos de vietnam en los pianos americanos los fetos indios y paquistaníes en los pianos rusos y chinos y así sucesivamente que en el mundo hay muchos pianos no tantos como fetos de raza no blanca pero muchos con su teclado blanco y negro

32   a ti te falta valor bien lo sabes para encararte con el inhumano juez que duerme sobre tres mujeres gordas desnudas y muertas marta maría y bárbara y decirle vos que sois tan reglamentario y buen cumplidor dadme una licencia de loco que me permita dejar de hacer locuras hasta convertirme en el payaso que recibe las bofetadas del país quiero burlarme créeme que con timidez del más cruel carcelero oh inhumano juez que dormís vuestro hartazgo entre eructos saludabilísimos sobre tres mujeres gordas desnudas y muertas marta maría y ana sed clemente y acoged mi súplica con benevolencia en ello me va la dignidad y también el sosiego a ti te falta valor bien lo sabes y gozas sintiéndote diana de estudioso objeto erótico de zurradora monja de hospital obediente lazarillo de los tics más tenebrosos y viciosos de los más sumergidos recovecos no me lamas el esfínter del ano con precipitación irresponsable deja las prisas para los cuerdos prostituidos y tañe raros instrumentos melodiosos y enfermos olvidadas cítaras de funeral de infanta goda agonizante bajo la presión de su amante moro y robustísimo oh inhumano juez que seguís durmiendo sobre la carroña de las tres mujeres gordas desnudas y muertas marta maría y regina oh inhumano juez cuya vida dios guarde muchos años sonreíd a vuestro siervo maltratado y libertad a la jauría de locos mansos que no quieren más cosa ni sueñan con mayor placer que acariciar viejas paredes y pasar por la vida arrastrando los pies con parsimonia oh inhumano juez que siempre habéis dormido y por siempre pensáis dormir sobre tres mujeres gordas desnudas y muertas marta maría y margarita que esperan el administrativo instante de la autopsia dejad ya de mirar el mundo con vuestros prismáticos y tomad una decisión política dadme una licencia de loco que

me permita volver a la obediencia automática a vuestro siempre sabio mandato os prometo que jamás intentaré buscar explicación a nada confieso mi vana pretensión pretérita mi soberbia actitud de la que me muestro podéis creerme muy sinceramente arrepentido sabéis que soy incapaz de mentir y aun esto habréis de perdonarme también fue mucho mi orgullo y siempre será mínimo vuestro castigo me arrastro a vuestros pies pisoteadme escupidme orinadme por encima que yo sabré sonreír agradecidamente

33   apartas a imelda de la multitud y cautelosamente distraídamente le acaricias un pecho después le dices con entonación casi amorosa imelda vida mía para entender la teoría cuántica y las ideas de heisenberg es preciso leer el poema de parménides esto lo ignoran las muchachas a las que beso furtivamente en el bautizo del hermano en la boda de la madre en el entierro del padre pero no por eso deja de ser una evidencia von weizsäcker sabe que no estoy mintiendo

34   tu padre no pronuncies su nombre no debes coadyuvar a la delación siempre lo decía el mundo está lleno de pianos que ya no tocan musiquillas acompañadoras y herméticas valses mazurcas y polonesas sino himnos solemnes y descocados para que las mujeres de raza no blanca escupan fetos a plena conciencia de que están prestando un señalado servicio socorredor fetos para los pianos fetos encogidos y graciosísimos

35   no juegues con ventaja no te tomes ninguna ventaja en la salida es cómodo ser derrotado en plena juventud no lo olvides

36   tampoco olvides que tus nietos jamás deberán decir de ti con justicia ni siquiera pensar de ti con justicia: fue un déspota epicúreo un hedonista campesino civilizado y sangriento que vivió cien años parasitando una idea fija: sólo es válida para el tiempo amoroso la belleza de la joven madre amamantadora de primer varón, este estado óptimo de la mujer se presenta a las mil horas del parto y no dura más allá de setenta y dos horas después empieza la decadencia

37   es preciso reírse sobre la imagen de la propia derrota no debe nadie preguntar a nadie acerca de las causas de su derrota esas ya son sabidas aunque sobre ellas se guarde silencio respetuoso

38 de nada te sirve o tan sólo te reconforta muy tenuemente cantar las gloriosas bajas pasiones la seguridad del funcionario y su doméstica previsión de esquina a esquina la comida caliente el lecho tibio la mujer fría y hacendosa el hijo que te desprecia tras la trinchera de la barba

39 el hombre se acostumbra a la pobreza y a la riqueza a la vida y a la muerte al dolor y también al dolor y por encima del hombre vuelan los pájaros vivos y los pájaros muertos

40 no se distinguen más que en una ligera flaccidez del plumón

41 a veces están huecos y ya no tienen carne porque los gusanos también vuelan como los espíritus y los buitres pero vistos por encima vistos a la ligera se enseñan idénticos o casi idénticos y muy difíciles de conocer si cantan están vivos pero ésta no es regla general porque también cantan los pájaros muertos cantan peor pero cantan

42 tu padre no pronuncies su nombre tenía registrado en cinta magnetofónica el canto de los pájaros muertos golondrinas verderoles jilgueros gorriones mirlos cada uno con su cantar que era muy tenue y quebradizo casi imperceptible

43 en algunos momentos hacía falta tener muy buen oído un oído de músico tísico para escucharlo

44 si un mueble crujía o una mosca volaba o un pobre nacía o un mendigo se moría o eran las tres y media en punto el canto de los pájaros muertos y la rayita del olvido eran casi la misma cosa

45 eso no debe apenarte ya que del canto de los pájaros muertos casi nadie se ocupa tan sólo atienden los descuartizados porque se dicen los unos a los otros para qué vamos a escuchar el canto de los pájaros muertos y nadie sabe responder

46 antes de que le nazca la primera cana en la cabeza el hombre debe morir cautelosamente con dignidad sin excesivo espectáculo, no es aleccionador el espectáculo de la muerte

47 es envilecedor y aburrido el espectáculo de la muerte monótono como un hígado saludable

48 nada hay más vil que el hombre que se aburre y cae en la vileza
    ante el espectáculo de la muerte monótono como un hígado salu-
    dable

49 sí, tú te aburres fundamentalmente llevas toda la vida aburriéndote
    fundamentalmente pero aunque quieres dejar de vivir no te suici-
    das es una paradoja varada en la piedad

50 en la mónada número 50 aseguras: te sobra valor pero te falta
    resignación y después sigues

51 también te sobra sentido del ridículo la sangre de un suicida dibu-
    jando escenas eróticas sobre el suelo es algo demasiado ridículo
    la gente no suele perdonarlo

52 a lo mejor la muerte que sigue es más entretenida y soez pedir
    que fuera más emocionante y soez es quizá pedir demasiado y así
    de muerte en muerte no se acaba jamás

53 no faltan condenados a muerte defensores de la pena de muerte
    que atenta contra su sentido de la misericordia

54 sí, yo soy asesino y me repugna la misericordia yo no tuve mise-
    ricordia

55 os envidio porque podéis mandarme a la horca sin que nadie os
    exija responsabilidad

56 aprovechad vuestra situación de privilegio y complaceos, matadme
    para dar gusto al populacho que reclama las mínimas emociones
    que no debéis negarle

57 vosotros también sois populacho, que nadie pueda llamaros trai-
    dores de clase

58 el cadáver de tu padre no pronuncies su nombre quedó en el ce-
    menterio civil detrás de las tumbas de los ateos en el camino del
    ciempiés y del caracol pero nadie sabe si resignado o no resignado

59 tu padre no pronuncies su nombre murió viejo la muerte de los
    viejos es deslucida y poco alegre en nada se asemeja a un festín

17

casi no es un espectáculo nadie quiere hacerles compañía y cerrarles los ojos o sellárselos con esparadrapo para que la araña el caracol el ciempiés el lagarto la robusta cucaracha no encuentren demasiadas facilidades en su paseo

60 no, no, que se esfuercen como nos esforzamos todos tú el primero nadie debe dar ventaja a nadie no te tomes ventaja en la salida haz oídos sordos al toque de silbato del juez de salida

61 no es ahí donde empieza la historia no seas ingenuo ni necio la historia viene desde más atrás nadie sabe con exactitud donde empieza si en adán y eva o en el sembrador de manzanos

62 imagínate una cesta con nueve huevos de alondra:

63 un huevo de alondra crudo sin galladura un huevo de alondra crudo con galladura un huevo de alondra crudo con galladura muerta

64 un huevo de alondra cocido sin galladura un huevo de alondra cocido con galladura un huevo de alondra cocido con galladura muerta

65 un huevo de alondra podrido sin galladura un huevo de alondra podrido con galladura un huevo de alondra podrido con galladura muerta

66 imagínate otra cesta con otros tantos huevos de gaviota distribuidos de la misma forma

67 imagínate aún otra tercera cesta con otros tantos huevos de pájaro carpintero distribuidos de la misma forma

68 las posibles combinaciones exceden una cifra mayor a la expresada por la unidad seguida de veintisiete ceros no hay cosecha de trigo etcétera pero tan sólo tres supuestos incesantemente repetidos pueden ser fecundos su representación geométrica plana produce la media luna del islam proyectándose sobre la estrella de seis puntas del mogreb su representación geométrica espacial produce un móvil velocísimo y a punto de desorbitarse

69 antes de que la geometría fuera enunciada no había más que manzanas de una sola clase una sola forma un solo color un solo tamaño una sola consistencia la confusión se produjo más tarde

70 no es preciso que no pronuncies el nombre de tu primo tu primo no tiene nombre no es el ironduke el duquedelabruyère el duquedelarochefoucauld rosaluxemburgo la duquesaciega ni safo vestida de capitán de lanceros de antes de la guerra del 14 tu primo se nutre de buenas esperanzas se reconforta con buenas esperanzas y no forzosamente es sodomita pasivo la alcoba de tu primo es grandecita

71 en el medio

72 con los cuatro puntos cardinales exentos como las mesas de bridge

73 está el lecho de las frustraciones con su colcha de indiana y su almohadón con un gato bordado la pared está empapelada con papel lavable: un cazador a caballo soplando en una trompa de caza mientras persigue un ciervo todo en colores y después otro cazador igual y otro y otro hasta trescientos o más

74 en la pared hay dos reproducciones litográficas de la maja desnuda las dos del mismo tamaño una algo más pálida y una estampa de la virgen de los dolores clavada con una chincheta la estampa está algo torcida no mucho algo sobada

75 el mobiliario no debe describirse al menos por ahora no es necesario

76 tu primo no tiene nombre es posible que se llame tuprimo y celebre su santo el día primero de abril en cesárea de capadocia san tuprimo camarero del emperador trajano que siendo acusado de profesar la fe cristiana fue de varias maneras atormentado con diversos y atroces suplicios y encerrado en una fría mazmorra expiró consumido por el hambre y la fiebre y sus restos mortales fueron devorados por tres demonios encarnados en la rata zabulón ii el erizo transportista verdeleto ii y el puerco espín marchocias ii que a veces se disfraza de lobo súcubo para asustar a los seminaristas y a los profesores del seminario sección teología

77 no te fíes de fechas que todas son falaces y mentirosas y suficientemente débiles y andan siempre cambiando sin respeto a las lunas ni a nada

78 tuprimo está delgado muy delgado come poco y se pasa las noches componiendo poesías y pegando carteles subversivos en las paredes

79 su novia va a visitarlo de madrugada trepa por la fachada y se acuesta con él en la cama de las frustraciones se dan calor y se intercambian besos y consignas su novia es lesbiana y a tuprimo le resulta cómodo y reconfortador que sea lesbiana

80 dios jamás supo que tú creías en él

81 en venganza te regaló el éxito pero te regateó la felicidad

82 dios es más pródigo con la espita de la felicidad pero contigo procedió al revés para restarte soberbia

83 dios es vengativo pero tú que también eres vengativo finges que estás poblado de islas inaccesibles y por las noches cuando te quedas a solas de verdad te asalta la amarga idea de que eres efectivamente un fingidor y sientes un gran desprecio hacia tu cabeza que de un momento a otro va a ser coronada de laurel

84 no quedan ya islas inaccesibles ni siquiera en el corazón de los animales quedan islas inaccesibles todas han sido violadas y destrozadas por los préstamos de los poderosos

85 los monstruos abdicaron de su última silvestre virginidad los grandes amores revolucionarios son siempre pasajeros los pequeños amores revolucionarios también lo son

86 he aquí el fin de las especies una tras otra

87 los mamuts homosexuales

88 los rinocerontes blancos atacados de hastío del sexo de olvido de sus cautelosas excelencias, v. mónada 688

89 el armadillo acorazado el asno de buridán la amante frígida la esposa dictaminadora el samurai que se ahorca con el cinturón de

su quimono porque dos soldados norteamericanos prostituyeron el harakiri abriéndose el vientre con un sable

90   no, ya no quedan islas por descubrir será preciso un nuevo cataclismo para que emerjan dos o tres islas minúsculas en las que guarecer el hambre y la sed de justicia el hambre y la sed de pan y agua el hambre y la sed de libertad

91   los fláccidos falos sirven de pasto a las gaviotas he aquí el fin de las especies

92   no sueñes con remotas islas inaccesibles limítate a reconfortarte pensando que dios jamás supo que tú creías en él

93   tuprimo no apaga la luz jamás porque piensa que la muerte ha de sobrevenirle a oscuras es un pálpito él siempre lo dice y su novia casi no le escucha porque sabe que va a decir siempre lo mismo

94   en la pared frente a la cama de las frustraciones y rodeado de cazadores a caballo soplando en una trompa de caza mientras persiguen ciervos de tenues colores hay un retrato mágico del poeta harumichi no tsurak que cuando se le da vaho y se le frota canta muy melodiosamente

95   sobre el torrente el viento ha tendido una presa son las hojas rojas que no quiso nadie

96   tuprimo guarda en un cajón de la mesa una cajetilla de tabaco inglés los jueves y los viernes la abre huele un poco y la cierra enseguida para que no pierda el aroma

97   tuprimo no es fuerte ni perseverante tiene buena memoria eso sí pero carece de fuerza y de perseverancia su color es gris claro amarillento tuprimo es débil y mudadizo y tampoco tiene tan buena memoria como se dice tuprimo sueña con conservarse siempre débil y mudadizo por eso huele tabacos artificiales mientras su novia trepa por la fachada huyendo de la libidinosa policía

98   una noche estaban tuprimo y su novia acostados y vino la policía a hacerles un registro los doce policías eran amables pero la novia de tuprimo no quiso yacer más que con uno que tosía mucho que

tosía en quintas entonces se fueron sin registrar nada tampoco quisieron tomarse ventaja en la salida en eso fueron unos verdaderos deportistas

99 la mujer vestida de harapos de oro toma todas las tardes una taza de té y escucha el parte meteorológico con suma devoción después huye y no regresa hasta la madrugada por lo común con una herida en la frente dicen que escala las altas tapias del cementerio civil coronadas de cruel alambre de espino y heridor vidrio de botella y que se da cinco o siete cabezadas sobre la losa del sepulcro de tu padre no pronuncies su nombre nadie sabe de cierto a dónde va por las noches la mujer vestida de harapos de oro cuando se lo preguntan sonríe con dulzura y guarda silencio o llora

100 tuprimo tiene un lavabo en una esquina de la alcoba un aguamanil de hierro que semeja la silueta de la mantis religiosa

101 en la mónada número 101 dices: gauguin pintó ia orana maría polinesia invadido de mugre y de misericordia mientras el siglo xix vomitaba contrabando de esclavos negros sobre la ciénaga de nueva orleáns y las mujeres blancas creían honradamente en los mandamientos de la ley de dios y en el reparto de la tierra

102 el lavabo está lleno de aromático y untuoso licor de cerezas y tuprimo y su novia beben un poco chupando con una goma de irrigador a nadie le importa la vida privada de nadie porque nadie nace con fe suficiente la fe invade a quienes la predican

103 la madre de tuprimo está enamorada del comisario de policía del sector pero éste no le corresponde no le hace ni caso la mira por encima del hombro y le llama furcia descocada y muerta de hambre y aun otras cosas peores

104 la necesidad no es una idea no hay ideas necesarias sino una evidencia sí hay evidencias necesarias las ideas pueden ser engañosas pero el hambre el dolor el miedo la lujuria jamás lo son

105 la madre de tuprimo sufre mucho y escucha detrás del tabique tuprimo para desorientarla pone la cinta magnetofónica en la que tu padre no pronuncies su nombre había registrado el canto de los

pájaros muertos algunas noches la madre de tuprimo se distrae y entonces le ruega que vuelva a ponerla otra vez desde el principio

106 no llames jamás por su nombre a los mesiánicos prepotentes ni a los profetas menores fichados por la policía internacional

107 tuprimo es muy complaciente con su madre y le ofrece a la novia para que ambas se amen con estupor y con violencia tuprimo aplaude da más volumen al magnetófono y chupa un par de buches del aromático y untuoso licor de cerezas color sangre

108 no llames jamás a nadie por su nombre reserva esa rarísima actitud para designar más inteligentes conductas aunque no se produzcan

109 tuprimo pega a su madre ya saciada con el gato de siete colas y se queda profundamente dormido mientras su novia restaña a la mujer herida los latigazos con saliva vinagre y sal

110 no debe obsesionarte la idea de que es cómodo ser derrotado a los veinticinco años debes acostumbrarte a vivir de espaldas a todas las ideas un caballero no tiene ideas y si no consigue no tener ideas debe procurar al menos no exteriorizarlas

111 no, no llames jamás a nadie por su nombre limítate a despreciar a los ungidos imagínate y ordena con sumo cuidado el desdén que te inspiran descúbrete ante los vagabundos el hombre es un animal restador depredador el pájaro que canta sin objeto aparente es un animal sumador florido

112 no todas las vidas son cómodas las hay muy decepcionadoras y longevas a nadie debe importarle la vida privada de nadie si es alcohólico u homosexual nadie nace con fe suficiente también hay confidentes de la policía que son alcohólicos y homosexuales y eso no les resta impopularidad ni remordimiento de conciencia

113 tuprimo no es confidente de la policía

114 tuprimo está señalado con la huella de la muerte se le ve en una arruguita en forma de signo de interrogación al revés que tiene en la comisura de los labios su novia le sacó un molde de escayola

23

y lo tiene sobre la mesa de noche lo usa de cenicero y también para escupir sangre

115 tuprimo quiere escaparse muy lejos quiere huir pero su novia le disuade y le pregunta que para qué los andes el himalaya el kilimandjaro el río nilo el éufrates y el tigris el orinoco que para qué

116 una mujer desnuda no es un peligro pero es siempre un estorbo carece de la bienaventurada lentitud que señala los estratos superiores de la creación

117 tuprimo lo sabe y se subleva vístete vístete no quiero vestirme porque desnuda puedo escapar mejor y con rapidez las mujeres desnudas volamos en el aire como el vilano con gran soltura y elegancia no quiero vestirme te anuncio que no me vestiré jamás que viviré siempre desnuda no quiero más vestido que la mortaja

118 la madre de tuprimo aplaude desde detrás del tabique y ruega a la novia de tuprimo con voz muy amorosa muy zalamera que baje todavía más el volumen del canto de los pájaros muertos que suena en el magnetófono

119 el dolor de tuprimo sirve de consuelo y hace mucha compañía a las mujeres solitarias y defraudadas casi todas las mujeres son o se sienten solitarias y defraudadas

120 adán y eva usaban una serpiente alimentada de pájaros para que les silbase el canto de los pájaros muertos ruiseñores calandrias verderoles jilgueros mirlos cuclillos cada uno con su canto

121 adán y eva bailaban con mucha cadencia porque por aquel tiempo aún estaba aherrojado el demonio bileto uno de los reyes del infierno jinete en su caballo blanco y sólo temeroso de la cimbreante vara de avellano y aún no se habían inventado ni la rata caraba ii en forma de estrella ni el erizo furcas ii con su larga barba y sus largos cabellos blancos ni el puerco espín caacrinolas ii que tiene alas de grifo ni la comadreja jezabel ii que come perros hidrófobos y dulces como la caña de azúcar ni el hurón marbas ii que muere disfrazado de león furioso

122 aquéllos eran unos tiempos gloriosos en los que por el aire volaban los vilanos en forma de mujer desnuda después fue cuando la

humanidad empezó a lastrarse de dolor y a languidecer amorta-
jada en reglamentos

123   en los matrimonios morganáticos el dalai lama y la mujer vestida
de coronel prusiano en vacaciones en el lago ladoga por ejemplo
la cojera del cónyuge de pura sangre hace el contrapunto a los
modales no muy depurados del cónyuge plebeyo tacatá tas tacatá
tas tacatá tas es como una letanía miserere nobis miserere nobis
espigada de aquella parte que es más breve y rítmica menos prevista y enojosa

124   tuprimo duerme poco y mal le quitan el sueño las oleadas de fetos
de raza no blanca que se suceden como las nubes de aves migra-
torias al llegar la primavera

125   su novia acurrucada en la alfombra semeja una lombriz y procura
guardar silencio pero tuprimo no duerme tiene los ojos abiertos y
fijos en la luz, a las mariposas mientras dan vueltas y más vueltas
alrededor de la luz les pasa lo mismo y al final arden y se queman
desaparecen por completo porque se las come un pájaro que va de
paso nadie sabe a dónde

126   los guerreros creucobolos montaban grandes pájaros ahítos de mariposas quemadas grandes pájaros con yerba vivaz verbena mostaza cáñamo en lugar de plumas

127   la mujer vestida de coronel prusiano en vacaciones en el lago balaton por ejemplo lamenta que en el tibet no sean cómodos los
trámites del divorcio el dalai lama es un marido demasiado circunspecto que tiene trato carnal con kaidmorto nacido de una pata
de toro y gana siempre el combate porque se alimenta de la piedra
que llaman cactonita

128   al marido de la mujer vestida de coronel prusiano en vacaciones
en el lago ontario por ejemplo le brilla la crueldad mental en sus
ojillos oblicuos y en el esfínter del uréter y le huele el aliento a
cadáver de niña es muy difícil respetar las instituciones a su lado
ya que su sola presencia hace temblar los principios que se habían
venido teniendo por más sólidos e inamovibles

129   nadie debe suponer que has delinquido nadie es delincuente por
cometer delito ni la virtud ni el pecado son casuales sino que res-

ponden a las leyes todavía no del todo expresadas de la nostalgia geométrica del azar

130   tuprimo recita de memoria los versos de los poetas ignorados y solloza cuando va más o menos por la mitad

131   vístete vístete no quiero vestirme vístete vístete no quiero vestirme vístete vístete no quiero vestirme prefiero la muerte desnuda puedo escapar mejor

132   envíale una caja de habanos media docena de botellas de champán al vecino de la casa de enfrente para que siga permitiéndote contemplar cómo ama a su joven esposa con qué elegante violencia con qué torpe equilibrio mágico

133   te ruego que bajes un poco más el volumen del canto de los pájaros muertos eva te hubiera pedido lo mismo

134   envíale un ramo de flores exóticas un frasco de perfume exótico a la vecina de la casa de enfrente para que siga permitiéndote contemplar cómo es amada por su joven esposo con qué sabia languidez de acróbata cansado ama a su joven esposo con que fruición de ciclista tísico ama a los jóvenes y destrozados e incontables proveedores de su economía doméstica :

135   el robusto lechero que recuerda a un asno el aplicado frutero que recuerda a un jabalí el inexperto chico de la tienda de comestibles que recuerda a un bravito conejo de corral el misterioso carbonero que recuerda a un gallo fanfarrón el reverencioso electricista que recuerda a un limaco

136   mientras su joven esposo se repone hojeando revistas deportivas

137   tuprimo es muy espiritual y se refugia en los versos de los poetas ignorados baja un poco más el volumen del canto de los pájaros muertos hay ocasiones en las que no puedo soportarlo prefiero el hambre

138   el dolor de tuprimo pobre hijo mío me devuelve a los gloriosos tiempos anteriores al pecado de la carne te ruego que bajes todavía un poco más el volumen del canto de los pájaros muertos no te

vistas no te vistas sigue desnuda sobre la alfombra como un perro igual que un perro que se desangra

139   deja a tuprimo que recite los versos de los poetas olvidados los sentimentales versos de los poetas que murieron antes de cumplir los veinte años no tuvo que ayudarles el amor de las mujeres negras ni el deleitoso juego de la bestialidad se murieron solos y con rapidez suficiente

140   cuando alguien te pregunte que para qué les sirven los muertos a los vivos responde que lo ignoras no hurgues nunca en las conciencias atónitas o demasiado maleables

141   piénsalo siempre tenlo siempre presente: es más gallardo y reconfortador ser criminal que hipócrita en la hipocresía no puede residir la salud ni anidar el contento en el crimen puede habitar la paz la hipocresía es la segunda más estéril parcela del hombre detrás de la envidia y antes que la avaricia por las venas de la hipocresía no corre sino el frío de la muerte no te dejes arrollar por la esperanza ni por la desesperanza niégate a sucumbir ante la tentación de la esperanza y la desesperanza

142   tú sigue desnuda gloriosamente desnuda como una foca sin pluma ni pelo gloriosamente desnuda como una foca despellejada a palos gloriosamente desnuda sin piel siquiera es el ruego que te hace hija mía una mujer que va a morir quizá en la hoguera una mujer que quiere y no quiere morir en la hoguera déjalo eso es cosa mía

143   tú sigue cautelosamente desnuda quema tu ropa en la chimenea o arrójala por el balcón sin que tuprimo se dé cuenta los jóvenes obnubilados están ciegos tienen los ojos llenos de piedras preciosas diamantes para sanar el cólera esmeraldas para combatir los síntomas del mal caduco rubíes para alejar los malos pensamientos jacintos para fortificar el corazón y aumentar la prudencia ópalo para conservar las durezas del organismo, y no ven nada

144   pero las jóvenes desnudas son como fuentes de la montaña están llenas de vida mineral y vegetal

145   acuérdate del bajá alí-ben-hazm que jamás acertó y jamás pagó las culpas de sus errores y no olvides que los guerreros de los

pequeños países no saben ni mandar ni obedecer el éxito y el fracaso van por otra senda en la que se da mucho mérito a la gallardía de viejo cuño toque de corneta moneda de oro y de plata tropa colonial bandera al viento

146   acostúmbrate a decir que no desde el principio que no a todo no claudiques en tu negativa aunque te nieguen todo

147   el amor es hermoso pero es aún más hermosa la renuncia lao-tsé lo dijo sin lugar a dudas el que habla no sabe obtura sus ventanas cierra sus puertas embota sus bordes desata sus nudos amengua su voz ahoga su estruendo ésta es la unidad mística

148   los atletas griegos combatían en la palestra y se amaban en el androceo pero no volvían la espalda a las instituciones

149   los guerreros griegos combatían en el campo y se amaban en la almofalla pero jamás desoían el sabio mandato de las instituciones su permanente norma política

150   la gente lo ignora pero los atletas y los guerreros griegos no habían alcanzado aún la madurez que tienen algunos dulces racimos de uvas pongamos por caso o la bolsa testicular de los monos ancianos que se arrastran apoyados en su báculo por el suburbio de la gran ciudad entre el silencio la miseria y la vida

151   no, tú di que no a todo y desde el principio tú di que no antes de que sea tarde y te unzan al carro del triunfador del perdedor al carro de la muerte que va pintado de colores brillantes y también torpes de colores que fingen la vida y la muerte de colores que no están en el confuso catálogo de los colores

152   tú di que no y desoye las súplicas de la novia de tuprimo déjala languidecer en la cama de las frustraciones mientras tuprimo recita poesías herméticas y se palpa la arruguita en forma de signo de interrogación al revés que tiene en la comisura de los labios o más abajo eso no lo sabe nadie

153   no te despeñes por el talud de la facilidad porque acabarás quemando libros y preconizando la identificación de la iglesia y el estado

154 las dalias muertas las dalias que adornan el primer viaje de los muertos las dalias que languidecen no poco a poco sino con violencia ante la vista de los acompañantes de los muertos caerán sobre tu vientre y de su catarata huirá un vagido muy análogo al canto de los pájaros muertos que tu padre no pronuncies su nombre tiene grabado en cinta magnetofónica

155 ni eso ni lo contrario debe importarte

156 la vida no es fácil tampoco lo es el entendimiento de su clave esotérica siempre dispuesta a quebrarse al primer embate y a saltar en pedazos por los aires

157 aleja la cautela y trata de explicarte por ti mismo el color verde de la yerba el color azul o gris del cielo el color rojo de la sangre y los demás colores

158 los atletas griegos los guerreros griegos eran demasiado convencionales y tuprimo sigue mirándose en su espejo de metal bruñido

159 no intentes desacralizar el miedo desmitificar la arrogancia limítate a vivir tus lentos días sin hacer de tu propia vida un espectáculo ruidoso o molesto para los demás nadie ha de pagarte en la misma moneda pero eso debe importarte nada o casi nada cuando la vida cobra entidad suficiente se puede echar por la borda todo lo demás

160 el barón de la conjuntivitis y el lunar color naranja enciende su cigarro habano de las doce del día y cuenta a la novia de tuprimo el más hermoso de los trabajos de hércules cuando desfloró en una sola noche a las cincuenta hijas del rey de thespies

161 la ropa de la novia de tuprimo ardió con la caridad no produjo llamaradas demasiado violentas sino brasas pobres

162 la mujer del corpiño de campesina bretona estuvo más de diez años en presidio porque robó y enterró los fetos de raza no blanca propiedad del estado que se guardaban en el museo de reproducciones artísticas en la cárcel tuvo amores con una celadora vestida con un chaquetón y unos ajustados pantalones de cuero negro brillante que le comió ambos pechos y parte del vientre y con una alondra bearnesa o paduana tú no puedes precisarlo que le

comió la nuca y la parte alta de la espalda hasta dejarle al aire las vértebras cervicales y los homóplatos la mujer del corpiño de campesina bretona fue muy feliz y recuerda con nostalgia sus años de reclusión

163 la novia de tuprimo llora muy olvidada y se introduce pellas de papel de periódico ardiendo por el sexo para evitar el embarazo

164 las cenizas de su ropa ya fueron aventadas a orillas del río en lo alto de la colina que queda a orillas del río y las aguas se las llevaron río abajo sería imposible volver a reunirlas todas reconstruir su ropa y sus adornos

165 alégrate de que el mundo gire y destruya la ropa de la novia de tuprimo esa hiena en celo penitente y siembre sus cenizas entre las espadañas y los ojos de los peces

166 el emperador trajano jamás le hubiera consentido la menor queja inelegante

167 agárrate con violencia a la mujer desnuda la novia de tuprimo o cualquier otra pero procura que no te deba gratitud no la ofendas para que no te guarde gratitud ni la mates tampoco limítate a recitar poesías en voz alta con voz muy opaca voz muy impersonal silba canciones de soldado la madelón o cualquier otra y date grasa por todo el cuerpo para que resbale al abrazarte

168 no quemes los recuerdos como si fueran objetos los recuerdos deben enterrarse y sembrar dalias sobre la tierra no cardos ni tampoco claveles sino dalias o todo lo más tulipanes

169 las señoritas de buena familia suelen ser educadas en los principios jansenistas del erotismo de consumo entre guirnaldas de azahar y arcos de triunfo de rosa francesilla es muy curioso observarlas en camisón

170 las alimañas más inciviles y huidizas la garduña el lince la onza también las mujeres muy civilizadas y los hombres sin afán de mando proceden según las adivinaciones del erotismo de combate se aman con gran pleitesía y defecan con discreta solemnidad sobre las tumbas de los recuerdos sobre las esmeradas tumbas en las

que florecen dalias y tulipanes es una antigua costumbre que algunos han ido olvidando

171 el día de san tuprimo los fantasmas regalan frutas escarchadas y botellitas de refrescos a las garduñas los linces las onzas las mujeres muy civilizadas con sus grandes pezones los hombres sin afán de mando que rondan procesionalmente los sepulcros de los recuerdos no faltan quienes escriban frases obscenas sobre las lápidas funerarias pero al final un coyote les devora el corazón

172 los soldados van a la guerra cantando porque creen que la guerra es sólo la guerra pero después guardan muy grave silencio y lloran con una amargura infinita

173 en ese momento sus madres y sus novias aprovechan para perfumarlos con humo de sándalo y esencia de jazmín búlgaro y de menta

174 no, tú rechaza el perfume y afiánzate bien sobre los riñones como cuando vas montado a caballo

175 escúpeles a la cara sin exceso para que no te guarden gratitud y huye despavoridamente sin recato alguno huye a la guerra no temas morir en el combate tú ya estás muerto antes de entrar en combate lo ignoras pero te mataron en tu casa cuando salías para la guerra ignorante de que la guerra no es sólo la guerra

176 te mataron en las escaleras de tu casa con un alambrito casi invisible mientras bajabas las escaleras de dos en dos camino de la guerra muy contento y silbando canciones de soldados puente de los franceses o cualquier otra date grasa por todo el cuerpo para que resbalen las mujeres que te quieren abrazar tu madre tu novia la madre de tuprimo y su novia

177 diles con un hilo de voz que se abracen las unas a las otras igual que las temerosas almas que pueblan el infierno

178 en el pórtico de la iglesia de san martín de l'isle-adam en el valle del oise una mujer desnuda recibe el homenaje del cunnilingus de un hombre desnudo y también en piedra en el confesionario basta con declarar la motivación de la penitencia aunque se disfrace in-

31

cluso de sabiduría o de amargo deleite el secreto de confesión es muy excitante

179   acostúmbrate a decir que no y huye a mirarte en el agua clara de las fuentes el limaco se guarece bajo el culantrillo y tú puedes mirarte con gran sosiego como los lobos que toman el sol en paz porque ya se han comido el cordero que no se ofrece todas las mañanas

180   damis vio las cadenas de prometeo clavadas en las rocas del cáucaso nadie le creyó a pesar de que philostrates lo asegura en un libro de mucha ejemplaridad sólo los sacerdotes egipcios pueden comer anguila muerta fuera del agua y puesta en maceración en vinagre y sangre de buitre es manjar que resucita a los muertos según se prueba con dos de los tres hijos que hubo la vikinga angerbode del diablo el lobo fenris y la serpiente formungardar que los dos eran mudos el papa urbano en el concilio de nimes decidió que los canónigos eran ángeles de seis alas como los querubines el tiempo vino a quitarle la razón

181   al terminar la invasión de etiopía por los italianos el demonio gaab que gobierna el amor y el odio dirigió la palabra a los setenta mil ángeles del apocalipsis: fomentad en vosotros mismos la cursilería y el culto a la personalidad los cursis ególatras son muy felices y poderosos reparad en los poetas románticos en los músicos del siglo xix en los acuarelistas de la escuela de londres en los oradores sagrados del soberbio status en los bailarines de ballet no sigo citando no merece la pena en los países agrícolas las casadas infieles tienen el punto preciso de cursilería y lloran en el momento oportuno después del coito sin fundadas razones pero con un mohín que suele agradecerse con una ventosidad

182   la novia de tuprimo no es gorda es delgada es esquelética y casi no tiene pecho llora pocas veces pero cuando llora lo hace con mucho escándalo y hasta sin recato alguno

183   tu padre no pronuncies su nombre se reía inmisericordemente de la novia de tuprimo y acostumbraba regalarle galletas de coco y otras humillaciones

184   no, no te ahorques todavía hay demasiados testigos y no están aún bien preparados es largo el aprendizaje se necesita tiempo e inteligencia

185 no culpes a la desgracia ya que su correcto papel es jugar el naipe contrario de la salud y de la suerte

186 tómate todo el tiempo que precises que ya llegará el instante de la horca lo importante es que estés decidido a seguir diciendo que no

187 la horca puede esperar la horca está acostumbrada a esperar

188 a los verdugos que les tiembla la mano debería condenárseles a morir ahorcados con una soga de seda cruda adornada con plumas de jilguero

189 nadie conoce la sonrisa del verdugo es muy convencional y administrativa pero el verdugo sonríe de otra manera en su casa cuando está bueno el estofado y le dan un vasito de vino

190 la norma es rígida y resulta difícil substraerse a ella no vale tomarse licencias que acabarían burocratizando el trabajo todos los oficios tienen un último hálito artístico del que no se debe abdicar

191 botadiós el demonio rojo que fue amante de claudina rollet sentía un hondo desprecio por los verdugos dubitativos a los que castigaba con paperas y con incordios en los bordes del ano así aprenderán a sufrir y serán más temerosos de mi furia

192 proponte negarte a todo plantea tu negativa a todo como una batalla naval o una partida de ajedrez proponte decir que no a todo desoír los falaces cantos de sirena

193 resérvate el derecho de elegir tu muerte de decidir tu muerte recuerda que la muerte a manos del verdugo no siempre es limpia al menos no siempre es limpia ni entretenida

194 la novia de tuprimo trepa por la fachada en busca de un rescoldo propicio pero sólo encuentra condescendencia

195 recuerda que el canto de los pájaros muertos es casi igual al canto de los pájaros vivos los pájaros enfermos no cantan

196 las jóvenes desnudas son lo mismo que manantiales poblados por la muerte casi nadie quiere reconocerlo así porque es más habitual pensar lo contrario

197   las jóvenes desnudas son como torrentes de vida no es cierto todo el mundo sabe que no es cierto

198   los minerales y los vegetales viven en los cuerpos animales desnudos duermen en su axila y debajo del pelo se aman sobre los muelles párpados sobre las latidoras ventanillas de la nariz detrás del blando lóbulo de la oreja

199   la novia de tuprimo no busca sino un poco de compañía la mínimamente necesaria para poder seguir viviendo la novia de tuprimo no es fuerte no debe culpársele de que acceda a los requerimientos de la madre de tuprimo e incluso los provoque con sonrisas y gestos obscenos

200   la soledad suele entristecer a las jóvenes desnudas las jóvenes deshabitadas las jóvenes desairadas y de grandes labios panfletarios

201   la novia de tuprimo esa lombriz en celo y suplicadora tiene desimantada la brujulita vulvar y se pierde entre los cuatro puntos cardinales de la cama de las frustraciones

202   es doloroso no atreverse a apagar la luz no atreverse a huir de la lucha todo queda en secreto pero por encima de las campanadas de la iglesia próxima se oye el ulular de los fetos de raza no blanca que desfilan formando legión y haciendo retumbar el empedrado que esconde la costra de la tierra

203   he aquí la mónada número 203: la genética incide sobre el poder sobre su apetencia su sombra su cauteloso sufrimiento y se lleva pintada en la faz el principio quedó sentado por el senador tillmann un negro no tiene derecho a la vida salvo que conservársela convenga a un blanco

204   malcolm x fue muerto a tiros

205   james meredith fue muerto a tiros

206   martin luther king fue muerto a tiros es como una letanía ora pro nobis ora pro nobis

207   bobby hutton fue muerto a tiros

34

208 fred hampton fue muerto a tiros

209 mark clark fue muerto a tiros

210 bunchy carter fue muerto a tiros

211 george jackson fue muerto a tiros es como un rosario que no tiene fin

212 la doctrina quedó fijada por el presidente del tribunal supremo de los blancos el negro no tiene ningún derecho que el blanco se vea obligado a respetar es el juicio de dios quien en su infinita sabiduría decidió el color de cada hombre y de cada mujer

213 tuprimo vuelve a negarse una y otra vez a las súplicas de su novia a los denuestos de su novia mientras el verdugo tensa la cuerda y afila el hacha y da grasa al tornillo es como una letanía ora pro nobis ora pro nobis y todo queda en secreto para que la gente se imagine porquerías infinitas porquerías gloriosas y pintadas de sombras y de luz como los cadáveres de la sala de disección

214 en el cajón de la mesa de noche al lado del molde de escayola la novia de tuprimo guarda una caja llena de mariposas unas muertas otras agonizantes traídas desde remotos países brasil la guayana y otros aún más distantes con las alas suaves y manchadizas y los ojos abultados

215 con ellas engaña a los amantes incautos y después de orinarles en los oídos y en la boca se ríe de ellos y les susurra palabras inventadas palabras que carecen de significado sábado sábalo sábana rábano rábida róbalo y que le reconfortan el espíritu

216 no, no bebas el elixir de la vida hecho con harina de cebada macho y alcohol de durísima madera de palo santo muchos hombres se quedaron ciegos por beber en ayunas el elixir de la vida también es cierto que más de cien cadáveres indios resucitaron y aún viven tullidos y de precario pero aún viven

217 acontece que el abnegado jamás lo es del todo y en ocasiones arbitra la licencia de claudicar entonces brota en su corazón el chorro de la sevicia que no siempre mana a borbotones

35

218 la novia de tuprimo sabe que las mariposas conservadas en orina de sapo tardan cien años o más doscientos años en descomponerse y en perder el color y sin embargo permite que las mariposas de su caja se vayan rompiendo poco a poco y en las posturas más desusadas e inverosímiles

219 no presumas de tu derrota antes de que el último sepulturero vuelva a su casa y pida por caridad un vaso de cerveza

220 siempre queda un instante en el que la derrota puede estar a punto de perderse es peligroso caer en su trampa

221 no, tú no has de ser devorado por los gusanos de los muertos los incontables gusanos de los muertos sino por la serpiente de los moribundos la única y violentísima serpiente de los moribundos

222 sobre el dorso de la mano de rienda la mano del tabaco se posa un sonriente murciélago ladrón un vampirillo doméstico y reverencioso que gasta bromas a las amas de cría y a los amorosos suboficiales zuavos lo miro lo miras un instante dos instantes y después le animo le animas a levantar el vuelo zigzagueante empujándolo con el dedo índice de la mano contraria mientras no escucho no escuchas ni el más ligero suspiro de gratitud

223 sobre el dorso de la mano de lanza la mano del culto a onán mientras escribo escribes versos sentimentales se posa un minúsculo y desgarbado insecto de finísimas patas y color negruzco que gasta bromas a los inocentes y a las meridionales rameras calípigas lo miro lo miras un instante dos instantes y después lo aplasto lo aplastas con el dedo índice de la otra mano mientras no escucho no escuchas ni el más tenue suspiro de protesta

224 llueve incesantemente y a ulpiano el lapidario se le mojan las cerillas no puede encender la pipa de kif y se desespera con muy ridículos ademanes grita con voz de grillo como tomás cantrapitano con voz de grillo varioloso del que huyen aun las viudas más necesitadas de amor socorro socorro va diciendo y un romero lo aplaca dándole palos en la cabeza

225 la novia de tuprimo prefiere degollar animalitos mayores ratones palomas cachorros de perro de caza probablemente se requiere

más sabiduría más virtuosa presencia de ánimo ya no sé ya no sabes

226 la novia de tuprimo está desnuda tendida sobre la alfombra y llorando por rutina llorando sin ningún desconsuelo mientras tuprimo recita obscenos versos apócrifos atribuidos a john keats pero quizá compuestos por el capuchino falsario marco antonio bragandini un mixtificador de vida licenciosa que tenía pacto con el diablo y que murió ajusticiado en compañía de sus dos perros negros

227 john keats jamás hubiera escrito unos versos tan torpes y vulgares

228 el barón de la conjuntivitis y el lunar color naranja enciende su cigarro habano de las cinco de la tarde y entra en el bar de camareras el tiburón enamorado

229 lleva al hombro la espingarda mora que compró en la testamentaría del raisuni viste un macferlán príncipe de gales y se cubre la cabeza con el bombín color café que suele usar en las ocasiones muy señaladas

230 vengo a matar a maría pipí vuestra refitolera o a ivón hormisdas el hereje que murió en la batalla de berbería

231 maría pipí no vino hoy al trabajo dicen que le atacaron las fiebres de malta y que está muy enferma ya le dieron la extremaunción y en cuanto a ivón hormisdas el hereje que murió en la batalla del lacio no ha vuelto por esta vuestra humilde casa dicen que está todavía en trance de metempsicosis

232 bien respondió el barón de la conjuntivitis y el lunar color naranja confío en que no me engañéis

233 esta conversación fue más larga duró siete horas y cuarenta minutos

234 por el balcón abierto entra la tenue luz del tiburón enamorado el bar de camareras que hay en la casa de enfrente y también el confuso rumor de los bebedores de calaguasca hecho de palabras sin madurar de palabras quebradas y de largos silencios

235 en mayor o menor grado a todo el que habla le remuerde la conciencia no no hables no te conviertas en delator esconde las palabras por debajo de la garganta y no permitas que salgan al aire

236 no es cierto que en esta vuestra humilde casa trafiquemos en drogas ni en menores puedo juraros que nada vergonzoso se esconde entre estas cuatro paredes nada de lo que no esté al corriente la policía en el tiburón enamorado se sirven bebidas espirituosas y rameras limpias con los papeles de la inspección sanitaria en regla tengo sumo interés en no mentiros en no perder vuestro favor comprended que vivo de la confianza que en mí depositáis los caballeros

237 la novia de tuprimo se duerme pero en sueños sigue llorando su llanto es como el látex que mana del tronco hendido del palo de hule

238 el sueño y el llanto se rigen por la ley de inercia y el acto del amor es una añoranza una costumbre ritual que se ejercita en actitudes fetales y claudicantes muy ridículas con todo el espinazo doblado y los ojos ciegos o casi ciegos

239 sería muy ejemplificador que la novia de tuprimo se reprodujera como el colibrí con los huevos mínimos flotando en un cultivo propicio y produciendo ininterrumpidamente oleadas de minúsculas lesbianas informes e incoloras o de todas las formas y todos los colores

240 es más que probable que tuprimo ni siquiera entonces reaccionara pero eso tampoco debe preocuparte

241 tú sigue negando y escudándote siempre en la negación de todo no hay aire no hay agua no hay tierra no hay fuego

242 niégate a admitir la idea de que la vida sea irremisiblemente un tejido de vilezas, niégalo también

243 de cuando en cuando se presenta una vida diáfana como una gota de rocío la vida la devoran los afanosos tigres la gota de rocío la beben los insaciables cuervos siempre con sed pero su memoria

permanece como una frágil pluma de ave meciéndose en un ámbito sosegado y venenoso:

244 la alcoba del muerto, que huele a cirio

245 la cocina del pobre, que huele a cocimiento de berzas y los domingos también a tocino rancio

246 el cuarto de los juguetes del niño tonto que se cree un geranio

247 responde a la vileza con la vileza pero no te lo confieses jamás la vileza debe ser ignorada hasta por el vil por uno mismo o el otro que la vileza denomina y llena de perdigones de plomo el corazón

248 actúa con infinita violencia como el gavilán y después retírate a tus cuarteles de invierno a jugar al ajedrez con los presos

249 las familias también deben sufrir la rigurosa incertidumbre es más educativo que las familias sufran la duda hermética

250 no, a nadie le importa nada ni el precio oficial del lúpulo para la campaña cervecera ni nada la arroba de testículos u orejas de varón la arroba de clítoris o párpados de mujer y menos que a nadie a tu padre no pronuncies su nombre que acaba de quedar en el cementerio civil entre las tumbas de los heterodoxos

251 ni a la novia de tuprimo casi siempre desnuda en el lecho de tu padre no pronuncies su nombre o pronúncialo con suma cautela pero que hoy se cayó sobre la alfombra y sigue dormida entre hipos y sobresaltos

252 cría hijos y devorarán tu cadáver dice un viejo refrán persa cría hijas y esconderán tu nombre bajo las tres llaves del sexo la duda la desesperanza y la soberbia las reglas generales se presentan siempre salpicadas de excepciones

253 el barón de la conjuntivitis y el lunar color naranja recorre por las noches las calles de la ciudad dibujando con tiza sobre las paredes el símbolo de la tortuga el emblema nigeriano de la concupiscencia

254 permite que la gran sacerdotisa del lupanar maría pipí maría muñón o julita la cabra tatúen una mujer de largos cabellos en tu antebrazo y escucha la voz de filemón tardío el eunuco del zar saltán quieres decir el eunuco del emir solimán constantinopolitano la sangre ha corrido la desgracia ha huido a refugiarse en el polo norte

255 no te alarme tampoco aquella voz presta atención al pulso latiéndote en las muñecas en la garganta o en las sienes y ármate de paciencia escúdate en la paciencia aunque también reniegues de ella y de sus infinitos sinsabores

256 levántate temprano pero ni mires jamás al sol naciente déjalo que sea él quien te alumbre e imagínate por un instante que eres el eje del mundo el ombligo de todo lo creado

257 los reyes de la antigüedad se rodeaban de aduladores para tener fe en su magnificencia y los colmaban de prebendas y honores a cambio de que no cejasen un punto en su adulación los reyes de la antigüedad nutrían su espíritu de adulación

258 a la ruina suele caminarse silenciosamente con los pies envueltos en plumas de ave de los mares fríos albatros muchos albatros

259 no hay nada más estéril que el pensamiento que se acomoda a causa, la novia de tuprimo lo sabe y por eso sigue llorando con el mismo fatigador e inagotable entusiasmo

260 tuprimo no la mira y es probable que de un momento a otro la rocíe con el licor de cerezas que guarda en el lavabo y la queme después haciendo saltar la chispa del pedernal

261 maría muñón vendió su alma al diablo por un plato de natillas julita la cabra acabará empalada por la inquisición los inquisidores la sometieron a la difícil prueba de la felacio y julita la cabra esteatópiga tumefacta fracasó muy ruidosamente entre las carcajadas de familiares jueces sacerdotes y verdugos maría pipí murió de las fiebres de malta

262 la madre de tuprimo no atiende a razones y con ella es imposible el diálogo la madre de tuprimo lleva ya muchos años borracha y

enferma borracha como un sapo y más enferma que un sapo los sapos son animales muy enfermizos padecen asma y diabetes y enfermedades de la piel y suelen morir jóvenes y deformes como las huríes del paraíso de mahoma como las concubinas de los príncipes de las mil y una noches a las que cebaban con hígado sangrante para que poco a poco fueran perdiendo la figura humana y convirtiéndose en un profundo sexo rodeado de grasa acariciadora

263   no, no basta con castrar niños para que canten bien con cegar jilgueros para que canten bien con engordar tiples para que canten bien es preciso desangrar con lentitud bestezuelas inocentes tórtolas núbiles y corderos lechales para que canten bien su prolongada y litúrgica letanía

264   el que esté limpio de crueldad reconfortadora que tire la primera piedra a lo alto para que en su caída le parta la cabeza en dos y pueda mostrarnos los arabescos del cerebro el caracol y el loto del cerebro la araña del cerebro el caduceo del cerebro rematado por una paloma la cruz de san andrés y la cruz botonada del cerebro las idas y venidas del cerebro y sus circunvoluciones diáfanas

265   ⓒ ⓒ ⓒ ⓒ ⓒ ⓒ el agua en la que se ahogaron melusina y sus pastores de lobos

266   ∿∿∿∿ el aire por el que voló ribenzal escapando de las iras de la bruja rolanda de vernois

267   VVVVVVV la tierra de simón el mago que fue pisoteada por los doce apóstoles

268   ⎍⎍⎍⎍⎍ el fuego en el que acabó ardiendo san simplicio no obstante ser incombustible

269   es sencillo quedarse atónito ante el reiterado espectáculo de los demás nacer vivir crecer reproducirse y morir

270   no te obstines en no nacer puesto que ya has nacido la voluntad es un trance ulterior e indeterminado

41

271 no te empeñes en vivir puesto que vives elige el modo y el tiempo de tu muerte, lo haces aunque no lo sepas o disimules que lo sabes

272 renuncia a crecer aplaude a los enanos vitorea a los enanos que te muerden las piernas nadie guarda memoria del enano omboto mkinga al que la oncocercosis había dejado ciego que caminaba por la sabana guiado por un avestruz de plumaje color verde esmeralda tú siempre rendiste culto a la fuerza y nunca tuviste fuerza

273 permite que tu novia siga el camino de todas las demás novias el awopbopaloobop alopbamboom no es ya más que un recuerdo del pasado cuya raíz habrá de ser buscada entre las turbias historias amorosas de los paladines de la tabla redonda

274 acelera el proceso del hastío y ponte en guardia contra las asechanzas de la yerba extraviadora que crece en torno a la fortaleza de lusignan

275 poco antes de llegar al fin párate en seco protesta airadamente y culpa de tu hastío a quienes te rodean la sociedad el sindicato la familia no importa en qué orden

276 las novias cumplen durmiendo en el suelo entre sollozos mientras tú recitas versos muy ridículos y tu madre suplica las migas del festín con voz lastimera e irritante

277 haz examen de conciencia y recapacita la invasión del aburrimiento produce el tedio su agresión da paso al hastío que es un tedio enfermo nutrido de su misma substancia no digerible y desnutrido con muy lenta e inexorable seguridad y legalidad

278 no mandes nada ni a nadie tampoco obedezcas nada ni a nadie deja que manden los libertos mesiánicos los untuosos libertos reglamentarios aquellos que ignoran los recónditos placeres como vendavales

279 tuprimo no amó sino tres mujeres en su vida y las tres eran feas y contrahechas e incluso malolientes una era afgana como los perros otra era boliviana como las vicuñas y otra era guayanesa como los

loros a las tres las mató de un sordo mazazo en la frente lavó sus
cadáveres con agua de ángel los puso a secar al sol los perfumó
con esencia de espliego y después los untó de resinas aromáticas
y los quemó, sus conmilitones aplaudieron con entusiasmo mientras tuprimo guarecido bajo un dosel de terciopelo color granate
se masturbaba ayudándose con un espejito

280 saluda con frialdad a las viejas amantes de tu padre no pronuncies su nombre cualquiera de ellas hubiera podido criarte a sus
pechos y tú serías a estas horas un hombre de pro respetado por
los guardias y los rubios conductores de autobuses

281 el crimen pasional o cualquier otro preconizado arbitrio no es
jamás secuela de la lujuria sino de la máscara del amor pactado
la margarita que se deshoja me quiere no me quiere me quiere
no me quiere que limita al norte con el amor propio esa mala
suerte de masoquismo

282 el cuerpo habitado por la salacidad satisfecha vive lozano y en
sosiego y aloja un alma abierta a la convivencia misericorde huye
de los cuerpos que se fingen distantes de todos los demás cuerpos
o de todos los demás cuerpos menos uno amparado por la ley
soberbia el celibato la monogamia del hombre la monoandria de
la mujer son frutos en cuyo cuesco se guarece la culebrilla que
desimanta la brújula no hay animales célibes ni monosexuales, la
discriminación entre heterosexuales y homosexuales no pasa de ser
un arbitrio policiaco no válido sino en los usos de los países ate-
nazados por la crueldad administrativa

283 el centurión no es el césar pero se irroga una espectacular esce-
nografía cesárea de la que todos murmuran pero contra la que
nadie tira piedras con catapulta ni honda ni a brazo

284 el súbdito con una bota sobre el pecho se reconforta agazapán-
dose tras la mansa hortaliza de la castidad que le brinda cogollos
vulvares o bellotas de formas fálicas y blandas consistencias para
consuelo de su agonía

285 sí, la casualidad es siempre un arma de dos filos una moneda que
se tira al aire cara niño cruz niña tú eres niño pero alrededor de
los seis o siete años tuviste un momento de indecisión y alrededor

de los catorce o dieciséis años tuviste varios momentos de indecisión

286 véngate de los amantes de tu madre tres cuatro cinco tampoco
más ofreciendo tu mujer a tu madre y a los amantes de tu madre
para gozarte en la comodidad no promiscúes y finge una inocencia absoluta ocúltate tras la cortina de humo de corneille y de
calderón de la barca y recita en voz baja sentencias de publilio
siro el celador de novicias

287 enamórate de los amantes de tu mujer tres cuatro cinco tampoco
más y dispútaselos con muy teatral violencia para después irlos
dejando morir con indiferente violencia e incluso con sentimiento

288 no se puede representar durante demasiado tiempo el mismo papel
la dama esquiva el galán de la llave falsa el marido burlado la
dueña celestina etcétera los actores acaban convirtiéndose en actores y nadie sabe cuando se mueren de verdad hubo actores a los
que no se enterró después de muertos o no muertos y que apes-
taron con su carroña los rincones más artificiosamente luminosos
y amables no es prudente el trato con actores se saben de memoria demasiados parlamentos y su conversación suele ser confusa

289 recuerda los tres cuatro cinco amantes de tu madre el nigromante
aarón el mago abaris el astrólogo achabisio el anticristo abelardo
el adivino acmeto el médico adamancio salen seis todos guareci-
dos bajo la misma inicial y la encantadora agaberta siete que
todos se nutren de excrementos:

290 el amor no ha sido aún explicado por quienes escriben fórmulas
en la pizarra y después lloran en el parque municipal

291 excremento de garzón bebedor de vino clarete alimentado de
altramuces y pan cocido durante tres días se mezcla con otra parte de miel de abejas, bueno para el garrotillo y la falta de voluntad que se presenta a los avarientos menesterosos al cumplir los
cien años

292 el amor no es lo que se dice renunciación dádiva entrega sino en
proporciones muy enfermizas

44

293 excremento de toro frito en aceite de oliva con abundante flor de la manzanilla y tres rosas de jericó, bueno para los tumores de los testículos que padecen los sedentarios y los verdugos al cumplir los cien años

294 el amor implica fuerza en la cosa y violencia y destrucción desnutrición en la persona es un robo no un hurto

295 excremento de paloma torcaz cocido en aceite virgen con simiente de mostaza y simiente de berros, bueno para curar el mal de amores que invade a los viajeros cuando se cansan de caminar torcuato tasso fue un ejemplo

296 la destreza incide escasamente sobre el arte de amar, que no es un jeroglífico ni da cabida al ingenio

297 excremento de cabra cinco cagajoncitos disueltos en vino blanco curan la ictericia del alma que ataca a los herejes, es pócima de cataplasma que no debe tomarse por la boca

298 ningún sabio amador gozó más que los bárbaros a caballo arrastrando romanas de la decadencia violando romanas de la decadencia ensangrentando con los cascos de sus caballos las túnicas de las romanas de la decadencia recién o no recién desfloradas

299 excremento de ratón de campo mezclado con arrope, bueno para la calvicie de las personas distinguidas

300 el clarín de guerra no es más heridor ni más hermoso que el suspiro el aullido de espanto de la virgen romana de la decadencia arrollada por el bárbaro a caballo entre oleadas de sudor sangre semen y vuelta a empezar

301 excremento de lobo bien molido y hervido en agua bendita, bueno para los cólicos de los interiores hígado vientre y vejiga de la orina

302 da tres hurras a la violencia y sigue comiendo carne cruda

303 excremento de lagarto amasado con tártaro de vino de alsacia raspaduras de cuerna de ciervo fecundador coral blanco harina

de arroz almendras amargas majadas siete limazas de jardín pétalos de camelia y miel, bueno para conservar la lozanía y el deleitoso desbarajuste hormonal de las lesbianas si se prepara en recipiente de oro

304 no recuerdes los tres cuatro cinco amantes de tu mujer es joven
todavía y es posible que no haya cejado aún en su propósito

305 tu padre no pronuncies su nombre amó a una infanta de españa
que se le escapó después con un clérigo-torero-guerrillero arquetipo de las más patrióticas lucubraciones

306 cuando los amigos del casino le preguntaban que cómo era posible que su amante la infanta de españa se le hubiera escapado
con cura santa cruz xxiv el clérigo-torero-guerrillero arquetipo de
las virtudes de la raza tu padre no pronuncies su nombre respondía lo más natural lo más natural hasta que poco a poco se fue
olvidando y se enamoró de cura merino xxvii clérigo-torero-guerrillero hermano del anterior que era su viva imagen

307 virgo el sexto signo zodiacal simboliza el hermafroditismo mercurio inventó la lira y se la regaló a apolo

308 una voz te sugiere que cuentes lo que pasó aquella vez que tu
madre engañó a su amante el ministro del interior de bunga con
tu padre no pronuncies su nombre que vivía retirado en el monte
entre bestezuelas mamíferas y gimnásticas avecillas que sólo comían gusanos de seda

309 por fortuna entendiste que no era discreto hurgar en las viejas
heridas y guardaste silencio san bernardo dice que el silencio levanta el corazón también consuela el ánimo y lo levanta

310 en el valle de josafat se amontonarán los curiosos en enormes
pilas semejantes a las de los campos de concentración y los silbidos en clave cruzarán de montaña a montaña retumbando en
todas las montañas

311 los actores y los fingidores formarán aparte en una sima sin fondo y se cubrirán la calavera con máscaras angelicales y confusas
de papel rizado y merengue sin una sola mosca

312   a una señal se quitarán los disfraces y serán lapidados por ciento
once millones de demonios chinos ni uno más sumamente disciplinados y automáticos mientras suena la afónica y tristísima trompetería alemana y el cielo se cubre de palomas de color berenjena
con lunares de oro

313   la amante afgana de tuprimo se echa a llorar sobre el hombro
desnudo de la amante boliviana al tiempo que tuprimo y su
amante guayanesa persiguen a latigazos niños vestidos de primera comunión y no operados de amígdalas

314   al verdugo le dan un vasito de reconfortador vino blanco al llegar
a su casa mientras su mujer prepara la palangana de las ablucio-
nes rituales para que todos alejen los malos pensamientos y nadie
se libre de la sospecha

315   tampoco nadie sabe que la novia de tuprimo tiene amores con
el verdugo con su mujer y con sus tres hijas marta maría y micaela se encuentran bajo los puentes en el monasterio abandonado
y en la sala de calderas de la fábrica de neumáticos cuando ya los
obreros se han ido cantando coplas irreverentes y dando saltos de
alegría y de venganza como las aves zancudas

316   la novia de tuprimo lava zurce y plancha la ropa de todos y les
regala cuentas de cristal de colores caramelos de fresa y de naranja y tebeos atrasados en eso se ve que es muy caritativa

317   cuando el verdugo sale a trabajar a provincias la novia de tuprimo
se cubre la cabeza con un manto de color morado viernes santo
y se pone a una severa dieta de pan y agua hasta que el verdugo
regresa después cae en sus brazos y le lame la piel y el traje y
las prendas interiores para borrar por completo la huella de la
sangre de las víctimas culpables o inocentes que todas sangran
más o menos pero sangran hay ajusticiados que sangran como
cerdos en el matadero otros en cambio son más aseados y correctos y no sangran casi nada pero sangran también es algo que a
pesar de la experiencia no puede saberse por anticipado no puede
saberse antes de que se haya producido la escena que jamás se
ensaya

318   algunas noches tuprimo cuando su novia tras gatear por la fachada se desnuda y se acuesta con él suele preguntarle que a qué

huele que por qué huele a verdugo su novia disimula y guarda silencio y entonces tuprimo la deja caer sobre la alfombra desde muy alto y le clava clavos en las nalgas y en los riñones usando un zapato a guisa de martillo

319 la cinta magnetofónica en la que tu padre no pronuncies su nombre registró el canto de los pájaros muertos suena ahora a todo volumen y la madre de tuprimo se desespera al otro lado del tabique y pide a gritos un sorbo de licor de cerezas no más que un sorbo a cambio de guardar silencio durante el resto de la noche

320 ni tuprimo ni su novia le responden y escuchan con los ojos cerrados y la faz sonriente el gorjeo de los pájaros muertos que siguen como hipnotizados la caligrafía que pinta en el aire la batuta de lilito graciosísimo demonio íncubo capaz de hacer felices a las mujeres y a los pederastas señalados con la estrellita umbilical de jade jabonoso de una provincia entera

321 es muy denso el aire de la alcoba y en la obscuridad pueden hacerse esculturas con el humo de los cigarrillos maternidades pensadores patinadoras cardenales yacentes y otras formas convencionales e igualmente atroces e insospechadas

322 la novia de tuprimo persigue venus a tientas hasta que se da un golpe en la ingle contra cualquier mueble dolor de jardinero castigo de dios y cesa en su búsqueda espiritual

323 no, síguete negando a todo niégate hasta al auxilio a la mujer con el cuerpo lleno de moraduras como los conspiradores en desgracia

324 es una actitud en la que no debes desfallecer ni un solo instante ya que el menor descuido puede sumirte para siempre en las mismas aguas inmediatas de las que huyes

325 no huyas tan sólo por huir o sí huye tan sólo por huir huye despavorido e indigno huye como un perro espantado como un caballo loco como un gorila al que un sabio venerable irrigó por vía anal un decilitro de licor de ortigas y detente de golpe sin avisar a nadie para que todos tropiecen con tu cuerpo

326 ansuperomino jinete en un cabrón negro hacía bailar a las brujas soplando en su fiscorno de hojalata con boquilla de cristal de cuarzo cuando las brujas para reponerse de la lasitud bajaban a beber a la fuente estigia el demonio behemoto glotón estúpido les cerraba las puertas del infierno de donde no volvían a salir por los siglos de los siglos

327 la piel de la novia de tuprimo tiene la aspereza de la lija si bien presenta tenues franjas sedosas e inexplicables muy confundidoras a tuprimo le gusta encender fósforos en las franjas sedosas y ofrecer fuego a los fumadores clandestinos que duermen en los portales y debajo de los automóviles son cientos y cientos pero nadie lleva su estadística y el día de san tuprimo los fantasmas no les regalan cántaros de aguamiel con un feto de raza no blanca en maceración

328 lamia reina de libia perseguía mujeres preñadas a caballo les abría el vientre y se comía los fetos aún vivos y latidores dicen que este manjar es fuente de eterna juventud

329 los avestruces galopan en escuadrones atemorizadores y siembran la muerte por donde pasan cada avestruz lleva dentro un ulano que se adorna el morrión con la calavera y las dos tibias cruzadas que simbolizan la muerte por la muerte los machos son menos lerdos que las hembras y destrozan menos con su pisada

330 la novia de tuprimo es casi calva y se adorna la cabeza con tres o cuatro mechones de pelo color zanahoria como ispareta el dios malabar que era triorquio y octópodo por las noches la novia de tuprimo guarda sus tres o cuatro mechones de pelo en la nevera para que se le conserven frescos y aromáticos y por las mañanas al levantarse hacia el mediodía poco antes del mediodía los lava con una loción de azufre y miel tres partes de sosa y una de hiel de monja total once

331 tú resístete ni pienses siquiera en el emperador trajano en el emperador diocleciano en el emperador caracalla y agárrate con suma violencia al pelo color zanahoria de la mujer desnuda la novia de tuprimo o la delicada ramera de la arteriosclerosis y el reuma de los ancianos

jugaste siempre con las cartas boca arriba y perdiste luchaste siempre a pecho descubierto y perdiste no dudaste jamás de la palabra escuchada y perdiste ahora ya es tarde para volverse atrás e incluso para hacer examen de conciencia no pactaste con los ángeles ni con los demonios y perdiste no te rías de ti deja que sean los demás quienes se rían de ti con justa razón ahora te toca pagar la penitencia que corresponde a quienes se obstinan en levantar mundos cimentados en el aire de niño soñabas con telarañas y redes que te atrapaban después te dedicaste a tejer telarañas y redes y ahora te sientes agonizar porque has caído en tu propia trampa has tenido ya todo y puedes por tanto plantar fuego a todo esto se lo regalo a fulano esto otro a mengano aquello de más allá a zutano dirás yo nada quiero porque tampoco nada necesito dirás para morir basta un metro cuadrado de tierra ajena y un corazón que quiera detenerse a tiempo también se puede caminar vivo y desnudo ya te ladrarán los perros ya te apedrearán los vecinos no será necesario que te esfuerces en provocar sus iras que la iracundia contra el derrotado está siempre a flor de piel, no, no quieres morir pero te vas a morir tú notas que te vas a morir elige un escenario neutro un decorado confuso nada debe quedar nunca demasiado diáfano ahora son las seis menos veinte de la mañana sobre el horizonte amanece un día que se promete hermoso estás triste muy triste pero sientes que te invade una infinita paz haz esfuerzos para no disponer de tu vida deja que sea la muerte quien organice su propia representación a los amigos les sorprenderá la noticia de que la sangre de tus venas no se derramó sobre las baldosas de tu estudio murió de muerte natural se dirán los unos a los otros pero ni los unos ni los otros creerán lo que escuchan es más gracioso que acontezca el suceso de esta sencilla manera en el estómago no tenía veneno en los pulmones no tenía agua en el cuerpo no tenía un solo balazo ni un solo golpe ni una sola cortadura se conoce que se murió de hastío es lástima que las ventanas del otro mundo estén cerradas a cal y canto en todo caso sería preferible imaginárselas abiertas y pobladas de ángeles curiosos de demonios curiosos de fantasmas desorientados y curiosos también es lástima que no hayas tenido más fe es subterfugio consolador pero en tu derrota no te queda ni eso amas a todos cuantos te rodean y no sientes desprecio más que por ti mismo también envidias a cuantos te rodean y sientes una infinita conmiseración por ti mismo, no, debes huir de esa actitud nadie debe despreciar a nadie ni ser conmiserativo con nadie el

que pierde paga y tú has perdido y pagas la cosa no tiene mayor
misterio ni debes darle más vueltas en la cabeza es probable que
todos los finales sean así tú careces de experiencia en finales propios te sientas en una butaca y miras el ir y venir del péndulo
de tus dos relojes en la esfera de uno dice bover st ioan las abss
en la esfera del otro dice lombardero para dn anto ivañez 1779
no niegues que te entristece decir adiós a tus dos relojes la baldo-
sa que vio morir a la princesa de éboli sonríe con una extraña
sonrisa de complicidad de recién casado tuviste un reloj de arena
que se te rompió enseguida tampoco lo lamentaste es ya de día
cuando la gente se levante convendrá cursar algunos telegramas
deshaciendo otros tantos compromisos su redacción debe ser muy
neutra e impersonal los usos admiten que los compromisos se
deshagan a última hora antes eran más rígidas las normas desde
tu butaca se ve la mar no niegues que te entristece decir adiós a la
mar el precio de la derrota es el tener que ir diciendo adiós a las
cosas a los rincones y a los paisajes las viejas fotos de tus bisabue-
los el retrato al pastel que le hicieron a tu mujer de soltera la
copa de plata que ganaste en una regata de balandros cuando
eras joven, sí, procuraste jugar deportivamente pero no te dejaron acercarte a la red a saludar al vencedor ahora ya es tarde para
volver sobre los pasos perdidos sobre las singladuras cuyo último
y único puerto es la muerte no debe causarte el menor enojo el
que los demás se rían de tu muerte tú cumples no siendo cruel ni
contigo mismo quede la crueldad esa máscara de la impotencia
para los demás tú muérete escuchando la voz de tertuliano crude-
litas vostra gloria est nostra déjalos que se rían mientras tú re-
nuncias calladamente a todo ahí están mis títulos académicos no
los queméis dádselos al pescadero para que envuelva huérfanos
pececillos baratos ahí están mis medallas mis condecoraciones no
las destrocéis dádselas a una máscara pobre el martes de carnaval
ahí están los cien libros que escribí disolvedlos con ácido y haced
lo mismo con los originales lujosamente encuadernados dejad
paso a quienes vienen detrás con menos dolor y menos derrota
a cuestas yo elegí la libertad y el olvido no es cierto tú has
optado por la muerte porque tienes lo que es peor que la muerte no sabes bien lo que es pero intuyes que hay algo todavía
peor que la muerte ¿por qué no te enfrentas contigo mismo?
porque no sabes sufrir y vencer al mismo tiempo no finjas ignorarlo

51

333   cántales barcarolas al oído no debes avergonzarte tú cántales barca-
      rolas al oído y al ano y después sonríe con aire cómplice es como
      una letanía ora pro nobis ora pro nobis a ver si consigues que
      te permitan pagar la muerte a plazos la mujer desnuda que huele
      a sebo de carnero la novia de tuprimo la enfermiza ramera com-
      placiente

334   no te mofes de su capucha morada no es una capucha morada es
      un manto escarlata y cuando el verdugo sale fuera de la capital
      a ganarse la vida no le preguntes sobre las costumbres y el clima
      provincianos no le preguntes sobre nada que pueda tener una
      respuesta demasiado fácil

335   la novia de tuprimo goza mucho cuando llegan las lluvias del
      primer otoño y prepara jarabe para los menesterosos niños raquí-
      ticos y patizambos poniendo a cocer un pelo de virgen birmana
      en leche de burra aromatizada con agua de azahar moruno criado
      entre plantas crasas

336   a la novia de tuprimo acabará matándola el sentimiento y tuprimo
      se ríe mucho cuando lo piensa

337   el tabú sólo puede ser estrangulado por el derecho administrativo
      que es disciplina tejida con fraudes liberadores de la conciencia
      piensa cecil wotton el sobrino de ulpiano el lapidario

338   para ordenar la saña se levantaron hospicios orfelinatos asilos

339   para reglamentar el status se pusieron cerrojos en las cárceles y
      alambres de púas en los campos de concentración

340   para justificar las más abyectas e incómodas posturas se cantó al
      amor en métricas diversas, y así sucesivamente

341   tuprimo aprendió ya que no debe marcar la baraja pero sigue
      marcando la baraja lo probable es que le den una o dos puñala-
      das en cuanto vuelva la cabeza o cierre los ojos un instante

342   si alguien vestido de pierrot un hombre un avestruz ignora en
      qué fecha estamos por ejemplo o el nombre de los cantones sui-
      zos o el número exacto de habitantes de la isla de madagascar

tuprimo mira para el suelo y sigue andando sin detenerse y con muy jesuítico disimulo

343 entonces el hombre vestido de pierrot el avestruz vestido de pierrot tose un poco y se arrima a la pared para defenderse de un posible ataque por la espalda

344 no, no, dejad las armas en el perchero con la boina del campesino la gorra de visera del factor de estación la teja del cura el sombrero del abogado el tricornio del guardia el quepis del teniente la chistera del rentista la conciencia de la colegiala púber y sentaos a comer sopa de yerbas fingiendo naturalidad

345 la madre de tuprimo preside la mesa bajo la que se esconde el bufón que le acaricia los grandes labios con una pluma de pavo real los comensales piensan que la madre de tuprimo se ríe sin venir a cuento y se hacen señas unos a otros señas misericordiosas mientras la madre de tuprimo se ríe todavía más

346 a veces tienen que darle aire con una servilleta porque se queda casi sin aliento y el más ecuánime de todos los invitados el más conspicuo el más solemne y mejor vestido el duque de borgoña catón el censor o cualquier otro de pareja alcurnia levanta una punta del mantel y espanta al bufón a patadas procura darle entre los ojos para que escarmiente pero no siempre lo consigue porque el bufón tiene los ojos muy juntos y pequeños

347 a la madre de tuprimo le gusta mucho la sopa de yerbas y suele tomar dos platos mojando pan de centeno o copos de avena según las estaciones la novia de tuprimo la disculpa a cambio de su tolerancia y hasta le ofrece una copita de licor de cerezas para sazonar la sopa o para hacer buches con los que combatir las aftas de santa catalina que suelen brotarle en el paladar

348 no, no, déjalo ya llegará la hora del licor de cerezas es muy pronto todavía la noche es infinitamente larga por ventura y el licor de cerezas no debe prodigarse

349 después toca la campanilla y se presenta el verdugo con la causía en la mano derecha artificiosamente colocada sobre el corazón viste chaquet color rosa tristeza tirando a lila

350 su actitud es muy reverenciosa y zalamera y por sus ademanes pudiera confundírsele con un caballero el rey chilperico mamando un pecho de la reina fredegunda mientras el general mummol agonizaba en el potro del suplicio no presentaba más elegante compostura

351 el verdugo se declara dispuesto a actuar a la primera indicación advierte a todos que dejó la herramienta en el guardarropa entre las armas de fuego los capuces de armiño y los bisoñés pero la devoradora de sopa de yerbas le dice sonriendo que no se preocupe que la noche es infinitamente larga que la noche es infinitamente larga que la noche es infinitamente larga y así hasta siete veces consecutivas

352 al verdugo le nace un ramito de edelweiss en la barba y la novia de tuprimo se lo cubre con una funda de plástico para que no lo mate el humo del tabaco ni el vaho de la respiración de los culpables

353 un coro de funcionarios cornudos con un clavel en el ojal entona las coplas del jefe óptimo mientras el bufón cesa de gemir y dispone de nuevo su lasciva pluma de pavo real

354 el corazón del hombre melancólico guarda la llave del infierno rásgate el corazón aunque no te sientas invadido por la melancolía, no arrojes lejos de ti las vestiduras ni te desnudes ante los ojos de nadie da un silbido y preséntate en cueros

355 con el corazón partido en pedazos

356 ante los ojos atónitos y expectantes del mundo ante los ojos inexpresivos en los que sufre el viento encadenado y jadea el terror todo puede ser saludable

357 ivón hormisdas el hereje muerto en la batalla de bizerta dilapidó su vida en el terror ivón hormisdas el hereje muerto en la batalla del mar tirreno dormía con un retrato de robespierre bajo la almohada un robespierre jovencito con bigote a lo káiser barba de mosquetero y antiparras el corbatín de robespierre era de seda azul celeste con una flor de lis blanca y una flotante cinta de aleluya con la leyenda desvaída casi totalmente borrada: un ange-

lito panzudo con las alas abiertas como un vencejo terminado en uña de alacrán

358   es más fácil robar con el reglamento en la mano que con la ley en la mano ésas fueron las últimas palabras de tu padre no pronuncies su nombre a quien siempre le preocuparon los problemas de la administración local antes de quedar en el cementerio civil detrás de la tumba de don nicolás salmerón en el camino del grillo príncipe y de la salpuga que mata los niños

359   el pavo real no es un ave erótica es un ave lasciva poco apta para el ejercicio del pecado de bestialidad tan aplaudido en el viejo testamento

360   para el macho de la especie humana o cualquier otro del orden de los primates son aves eróticas aptas para el moderado ejercicio del pecado de bestialidad la cabra la yegua la gallina medianamente corpulenta y la hembra del delfín

361   para la hembra de la especie humana o cualquier otra del orden de los primates son aves eróticas aptas para el moderado ejercicio del pecado de bestialidad el cabrón (el macho cabrío el dios pan el demonio de la reunión lujuriosa) el asno de oro el caracol de siete príapos el perro el toro el cisne el querido cuervo delicioso de rimbaud la trucha aún no desprendida del anzuelo

362   la hembra goza en la lentitud su orgasmo se mantiene abatiendo el reloj de torre no en vano el micraster coranguinum fósil dibuja las estrellas de la osa mayor constelación a la que los esquimales llaman el falo del cielo

363   el bufón se equivoca y acaricia con su pluma de pavo real el escroto del verdugo y a éste se le aflauta la voz cuando imita el canto del alcaraván la novia de tuprimo le hace el contrapunto expeliendo viento por el ano y todos son muy felices dan vivas al pavo real y a la pena de muerte después desfenestran al bufón que se queda pegado a las losas de la calle como un insecto preso entre la página 738 y la página 739 del diccionario pero renace de sus restos y sale huyendo despavorido el bufón perdió la pluma de pavo real cuando iba por el aire y el viento la llevó volando hasta las sepulturas que no se pueden nombrar la de tu padre

digamos no pronuncies su nombre y la de la mujer del ingeniero de ascensores cantada por asclepiades: ella monta a caballo desnuda y no obstante jamás se ha despellejado sus piernas ágiles sus muslos acogedores

364   tuprimo no quiere dar crédito a lo que ven sus ojos las telas de clovis trouille son generosas muy generosas y por unos momentos está al borde de la claudicación

365   la novia de tuprimo le dice no cantes victoria todavía observa a tu alrededor y date cuenta de las dimensiones de tu impopularidad

366   te declaro que amo al verdugo que me entrego al verdugo cada vez que la ocasión se me presenta y que lo provoco incesantemente y con todas las armas y artes

367   tú ignoras casi todo ni la castidad ni la masturbación son fuente de conocimiento pero yo sé que tengo la obligación de evitarte el ridículo: el verdugo es hombre y mujer al mismo tiempo y en las proporciones debidas el verdugo es maestro en la mezcla del sésamo con el arroz ni muy hombre ni muy mujer y en su indefensión reside su mayor encanto

368   en el tiovivo de la verbena aprovecha la permanente curva para abrazarme como la yedra y en la montaña rusa me marca el bocado del jabalí sobre los hombros y me deja sorda con su lengua bífida y sapientísima

369   no te duermas y escucha mi confesión aún no he terminado de confesarte mi alegría

370   el verdugo es como una amazona pero también tiene mucho de topo minador al verdugo debieran levantarle una estatua terminada en un pararrayos con punta de zafiro

371   quiero decirte que ayer por la noche mientras nuestros vecinos se entretenían en calzar el borceguí el verdugo y yo nos bebimos todo el licor de cerezas que guardabas en el lavabo chupamos por la goma del irrigador chupamos indiscriminadamente cualquier forma propicia y nos bebimos todo el licor de cerezas y todos los demás licores

372   tú bien sabes que es mentira pero yo no ignoro que disfrutas cuando te miento

373   casi siempre te miento incluso ahora casi nunca te dije toda la verdad de nada ni siquiera ahora tu padre no pronuncies su nombre te mintió hasta la muerte tu padre no pronuncies su nombre no era tu padre no pronuncies su nombre eso que te dijeron no fue sino una mentira piadosa una mentira para débiles pero a tu padre no pronuncies su nombre le seguiremos llamando tu padre no pronuncies su nombre y con ese arbitrio nos vamos defendiendo del hambre y la sed

374   cuando el verdugo abdica de su espíritu delicado llega a sentirse muy feliz en el hogar con su mujer y con sus tres hijas adolescentes marta maría y menodora comiendo pescado al horno y viendo el programa infantil de la televisión

375   yo también amo a la mujer y a las tres hijas púberes del verdugo las amo en cada momento que puedo y las provoco incesantemente y con todas las armas y artes ambas manos la lengua los senos el beso abrochado el combate la garra del tigre ellas están siempre ansiosas de amar dispuestas a dejarse amar yo las amo de una en una o en rueda y a las cuatro al tiempo a orillas del río entre las mimbreras y el laberinto que dibuja la espadaña o en la abadía deshabitada detrás de las momias o en la sala de calderas de la fábrica de neumáticos después de las siete de la tarde todos los sitios sirven y para el amor basta con el buen deseo por carnaval también suele sumarse el verdugo a nuestro festín sus hijas se ríen mucho de su torpeza y de sus hábitos anticuados

376   la madre de tuprimo dice basta ya te suplico que no te sientas tan enamorado todo debe tener su discreto límite

377   sobre el dormido cuerpo de tuprimo zumban los tábanos y las avispas silvestres y el verdugo le cubre la cabeza con la hopa de los condenados para evitarle picaduras deyecciones y otros escarnios humilladores

378   la madre de tuprimo llora muy amargas lágrimas sobre el plato de sopa de yerbas y ordena al bufón que vuelva a hacerle cosquillas con la pluma de pavo real

379 aquella tarde que te lo encontraste paseando por el muelle san
jerónimo te dijo no hay cosa que embriague tanto como la tristeza esa perturbación del alma que arrastra al hombre hasta la
muerte misma aquella tarde que te lo encontraste paseando por
el muelle no diste crédito a sus palabras pero después pensaste
que sí que san jerónimo tenía razón y te pusiste triste poco a poco
tus hermanos creyeron que sin motivo lo peor de la tristeza es
que mata el deseo de ahuyentarla como a un ave agorera te sientes triste y la tristeza te va invadiendo lentamente igual que un
sueño contra el que no quieres luchar aquella mañana que te lo
encontraste paseando por el mercado cervantes te dijo las tristes-
zas no se hicieron para las bestias sino para los hombres pero si
los hombres las sienten demasiado se vuelven bestias aquella mañana que te lo encontraste paseando por el mercado no diste
pábulo a su pensamiento pero después viste que sí que cervantes
tenía razón y te pusiste triste de repente tus hermanos creyeron
que sin motivo lo peor de la tristeza es que convierte el corazón del triste en un manso infierno anegador aquella noche que
te lo encontraste a la salida del teatro shakespeare te recitó dos
versos hermosos you may my glories and my state depose but
not my griefs still am i king of those aquella noche que te
encontraste a shakespeare a la salida del teatro te llevó mucha
paz al espíritu el saber que pese a todo aún eras el rey de tu
melancolía

380 las momias del monasterio abandonado son cruelmente sordas
obstinadamente sordas:

381 sordas al requerimiento de los más desconsolados y solitarios viajeros que huyen de las familias tras haberse cegado el mirar con
ácido prúsico

382 sordas al ulular del gorgojo que devora el retablo de mucho
mérito

383 sordas al espectáculo del hombre al espectáculo del mundo la
novia de tuprimo quiso implicarlas en el espectáculo del hombre
el espectáculo del mundo pero jamás lo consiguió

384 observad con detenimiento al predicador sexófobo y delgadito
casi ascético y observaréis la mueca minúscula del rijo bailándole

en la cara la mueca mayúscula del rijo bailándole en los ojos
una pavana interminable

385 tu padre no pronuncies su nombre no lo supo decir pero pensó
siempre que la sexofobia era una suerte de erotomanía aberrante
felipe ii fue un sexófobo sádico el mariscal de francia gilles de rais
encauzó su crueldad por cauces más proclamados sartre asegura
le corp n'est plus qu'un instrument à donner la doleur san juan
de la cruz fue un sexófobo masoquista grinko balaban se sentía
perro y esclavo y la rümelin se hartó de humillar a su marido
san antonio fue un sexófobo voyeur y tema especialmente grato
a los pintores de historia la lista pudiera ser interminable

386 la mujer vestida de colombina escupe más lejos que nadie alcanza
distancias inverosímiles con la saliva ni siquiera bautista de mou-
lins embajador en la tierra de los demonios íncubos consiguió
mayor eje de parábola con sus legendarias poluciones a pesar de
que soñaba con rosas y violines y recogía en vasos de corindón
la sombra del muérdago de la encina las autoridades e incluso
las gentes del estado llano festejan a la mujer vestida de colombina porque en todos los reinos conocidos nadie sabe escupir con
mayor aseo y más decorosa violencia más primorosa incontinencia
las carreras de galgos se celebran tras rogar a la mujer vestida
de colombina que escupa salivazos en forma de liebre que persiguen los engañados perros tuprimo envidia las habilidades de la
mujer vestida de colombina porque sabe de sobras que él nunca
podrá escupir a más de veinticinco o treinta y cinco varas

387 la novia de tuprimo aplaude a la mujer vestida de colombina cada
vez que la ve escupir y le ofrece sus labios por si quiere escu-
pirlos

388 la novia de tuprimo explica a los forasteros y a los vagabundos
que duermen bajo el mostrador del tiburón enamorado que ella
es muy fiel a tuprimo que sólo lo engaña a sus instancias y porque tiene demasiadas horas vacías

389 al hombre vestido de pierrot le da un ataque de asma y de incontinencia de orina todo junto después empiezan a brotarle plumas
y poco a poco se convierte en avestruz

390   no, tú no tienes por qué aplaudir al hombre vestido de pierrot
       aunque se convierta en avestruz tampoco tienes por qué aplaudir
       a la mujer vestida de colombina si bien esto sería ya más tole-
       rable aunque se convierta en martín pescador o en guacamayo o
       en pardo quebrantahuesos o en pez martillo

391   no te dejes embelesar por el falaz y armonioso canto de las sire-
       nas y toma ejemplo del hieratismo y la sordera de las momias
       ése es el espejo en el que debes mirarte tu padre no pronuncies
       su nombre no dio pábulo jamás a melodías ni otros pueriles
       entretenimientos

392   invita a la mujer vestida de colombina a un trago de licor de cere-
       zas y cuando la novia de tuprimo trepe por la fachada y se des-
       nude tú disimula y haz como que no conoces a ninguna de las
       dos déjalas que se hablen al oído como cómplices que invoquen
       el espíritu de las amigas felices de otto kopp auxiliadoras de
       tribaditas y huye despacio y sin tropezar puedes proponerle al
       hombre vestido de pierrot que juegue contigo a la petanca eso a
       nada compromete o que paseéis juntos por el camino del mata-
       dero no es muy entretenido pero es una forma de pasar el rato
       como otra cualquiera mientras el lamento y los postreros sudo-
       res de las bestias mansas agonizantes os regalan el oído y el
       olfato o que te lea una poesía de william blake al tiempo que
       tú observas al microscopio la caligrafía del monstruoso arador
       de la sarna

393   no, tú no aplaudas a nadie no debe serte difícil poner cara de subli-
       gente profundo a la madre de tuprimo amenázale con embara-
       zarla con embrearla y con dejarla atada a un árbol del bosque a
       una encina o a un tilo según la latitud para que se la vayan
       comiendo las ardillas de abajo a arriba y los cuervos de arriba a
       abajo pueden encontrarse en la pluma de pavo real y matarse
       por su posesión sería un hermoso adorno para la cama de las frus-
       traciones navegando como un buque fantasma pequeño como un
       maría celeste un holandés errante de menos de nueve metros de
       eslora tripulado por cadáveres

394   no, no hables porque te acabará estrangulando la conciencia ese
       garrotillo para el que todavía no se descubrió ninguna vacuna
       eficaz tampoco ningún ensalmo suficiente

395 recuerda que un caballero no debe salir en los periódicos más que tres veces en su vida y siempre en la sección de ecos de sociedad cuando nace cuando se casa y cuando muere puede tolerarse que antes de los veinticinco años gane un concurso hípico

396 safo la aguerrida poetisa del clítoris de iridio que atemorizó a nabucodonosor a ciro y a los profetas ezequiel y jeremías gobernó desde la isla de lesbos a toda una pleamar de musas prometeo de musas albinas de musas confitadas que avanzaron sembrando el luto en las aguas de las fuentes públicas

397 los niños batracios ya no pudieron respirar el agua de las fuentes públicas

398 los niños salamandras se vieron privados para siempre de matar el hambre con el gas de las hogueras de la cábala y cuando llegaron a la edad viril fueron forzados a renunciar al trato carnal con mujer para no herir los sentimientos de sus naturales amantes las ninfas y las sílfides

399 los años se sucedieron sumando siglos y más siglos y hoy safo y su cohorte de musas perfectas gobiernan bares prostíbulos y funerarias y atemorizan las ciudades con su grito de guerra su aullido monocorde:

400 queremos amor para nuestra vulva de gacela

401 queremos más amor para nuestra vulva de yegua

402 queremos todavía más amor para nuestra vulva de elefante es como una letanía ora pro nobis ora pro nobis que no tiene ni principio ni fin es como el llanto de la lluvia

403 el hombre es un animal demasiado débil no nos importa su verga de liebre su verga de toro su verga de caballo y despreciamos incluso las tres coyundas óptimas: caballo con gacela toro con gacela caballo con yegua por este orden todas son demasiado fugaces y deportivas

404 queremos la bestia de los siete orgasmos uno por cada color del arco iris uno por cada pecado mortal uno por cada sabio griego

405 abajo el hombre es un lujo frágil y caro que no podemos permitirnos

406 abajo el hombre queremos que los violines tengan siete cuerdas incansables y que no conozcan la fatiga ni la sequía siete cuerdas que estén vibrando hasta la muerte

407 en la mónada número 407 se narra: a la novia de tuprimo le gusta tirar al blanco sobre las cabezas de los ancianos ciegos daneses en visita a los museos de italia

408 el batallón de bellísimas machorras es disuelto por la policía pero el problema sigue en pie

409 y ni siquiera el tacto político de los eonistas heliogábalo julio césar enrique iii catalina ii george sand lady caroline lamb ricardo wagner pudo resolverlo

410 resígnate a conllevar las situaciones y procura que no bordeen en ningún caso las lindes irreversibles aunque tuprimo no reaccione a nada tú sigue escondiéndote en el bosque umbrío en el monte en niebla de la negación entre los gusanos más pálidos y minúsculos y las tres amantes de tu padre no pronuncies su nombre a quienes debes saludar con muy fría distancia y sin entusiasmo alguno

411 los ancianos ciegos daneses huyen despavoridos da mucha risa verlos todos tropezando los unos con los otros como microbios pero después se aplacan y se prestan al sacrificio con resignación

412 hay tiros limpios y certeros tiros que derriban a los ancianos ciegos daneses con mucha limpieza pero también hay tiros sucios y poco precisos que los dejan con vida y deslucen el acto muy considerablemente la novia de tuprimo los remata con el cuchillo de monte según es norma de montería y les escalpa la cabellera en señal de doble humillación recíproca

413 por no haber sabido caer con oportuna elegancia y también por no haberse puesto en la correcta trayectoria del proyectil ese suspiro que jamás es culpable del yerro

414 la novia de tuprimo nunca dijo toda la verdad a nadie ni siquiera
al espectro de florinda la diablesa eternamente joven que tuvo
amores nefandos con el monje benedicto berna que también era
brujo tu padre no pronuncies su nombre solía echar en cara su
constancia a la novia de tuprimo ése no es proceder para una
pintora le decía garófalo no pintó dioses paganos para esto y
todas las modelos de roland bourigeaud fueron de la misma talla
manejable hay cosas que no debieras olvidar

415 el verdugo se alimenta de buñuelos de viento para tener más des-
pejada la cabeza cuando el sol sale por el horizonte el verdugo
recién purgado con el cocimiento de hojas de sen y recién eva-
cuado su vientre cuidando de que las lágrimas no le destemplen
el escroto toma con la mano izquierda una ramita virgen de avellano que corta de tres golpes que da con la mano derecha y
postrándose de hinojos reza yo te corto en nombre de eloim mu-
trathon adonay y semíforas para que tengas la virtud de la vari-
lla de moisés y pueda descubrir todo lo que ignoro y matar hombres y animales con prontitud el verdugo no bebe más que vino
aguado vino verde con más de la mitad de agua de rocío no es
preceptivo pero la costumbre le autoriza a mojar pan

416 todos sabéis que es cómodo ser derrotado antes de los veinticinco
años en la postura que llaman correr la sortija antes de verse en
el espejo la primera cana aristófanes piensa que a la mujer le
gusta montar a caballo y tenerse firme pero tú debes negarte a
la comodidad y a la derrota que son conceptos demasiado esta-
tuidos y previstos

417 frecuenta la amistad del verdugo y ruégale que te dé una pella
de sebo de ahorcado para nutrir y abrillantar tus virilidades

418 no trates de competir con la novia de tuprimo en el favor de la
mujer y las tres hijas sapientísimas del verdugo es un combate
para el que partes ya derrotado de antemano

419 el maorí que ganaba por olfato a los perros había nacido en tau-
matawhakatangihangakoauauotamateaturipukakapikimaungahoro-
nukupokaiwhenuakitanatahu el lugar donde tamatea el hombre de
las enormes rodillas que se deslizó trepó y se tragó montañas llamado devorador de tierras tocó la flauta para deleitar a su amada

el maorí que ganaba por el olfato a los perros sabuesos estuvo muy enamorado de la mujer vestida de harapos de oro después se le fue enfriando el sentimiento y se inoculó el virus del sarampión para purgar su desvío inexplicable su lejano pariente el galés que ganaba por aguda vista a los linces era natural de llanfairpwllgwyngyllgogerychwyrndrobwillantysiliagogogoch la iglesia de santa maría en el desfiladero del blanco avellano cerca del rápido remolino de agua donde se encuentra la cueva roja de san tysilio el galés que ganaba por aguda vista a los estreñidos linces estuvo muy enamorado de la mujer vestida de zíngara con un hijo colgando de cada pecho después se le contagió la lepra y la mujer vestida de zíngara con un avispero colgando de cada pecho lo mandó encerrar en una leprosería cercada de alambre de espino a la que daban guardia ciento once hienas hambrientas y hediondas todas del género durand subgénero durand durand

420   tampoco te emociones al escuchar la gaita que interpreta la música de tu país procura alejar toda sensación de deleite no te conviertas en mesnadero coral tu espíritu deséalo más próximo al ulular del coyote solitario que al croar de la legión de ranas inmóviles cantoras bien orquestadas y fáciles de destruir a palos o bajo una lluvia de espuma detergente disfrazada de albo algodón de inocencia purísima

421   el hombre debe reservar sus minúsculas energías para menesteres más retribuidores y lozanos la caza la pesca el pillaje el pastoreo el excursionismo

422   en tu auxilio puedes invocar a safo y a su escuadrón de dóciles tribaditas amaestradas que obedecen a ciegas

423   a la luz de la luna quizá puedas navegar por el lago de tiberíades mientras los galileos pescan tencas y barbos y otras especies que la novia de tuprimo conoce con todo detalle

424   los animales carnívoros no comen animales carnívoros a todo lo más que llegan es a nutrirse de animales omnívoros el cerdo el hombre se conoce que la yerba resta veneno a la carne la leche de la hembra de los animales herbívoros es agraz pero no tóxica la tímida gallina necrófaga no da leche y los polluelos viven con suma agilidad son muy flexibles y corredores la leche de la hem-

bra de los animales carnívoros u omnívoros es dulzona y produce leucemia y otras debilidades que sumen al espíritu en la confusión no es saludable un mar de leche por el que no se puede navegar

425 un mar de leche en el que todos los navegantes son náufragos no hagas ningún postre de cocina con leche de hembra de animal carnívoro y aun omnívoro de loba de leona de mujer de cerda regenera tu sangre y tu sentimiento con leche de animal cobarde de oveja de jirafa de asna

426 la sangre saluda a la sangre con reverencia muy sumisa mientras la yerba fluye en torrentes de leche vivificadores

427 no y mil veces no, no me cansaré de repetírtelo no aceptes pacto alguno y menos el que puedan ofrecerte los ángeles no te pases al bando de los ángeles si no quieres ser señalado con el estigma del traidor una luciérnaga intermitente asomándose por una y otra ventanilla de la nariz

428 haz memoria un cometa de seis puntas con la cola muy bien peinada recuerda que el hombre se debe al hombre también a la cebra todavía no muerta del todo arrastrada de las orejas por una leona

429 nada debe preocuparte la evidencia de que la novia de tuprimo no sea capaz de un gesto de noble concordia eso no es cosa tuya tú no eres culpable de que reparta el licor de cerezas con prodigalidad chicus esculanus v. mónada 1186 sentó la teoría de que la luna estaba habitada por pieles rojas se la sopló al oído el demonio florón que antes había sido querubín

430 tuprimo y la madre de tuprimo morirán por la boca como el pez pero tú y la novia de tuprimo moriréis por el ano como el ave del paraíso que es la más bella de todas las aves de la creación

431 los hombres suelen acostumbrarse a muertes muy didácticas el cáncer el infarto de miocardio la cirrosis el accidente de automóvil pero a los hombres que no pactan con los ángeles se les reserva una muerte antigua y llena de dignidad la viruela la lepra el cólera el león del circo de los gentiles

432   si logras no perderte el respeto a ti mismo y pasar por la vida sin sonreír a las incitaciones de los ángeles es muy probable que puedas elegir tu muerte aunque no el momento de tu muerte

433   la virtud es el premio de la virtud como la castidad es el precio de la castidad conviértete en un débil piojo y empieza a pensar desde el principio desde la frontera en la que el pensamiento casi no lo es todavía:

434   no es verdad que a la historia pueda dirigírsele con una batuta los ensayos que en tal sentido se hicieron fracasaron siempre

435   más fácil y menos dramático es señalar el cauce de la historia con un olisbo hecho de piel de panza de puerco salvaje y relleno de sanguijuelas a una temperatura ligeramente superior a la de las cavidades usuales

436   los japoneses levantaron su imperio militar e industrial apoyándose sobre dos instituciones hieráticas el harakiri de los samurais y el olisbo manejado con sabiduría por un enjambre de geishas muy bien educadas

437   la novia de tuprimo sabe que es real el axioma de la confusión el hombre sólo ve claro en la tiniebla cuando se imagina los más hermosos y heroicos lances en la obscuridad

438   el poeta persa djalal-ad-din-roumi cantó siempre a obscuras la arcilla del hombre se amasa con el rocío del amor pero a la luz del fuego de san telmo los pescadores de bacalao persiguen ballenas jovencitas en las que saciar su instinto en las que vaciar su soledad

439   no, tú no mires al sol deja que sean otros los animales a quienes ciegue el sol tú navega a la luz de la luna por el lago de tiberíades entre palestinos desterrados o de muy doloroso rumbo y funcionarios de las naciones unidas

440   tú báñate desnudo y a la luz de la luna en el lago de tiberíades y lejos de las miradas de todos si ves a un pescador en la orilla salúdalo como a compañero porque lo más probable es que sea tan desgraciado como tú o incluso más desgraciado que tú los pesca-

dores solitarios tienen vacía la cabeza pero ellos están llenos de misterio

441   a los ancianos ciegos daneses en visita a los museos de italia los meten en la piscina del hotel y les dicen que se están bañando en el lago de tiberíades a la luz de la luna ellos saben que no es verdad pero disimulan y guardan silencio por miedo a que las enfermeras los emborrachen y les peguen hasta dejarlos sin sentido es muy excitante ver a las enfermeras calzadas con flexibles botas de cuero negro y brillante charolado que les llegan hasta medio muslo con los grandes pechos cubiertos por un breve sostén de flexible cuero negro y brillante charolado y con las manos y los brazos hasta cerca del hombro enfundados en unos largos guantes de flexible cuero negro y brillante charolado pegando latigazos a los ancianos ciegos daneses borrachos en visita a los museos de italia

442   los sexófobos ignoran o fingen ignorar que la única senda honesta del benemérito e inevitable instinto sexual es el sexo inmediato, todos los disfraces son viciosos y el ejercicio del hombre que (quizá sin saberlo) no desexualiza su impulso con el auxilio del sexo y por sus mil vías posibles y todas buenas, deviene nefando y en apariencia gratuitamente cruel en tu memoria vuelve a dibujarse la silueta de felipe ii el paladín de la sexofobia en un país históricamente sexófobo mitificado y mesiánico

443   el ansia de poder sin límite el afán de dinero sin posible cuenta el anhelo de la sangre propia o ajena vertida sobre el tabladillo del patíbulo el campo del honor o la arena de la palestra no son sino secuela de un instinto sexual sin valor bastante para ser confesado en la conciencia y resuelto en la cama y al lado de un cuerpo vivo desnudo, huye de los sexófobos porque ellos acabarán llevándote a la horca

444   la novia de tuprimo no tira al blanco sobre las cabezas de los ancianos ciegos daneses en visita a los museos de italia cuando están borrachos como sabandijas eslovenas pero con una navaja muy afilada se hace cortes en forma de esvástica en la lengua después escupe sangre sonríe y sigue durmiendo

445   el verdugo atipla la voz el cirujano cherefettin saboundjouoglou se hizo famoso podando hermafroditas el verdugo atipla la voz

e imita como nadie el canto del alcaraván es gracioso escucharle mientras la novia de tuprimo le hace el contrapunto a muy rítmicos y melodiosos murmullos vaginales y anales

446 al empezar esta parte del festejo el bufón huye a esconderse debajo de los muebles porque desconfía de las intenciones de todos el bufón está ya muy escarmentado y teme las descargas del gozo de los demás

447 la madre de tuprimo esconde la pluma de pavo real en la liga de la pierna izquierda y cuando todos están más descuidados y alegres vacía el licor de cerezas sobre el suelo para que se lo beban los niños los gatos y otras alimañas

448 tú juega duro y difícil, permite que te invada el hastío porque él te dará muy renovadas energías para seguir agonizando con lentitud

449 estamos asistiendo a una quiebra múltiple a una ruina que se produce en cien frentes distintos y simultáneos y es preferible que la gran catástrofe nos alcance a todos en cueros como a la novia de tuprimo que desnuda semeja una gaviota mutilada

450 en cueros se puede huir mejor por la cuesta arriba que termina sobre el abismo insondable que no tiene fin en lado alguno conocido por hombre que haya podido contárselo a los demás hombres

451 si nos parásemos a enumerar las quiebras de la aventura no acabaríamos antes de la noche y hasta las más resistentes palomas mensajeras las que tienen el mismo color que los cruceros de la home fleet con unas esmeraldas por la parte inferior del cuello se estrellarían contra el acantilado entre las risotadas de los indios sioux agotados por las luchas intestinas

452 las mujeres cambiaron de forma más deprisa que los aviones y que las costumbres tu padre no pronuncies su nombre asistió a la triunfal e histérica exaltación de la mujer gorda árabe o valenciana las mujeres gordas árabes albanesas sicilianas valencianas griegas fueron posibles en los tiempos en que la gente no jugaba duro ni difícil y no comían sino los privilegiados

453   entonces las quiebras eran todavía individuales y a los bufones tras adornarles el falo con una escarapela multicolor y tres campanillas los bañaban en agua de ángel con las niñeras y con los niños una vez a la semana el viernes a cambio de la sonrisa de venus para que fecundasen a las niñeras desnutridas con la oruga del piral de la vid y hurgasen a los niños anémicos con la pluma de pavo real detrás de la oreja y en la nuca lo mismo que a las mariposillas del sámago

454   la novia de tuprimo tras hacer el amor con la fantasma voladora flavia veneria vesa que murió de miedo en un orgasmo prepara una sabrosa ensalada de flor de palo campeche fruto del manzanillo que irrita la piel del alma pétalos de rosa danse du feu bambú verde en indochina se dice que el bambú hace más elegante y apetecible al hombre raíz de apio enfermo de feridura grosellas silvestres alcaparras queso de parma bien rallado y esmegma de hereje mártir que suele tener mucha aceptación

455   los reyes sin corona se alimentan de diversas ensaladas económicas escarola y cebolla tierna y leen el periódico con detenimiento a ver si por fin aparece la noticia de que el triunfo de la cuartelada les devuelve el trono

456   los pescadores evangélicos pescan peces sin nombre y con sabor a barro peces parias y de muy escaso valor nutritivo pero sonríen beatíficamente porque tienen la conciencia en paz lo que es una reconfortadora justificación de la holganza

457   los pescadores evangélicos se solazan en la haraganería en esto son como lobeznos despreocupados

458   tu padre no pronuncies su nombre o sí pronúncialo una sola vez tu padre se llamaba claudio como tú no vuelvas a pronunciar su nombre sentía gran desprecio por los pescadores evangélicos y leía a los filósofos alemanes del siglo xix para darse fuerzas

459   por encima de las tapias del cementerio civil vestidas de murciélago enlutado y sin ninguna obstaculizadora prenda interior saltan las cuatro mil hembras del club de viudas de valentino capitaneadas por el necrófago verzeni

69

460   las autoridades persiguen a la tropa con cepos envenenados y con pegajosas resinas sopladas por egito el milano cojo patrono de las bestias cornudas

461   el bufón duerme en un mausoleo del cementerio civil como es enano ocupa poco sitio y hasta puede poner a secar la ropa por las noches cuando nadie lo ve la novia de tuprimo le hace señas de complicidad pero el bufón suele responderle con un corte de mangas ésa es costumbre de tonadillera irritada cuando la voz empieza a fallarle y la gente se ríe

462   no permitas que tu palabra huya en libertad y copia las costumbres de las silenciosas momias del convento habitado por los cuervos mudos y extranjeros por los cuervos que no hablan porque ni quieren ni saben hablar la corneja vive ochocientos sesenta y cuatro años y el cuervo dos mil quinientos noventa y dos la cuenta es de hesiodo

463   el bufón no obra con rectitud al negarse a las incitaciones de la novia de tuprimo que es más tierna que el renuevo del álamo blanco aunque procure simular otra cosa distinta y aun inversa el bufón es un zascandil

464   en el prostíbulo las prostitutas de babilonia preparan mermeladas caseras y queso de cabra queso de oveja queso de leche de burra o de vago triste muy indicado para el tratamiento del impétigo y otros exantemas mientras el ama adivina el porvenir a los aventureros y los mandilandines cantan en corro yo soy la viudita del conde laurel y saltan a la comba

465   cuando al verdugo le tocó la lotería sacó brillo a la herramienta e invitó a cerveza a las viudas de los ajusticiados no hay que ser rencorosos ya que nadie influye en el reparto de la suerte o la desgracia moloch es príncipe del país de las lágrimas es cierto y siembra el llanto por donde pasa pero nibas el gran cómico el gran farsante alegra las eternas horas de los condenados

466   la madre de tuprimo guarda celosamente el secreto del emplazamiento del tesoro escondido por el califa porque sabe que lo defienden innúmeros demonios minúsculos innúmeros demonios de menos de un pie de alto ágiles y repugnantes como salamanque-

sas de color marfil y ojos saltones pero la gente cava la tierra sin darse un punto de sosiego aunque por donde no es

467   a veces descubren oro y petróleo no se dan por satisfechos y siguen cavando

468   en la raíz de la araucaria anida el pariente pobre del bufón a quien operaron de fimosis para conmemorar la fiesta del armisticio está muy triste y suele gemir a solas y con lágrimas muy amargas pero ni siquiera abundantes casi sin lágrimas

469   santa margarita maría de alacoque y los tres serafines que le dan escolta le socorren tirándole ciruelas en almíbar grosellas en almíbar frambuesas en almíbar y cajitas de jalea de membrillo marca reina victoria desde el cielo pero no consiguen devolverle la alegría y verlo sonreír el pariente pobre del bufón está muy abatido y casi no sale de su refugio de la raíz de la araucaria en las paredes lucen adornos de muérdago bolitas de acebo y huesos de ardilla trabajados con mucha paciencia pero las horas del pariente pobre del bufón transcurren con monotonía yo quisiera ser más alto y menos ruin pero me conformo con mi talla ridícula y mi ruina estoy menos contento que nadie y más resignado que nadie con mi mala fortuna y sé lo poco que vale implorar la caridad entre los poderosos mi madriguera es prestada pero eso no es lo peor mi guarida es ajena y las luciérnagas casi nunca me visitan con su farolito de esperanza la mujer vestida de colombina escupe por el colmillo y ventosea con tanta habilidad y tanto entusiasmo porque sabe que algún día podrá beber un sorbo aunque sea tan sólo un sorbo de licor de cerezas a mí ni me queda ese consuelo al pariente pobre del bufón ni le queda el consuelo de embarazar y embrear y atar a un árbol del bosque y azotar a la madre de tuprimo es demasiado corpulenta y viciosa para que se la coman los gusanos empezando por las encías es demasiado fuerte y viciosa al menos para mí

470   pon cara de subligente gesto de pobrecito desamparado y decora la cama de las frustraciones de tuprimo con una guirnalda de tzantzas muy técnicas y bien reducidas con un friso de auténticas tzantzas de misionero o de explorador no de indio otavalo muerto de viejo ni de mono muerto por haber caído en la trampa que las lianas disimulan

71

471   no permitas el fraude ni el subterfugio en la decoración de la cama de las frustraciones de tuprimo que es un indecente y quizá también un mixtificador

472   cuando la novia de tuprimo lleve ya más de media noche gimiendo tú quítate los tirantes y pégale con ellos en la cara hasta que le brille como el cristal

473   a la novia de tuprimo debes hacerle pagar muy alto precio por haberte apartado de él y del verdugo que sana el sarampión de los niños acariciándolos con la mano de las ejecuciones

474   al enemigo no ha de permitírsele ni un solo punto de sosiego la muerte es su último fin y debe perseguírsele hasta la muerte aunque sin acelerarla demasiado un enemigo moribundo honra más que un enemigo muerto

475   debes ser cauteloso y no hablar jamás no hablar ni siquiera por señas ni las momias ni las tzantzas hablan ni siquiera por señas

476   escúpele al verdugo en la barba para que se le pudra la bolsa de plástico con que se cubre el ramito de edelweiss y cómete toda la sopa de yerbas para que pase hambre la gente de la cocina la chusma de escaleras abajo

477   tu padre no pronuncies su nombre te insisto no pronuncies su nombre acaba de quedar en el cementerio civil entre los más míseros pescadores evangélicos y detrás del mausoleo en el que duerme el bufón el sitio no es malo aunque sí quizá un poco distante casi distante

478   sobre su lauda y en recuerdo de seraphita el director de los teatros del infierno el demonio robals mandó esculpir el simbolismo del número dos la insignia de los andróginos en una mano el caracol en la otra la flor del loto y volando por encima de la figura la palabra mágica rebis de muy claro sentido

479   mírate en los ojos de leonor galigay la gran dama que no comía sino crestas de gallo y conversa con la imagen reflejada eres tú no te importe verte demacrado y con cuernos porque eres tú o

quizá el cisne de leda transformándose poco a poco en buey o la
imagen histórica de adán nuestro primer padre a quien eva nuestra primera madre regaló los cuernos que obtuvo de satanás

480 en el camino del cementerio civil la senda tortuosa en la que se
matan los ciclistas despavoridos trabajan los lapidarios el mármol
y el granito que luchan contra el desamor y el olvido

481 por las noches convierten sus talleres en lupanares musicales para
que los enfermos crónicos los resistentes enfermos una y otra vez
desahuciados se solacen con las prostitutas de las mermeladas y
los quesos manteniendo con ellas interminables conversaciones
de balneario mientras llevan el compás de la música repiquetean-
do con los dedos sobre la mesa

482 en general son tranquilos y conservadores los lupanares musicales de este sector y no dan demasiado trabajo a la policía

483 los policías jóvenes son muy misteriosos aunque no estén pica-
dos de viruela a los policías viejos en cambio a los policías en
edad madura les gusta bailar cuando la orquesta interpreta un
tango o un bolero que es música idónea para necesitados

484 ulpiano el lapidario está fichado como pederasta y traficante de
marihuana pero como lleva una temporada portándose bien no
suele ser molestado por la policía esto es lo mismo que el con-
trato social de rousseau o el baño de susana de jordaens o del
tintoretto

485 a los policías en edad madura les gusta más la nueva eloísa la
nueva eloísa es como una letanía ora pro nobis ora pro nobis o
la pantomima burlesca de las nueve heroínas norteamericanas
todas con muy bellísima hipermastia el arte de la deshojadura de
la mujer como una flor de todos recuérdalo siempre nació en
nueva orleáns el 7 de junio de 1861 es un dato de manual de
embalsamador de cadáveres las grandes cimas de este género mís-
tico y canalla fueron gypsy rose lee autora de novelas de intriga
mientras llueve sobre el campo de alfalfa y sobre el cristal del
minúsculo ajimez de la parroquia decid gramática gramática gramática cien o doscientas veces seguidas y observad que vaciáis a
la gramática de sentido sally rand envuelta en gallardetes y glo-

bos de colores nada resiste la erosión de la monotonía que también es fuente del arte georgia southern que gritaba y gemía como nadie ulpiano el lapidario no trabaja sino para perpetuar la memoria de los niños muertos antes de cumplir los siete años en esto no se permite ni una sola excepción a su rígida norma carie finnel célebre por el baile de san vito mamario la segunda hija del verdugo sueña con llegar a ramera hacendosa ya sabe tocar el piano y bordar y está aprendiendo a hacer mermelada y queso y lenguas de gato para el chocolate ann corio que esmaltaba su inglés de voces griegas al verdugo le hubiera gustado tener un hijo varón para irlo adiestrando en el oficio poco a poco para irlo soltando con reos fáciles y de no mucha fuerza pero dios dispuso las cosas de otra manera libby jones doctor en letras por la wayne state university de detroit y estudiosa de la psicología del oficio cuando al verdugo le llegue la hora de la jubilación su herramienta empezará a oxidarse y al final no servirá para nada sic abiit e vita ut causam moriende nactum se esse gauderet hay coleccionistas de útiles de verdugo lo difícil es dar con ellos

486   la segunda hija del verdugo tiene mucha habilidad para los trabajos manuales la marquetería la repostería la masturbación pero no cumple las condiciones que marca el reglamento es un poco bajita

487   ulpiano el lapidario también es de corta estatura y habla como las codornices con inflexiones en la voz y con los agudos y los graves colocados a destiempo y fuera de lugar

488   el deleite del francotirador es convertirse en la diana del miedo y de las iras de la ciudad mientras caza transeúntes a balazos y tararea sonrientemente casi olvidadas canciones aprendidas en la niñez

489   se prohíbe hablar se prohíbe mirar para los lados se prohíbe fumar se prohíbe pensar sólo se permiten la soledad la tristeza y el vacío el buen trabajador mortal trabaja y muere no es otra su misión tampoco tiene más misión que apretar la tuerca que ve delante de sus ojos durante cinco segundos se prohíbe saber que hay árboles y pájaros la luna las nubes las olas una hoja de color dorado a la que lleva el viento una mujer a la que se le estremecen de amorosa forma casi imperceptible las aletas de la nariz el

tiempo es oro y la sociedad precisa que no se dilapide el oro vete
siempre mirando para el suelo llega a tu casa cansado y con el
desierto habitándote la cabeza nadie te espera si no es para des-
cargar sobre tus espaldas su malhumor debes acostumbrarte a
sentirte orgulloso de que el hombre haya llegado a la luna y de
que el dolor pueda transmitirse vía satélite nadie quiere decir que
la rebelión de la máquina ha esclavizado al hombre

490 la mujer vestida de colombina protege a ulpiano el lapidario lo
esconde bajo la falda y cuando la policía llega pisándole los talones con sus perros sus metralletas sus ideas ortodoxas y su serie-
dad matemática le facilita la huida amparándolo tras un denso
biombo de salivazos opacos y consistentes

491 entonces ulpiano el lapidario para mostrarle su gratitud le rasca
la espalda y la cabeza durante horas y horas hasta que se queda
dormida y con todos los tendones del cuerpo relajados

492 el demonio señaló con su mordisco el labio superior y el seno
derecho de miguela chaudron la joven ginebrina que murió en el
torno del suplicio su cadáver fue ahogado ahorcado y quemado
pero sus cenizas desaparecieron por artes mágicas dicen que la
mujer vestida de colombina tuvo amistad con miguela chaudron
ella no lo confesó jamás la mujer vestida de colombina tiene seis
dedos en cada mano como los bandoleros de la montaña, unidos
por membranas cartilaginosas al modo de los murciélagos los
gansos y los flamencos

493 tuprimo se lame la arruguita en forma de signo de interrogación
al revés que tiene en la comisura de los labios se conoce que está
muy preocupado: no es la baja de la bolsa ni el desamor de safo
la poetisa y su escolta de raposas con un solo pecho ni las pre-
carias redes de los pescadores galileos o palestinos ni la hepatitis
de la estudiante de lenguas románicas quien sabe cuál es el motivo de su preocupación

494 la cajetilla de tabaco inglés de tuprimo ha perdido el aroma casi
por completo

495 en la pared hay un desconchado en forma de mujer parida todo
el mundo lo dice y con la lengua fuera que se apoya en un falo

75

ridículo largo y estrecho como un taco de billar tuprimo jamás supo jugar al billar tiene un defecto de acomodación en la vista y no puede afinar la puntería

496   en la pared contraria hay una mancha de humedad en forma de mujer parida todo el mundo lo dice y con los pechos cubiertos por una bandera que se apoya en un falo monstruoso corto y recio como una cachiporra de matarife tuprimo jamás supo tirar bien a espada tiene un defecto de acomodación en el espíritu y no puede dominar los nervios ni la caldera en la que se cuecen el miedo y el valor

497   la madre de tuprimo asedia constantemente al comisario de policía del distrito pero por ahora no recibe sino desaires lo más media docena de castañas asadas o alguna revista de modas de hace dos o tres años después le llama ramera inmunda y muerta de hambre y de necesidad y se va a hacer la ronda por los lupanares musicales de los lapidarios a escuchar sambas y pasodobles o algún tango rejuvenecedor

498   la madre de tuprimo procura consolarse escuchando a través del tabique el ruido que hace la incómoda pareja algo es algo y en situación de desgracia no debe pedirse nunca demasiado no es prudente

499   la goma de lavativa suena como una cornamusa cuando el aire gorgotea en el licor de cerezas es lástima que tu padre no pronuncies su nombre no haya registrado este sonido tan peculiar en cinta magnetofónica

500   a la madre de tuprimo le basta con el canto de los pájaros muertos tampoco está en su mano el elegir y presta mucha atención a los matices es toda oídos y procura no distraerse no permite que ningún suceso la distraiga

501   no debe hastiarte el espectáculo de la muerte tiene siempre matices desconocidos insospechados imprevistos sumamente fértiles no hay ningún otro objeto que pueda comparársele

502   cuando tu madre engañó a su amante el ministro de justicia y culto de bunga con tu padre no pronuncies su nombre los nave-

76

gantes solitarios levaron anclas y fueron a naufragar en la tierra
de luis felipe entre los hielos del polo sur para no sentirse cómplices de la felonía

503   es difícil mantener la pureza de sentimientos después de haber
cumplido los doce años rituales que exigía ulpiano el lapidario
para el amor pero en todo caso debe intentarse

504   tu padre no pronuncies su nombre amó a la infanta de aragón
zósima wilgefortis tárbula que era rubia como el oro y tenía los
senos de forma tronco cónica apuntada perfecta pero a pesar de
la buena ley de sus sentimientos jamás recibió una sola palabra
de esperanza

505   cuando la mujer de lot fue convertida en una pella de sal y lot
y sus dos únicas hijas ambas vírgenes se retiraron a la cueva del
monte, las mozas se dijeron no hay por aquí hombres que entren
en nosotras como en todas partes se acostumbra nuestro padre es
ya viejo pero hombre todavía embriaguemos a nuestro padre se-
duzcámoslo y acostémonos con él para sentir su sabia verga en
nuestra inexperta y necesitada entraña para que su veterana verga
aplaque la calentura de nuestra vulva de novicias no es saludable
guardar nuestro himen para los desagradecidos gusanos de la tierra
no es saludable renunciar al fecundador deleite

506   no debe hurgarse en las viejas heridas enconadas por las que aso-
ma el pus de la dulce higuera

507   las hijas de lot pusieron en práctica su pensamiento y la primera
noche la hija mayor y la segunda noche la otra hija ambas se
unieron en cópula con su padre borracho o fingidamente borracho
puesto que su verga respondió a la incitación y adquirió la consistencia y el calibre precisos

508   a nadie le importa nada ni el precio oficial de la uva para la
campaña alcoholera ni nada el número de débitos que lot brin-
dó a sus hijas el número y la calidad de orgasmos con que
las hijas correspondieron al esfuerzo de lot y menos que a nadie a las infantas godas que se enamoran de un inquisidor-ca-
ballero-partisano tan pronto como salen del colegio de damas
nobles

509 la verga de caballo cimarrón de lot y las vulvas de ágil gacela de sus dos hijas produjeron cópulas perfectas acoplamientos singulares

510 tu padre no pronuncies su nombre sufrió mucho con el desamor de la infanta goda y se pasó al menos un año encerrado en un cuarto obscuro capando gallos de pelea le pasaban la comida por un torno porque no quería ver a nadie y tan sólo hablaba por teléfono con el verdugo una vez a la semana

511 la hija mayor de lot se ayuntó con su padre en la posición que dicen la puesta del clavo con una de sus piernas colocada sobre la cabeza del amante y la otra extendida

512 a ti no debe causarte ningún disgusto el hecho de que la novia de tuprimo dilapide el licor de cerezas con demencial prodigalidad algunas mujeres carecen de respeto histórico lo más prudente es volverles la espalda e incluso degollarlas sobre un caldero y aprovechar su sangre para dar mayor consistencia a las salsas

513 la hija menor de lot que era menos rijosa y temperamental se ayuntó con su padre en la posición que dicen el cangrejo con las piernas apoyadas sobre el estómago del amante

514 niégate a admitir que la novia de tuprimo decora lámparas con vitolas de cigarro habano pétalos rojo escarlata de rosas tonnerre y caligrafías son unas labores muy decimonónicas que tú debes rechazar por inciertas recuerdan demasiado la inauguración del canal de suez los bandidos generosos la guerra de cuba y la boda de eugenia de montijo

515 las incestuosas cópulas de lot con sus hijas resultaron fructificadoras la hija mayor parió a moab fuente de los moabitas y la hija menor a ben ammi manantial de los ammonitas la madre de tuprimo dice que todo esto de los amores de lot con sus hijas no son más cosa que habladurías de haraganes : se leen en el libro del génesis y en el deuteronomio los pintores reflejaron en sus lienzos la antitrágica y voluntaria y nada fatal cadena a tres

516 lucas cranach lucas de leyde rubens adrian van der werff francesco furini jean metsys josef heinz max ernst

517 tu abuelita guarda un calidoscopio con más de cien postales pornográficas de la belle époque $a+a$ $b+a$ $a=b$ $a+b+c$ $a+c+b$
$b+a+c$ $b+c+a$ $c+a+b$ $c+b+a$ $a+b=c$ $a+c=b$ $b+c=a$
y así sucesivamente entre las cartas de amor de tu abuelito que por
entonces era húsar de pavía y bailaba el rigodón con mucho sentimiento

518 lilith era prima de primos de tu abuelita y muy bella pero estéril
a tu resabiado abuelito le gustaba mucho lilith con sus piernas
largas y su penacho de plumas unas veces en la cabeza como los
caballos de las funerarias y otras en el trasero como el ave del
paraíso tu abuelita jamás sufrió con estas distracciones bisexuales
primitivas de tu abuelito

519 a tu abuelito lo mataron en áfrica disparándole una bala de plomo envenenada con orina de carlota de vavasseur la diablesa cu-
ñada del cura de coignies que era la peor de todas las brujas y tu
abuelita vestida de luto riguroso se pasó años y años persiguiendo
herreros canteros panaderos carpinteros pescaderos de tu abuelita
nadie pudo decir jamás que fuera clasista ni remilgada

520 el hombre vestido de pierrot con el bigote rizado con tenacilla y
engomado estafó siete libras esterlinas tres chelines y cinco peni-
ques a ulpiano el lapidario haciéndole creer que podía producir
los eclipses a su antojo y se las gastó en vino verde para emborra-
char al verdugo y reírse de su torpeza cuando miraba por el calidoscopio de tu abuelita

521 bueno está lo bueno solía decir tu abuelita por favor repórtese y
no se propase espere a que mi marido muera en la guerra la verdad es que ya falta poco para que mi marido muera en la guerra
domine su instinto refrene su homenaje se lo agradezco de todo
corazón pero todavía no es tiempo aún ayer recibí carta de mi
marido

522 la granada simboliza la unidad del universo y también la fecun-
didad la granada brotó de la sangre de dionysos que amó a la
gran sacerdotisa a la sombra de la columna de jakin con el sol
levantándose y a tu abuelita a la sombra de la columna de bohaz
con el sol poniéndose la primer anémona fluyó del semen de ado-
nis que no tuvo trato carnal con tu abuelita

523 el verdugo y el hombre vestido de pierrot tras desengomarse el bigote con agua de lluvia se batieron a pistola por el amor de tu abuelita cruzaron tres disparos cada uno sin hacer blanco porque tenían mucho miedo y eran muy miopes y tu abuelita que no quiso enmendar el juicio de dios se acostó con ambos a la vez y se lo dijo al marido porque ella no tenía secretos para su marido

524 el verdugo y el hombre vestido de pierrot incesantemente hostigados por el alma en pena de jerónimo cardan que gozaba en el sufrimiento y veía en la tiniebla se pasaron cuarenta días y cuarenta noches bebiendo y cantando y haciéndose el amor por los solares y en la cochera de los autobuses los denunció ulpiano el lapidario pero tu abuelita pagó la fianza y les devolvieron la libertad no hay nada más casto que la libertad

525 algunos niños de trapobana tenían la lengua hendida en dos mitades como las serpientes con frecuencia eran mudos o al menos tartamudos pero si se les capaba estrellándoles las partes entre dos cantos rodados se tornaban locuaces y podían mantener al tiempo dos conversaciones o discursos de tema diferente y en idioma diferente uno con cada mitad de su lengua bífida y bíglota

526 la novia de tuprimo para demostrar que la libertad y la castidad podían ser cantadas a un mismo aliento por algunos niños de trapobana jamás mira al sol en vez prefiere imaginarse gordas egipcias y chipriotas gordas alicantinas y maltesas suplicantes y ya con poca vida

527 los ángeles maravillosos de mahoma tenían setenta mil cabezas cada uno en cada cabeza setenta mil bocas y en cada boca setenta mil lenguas con las que hablaban trescientos cuarenta y tres billones de idiomas o dialectos distintos que son exactamente todos los conocidos

528 jean grenier estuvo comiendo niños bífidos bíglotas y deslenguados ángeles políglotas hasta que la señorita garibane lo denunció al obispo de salerno

529 la novia de tuprimo justifica el desamor de la infanta goda por tu padre, en eso no es justa pero ella tampoco aspira a la justicia sino a la caridad arbitraria y sin fin conocido

530   adán y eva hablaban en hebreo pero caín y abel como fueron amamantados por una cabra usaban el lenguaje de los cabritos :

531   —beee beee beee/beee be beee beee/be // be beee/beee be be be/be/be beee be be

532   —beee be be/be be/beee beee/be // beee be beee be/be beee/be be/beee be

533   —beee/be // be be be beee/beee beee beee/beee be beee beee // be beee // beee beee/be beee/beee/be beee/be beee be // beee be beee be/beee beee beee/beee be // be be beee/beee be/be beee // beee beee be beee/be be beee/be be/be beee beee beee/be beee/beee be be/be beee // beee be be/be // beee be be be/ be be beee/be beee be/be beee be/beee beee beee

534   serénate y observa con frialdad todo cuanto te rodea tú no echaste pez ardiendo en la caldera de la que san sabas libró ileso cuando lo pusieron a cocer los romanos ni tampoco amolaste el hierro que segó la yugular a los santos mártires de nicomedia eusebio neón leoncio longino y otros cuatro a lo mejor ése es tu delito el grave pecado que nadie podrá perdonarte por grande que sea tu arrepentimiento y dolorosa y difícil tu penitencia

535   la historia está tejida de inexactitudes que el hombre da por buenas porque se rige por la ley de la inercia de lo cómodo convenido el alfabeto morse no lo inventó morse sino un tierno cabritillo color café que se llamaba chaicor simonet chaicor degollado en el matadero municipal de edimburgo poco antes de la primera guerra europea y nadie lo sabe

536   nicolás chaicor hermano de simonet y también degollado por la vesania del hombre ese mamífago insaciable y depredador padeció la enemistad jurada de los siete reyes de los infiernos porque suya era la letanía con que san teopempo abad los espantaba : tras el nombre de cada demonio y el cargo para el que fuera designado en la corte infernal un coro de voces blancas salmodiaba monocordemente lingit culum meum palabras que desataban la ira de las huestes de belcebú

537   no, no, tú niega niega siempre niega lo que es mentira e incluso lo que es verdad niega la luz y la sombra niega la vida y la

muerte niega la salvación y el favor el azar y el destino el amor y el odio el hombre no es jamás infiel sino consigo mismo

538 no aplaudas a la resplandecedora turba de los sepultureros borrachos de ginebra en su desfile bien ensayado no añadas resplandor al resplandor ni sumes turbiedad a la turbiedad

539 la historia no empieza a una señal como las carreras de caballos a lo mejor la historia no empezó todavía y los hombres lo ignoramos por la goma de lavativa pasa el licor de cerezas con su gárgara acompañadora pero si soplas en sentido contrario no salen aéreas pompas de jabón

540 las coimas de los aristocráticos paladines de las mil y una noches perdieron la forma humana a fuerza de comer y comer pero sus amantes palparon la dicha en su mayor abundamiento, los castrati del vaticano pese a todo jamás cantaron como ruiseñores

541 tu padre no pronuncies su nombre fue maestro de ceremonias a quienes todos respetaron por su probidad y buen sentido

542 el verdugo tiene hábitos domésticos para eso le pagan y hace sopas de mojicón en el café con leche del desayuno para eso trabaja y para eso tolera las licenciosas inclinaciones de su mujer y de sus tres hijas a lo mejor el proceso es inverso

543 el día 4 de mayo de 1848 el ministro schoelcher firmó el decreto que abolía la esclavitud en las colonias francesas desde entonces es costumbre senegalesa y dahomeyana hacer coincidir el orgasmo sobre mujer blanca con un viva schoelcher de reconocimiento la tradición tiene ya ciento veinticinco años

544 el poeta negro leon laleau el poeta negro léopold senghor el poeta negro jean brière cantaron la cópula con mujer blanca con muy estremecido acento dicen quienes lo saben que de haber sido poeta cada mujer blanca que yació con negro su voz no hubiera expresado ni gratitud menor ni pasmo mayor el ritmo binario implica un comercio espiritual y carnal provechoso

545 cuando el hombre vestido de pierrot se convierte en galopador avestruz los avestruces corren a guarecerse detrás de las montañas

porque ignoran que el asma no es una enfermedad venérea quizá
sí sea el asma una enfermedad venérea la mujer vestida de colombina escupe por vía vaginal los microbios del asma sobre sus
perseguidores que caen rendidos al suelo ahogándose con sus ata-
ques de asma la mujer vestida de colombina les pisa la garganta
hasta que mueren

546 entonces entona el himno de garibaldi y ocupa su asiento de primera fila en el boxeo mientras los boxeadores se matan con muy
pundonorosa vileza sus ayudantes componen gestos atroces y bien
estudiados y sus innúmeras novias almacenan foliculina y luteína
para premiarlos con la próvida ducha de la bienaventuranza

547 a las focas de fálica silueta suelen despellejarlas vivas como al
circuncidado falo de eleazar de garniza el joven para que su piel
no pierda lustre ni flexibilidad es costumbre de los cazadores de
focas que luchan contra el frío sujetando el rescoldo de la misericordia

548 en la república de stressland antes reino de stressland su último
rey fue barchoziba ii el salteador de caminos que al coronarse
adoptó el nombre de barchochebas i el grande nadie da de comer
al hambriento ni de beber al sediento y los hambrientos se mueren de hambre y los sedientos de sed es ya un hábito admitido
por todos y que ahorra mucho trabajo al verdugo

549 tu padre no pronuncies su nombre murió de viejo porque le topó
el chivo abel de larua el zapatero remendón que tenía los cuernos de bronce su piel no era ya lustrosa ni flexible pero conser-
vaba cierta nobleza en el mirar

550 la madre de tuprimo al son de la gaita y el tamboril se lo cuenta
los domingos por la tarde a los seminaristas que salen a pasear
el asueto de la mansedumbre fuera de la muralla todos con cara
de ganado ovino inaccesible a la duda algunos no muchos los
que obtienen mejores notas en teología y en latín se peinan con
raya al medio y con brillantina es casi como un halo de santidad
muy ecuménico mundano y elegante

551 desde los torreones más altos la novia de tuprimo muestra los
senos breves y bien dibujados de simonetta vespucci o de maría

mancini a los seminaristas que van de paseo y después corre a confesarse con el canónigo penitenciario que está muy bien constituido y es de sentimientos indulgentes

552 don iluminado es hermano del verdugo le pagó los estudios pero tiene muy escaso trato con él don iluminado perdona todo menos la complicidad no se pueden tejer la vida y la muerte ni la vida ni la muerte de complicidades y la justificación de cada acto del hombre nace y muere en sí misma

553 niégate a pensar lo contrario y no admitas que la memoria pueda cegar el pozo de la verdad

554 el amo puede abrir en canal a la esclava no concupiscente pero antes debe adornarle la cuerna arbórea con jazmines y otras yerbas aromáticas que puedan resistir bien los hediondos vómitos de bilis

555 mientras el verdugo desentumece la soga y saca punta filo y contrafilo al hierro y engrasa la mecánica su mujer y sus tres hijas vuelan al monasterio vacío o a la fábrica de neumáticos a revolcarse con sus imaginaciones menos palpables y reales con sus calenturas menos evidentes y mensurables el hombre no es la medida de todas las cosas pero el falo del hombre sí es el manómetro de todas las decepciones

556 la novia de tuprimo sabe que nada existe fuera de la realidad ni tampoco dentro de ella la cinta magnetofónica en la que tu padre ni pronuncies ni escribas su nombre grabó el canto de los pájaros muertos es falsa pero a la madre de tuprimo a pesar de todo le llena de una inmensa paz el escucharla desde el otro lado de la puerta mientras tuprimo y su novia intercambian consignas y mansos denuestos y baja el nivel del licor de cerezas en el lavabo

557 aristófanes cantó la pirueta de la mensajera que le permitía levantarle las piernas y cumplir en lo alto los misterios

558 nadie debe compadecerse ni a nadie tampoco debe culparse de que las focas de priápica silueta se dejen quitar la piel antes de morir las panteras de vulvar arrogancia de vulvares gimnásticos movimientos defienden mejor lo que les pertenece

559 la mujer vestida de colombina puede quitar el laxo forro de piel guante de piel a ulpiano el lapidario y sin embargo no lo hace ulpiano el lapidario no habría de oponer demasiada resistencia ulpiano el lapidario es como las focas que se desmayan y vuelven a la vida es un decir ya moribundas y despellejadas

560 deja que tuprimo recite versos de samuel taylor coleridge de memoria versos apócrifos y que carecen de significado

561 por el balcón entreabierto se cuelan los primeros clarores de la aurora y los mendigos alcohólicos del tiburón enamorado las rameras alcohólicas y los niños que huyen de la lluvia se dicen unos a otros frases de aliento y de resignación tú sabes que soy tu mejor amigo o de esperanza y de venganza día llegará en que podamos vestirnos con ropa fría mientras las niñas ciegas y almidonadas hozan la tierra en busca de lombrices y escarabajos para darse consuelo es como una letanía ora pro nobis ora pro nobis que no muere jamás

562 no, no pagues la marihuana a precio prohibitivo a precio de oro dentro de pocos años la marihuana será yerba estanca monopolio del estado y nadie tendrá que sacrificar a sus hijos para poder fumarla con deleite

563 ulpiano el lapidario vende en su lupanar petardos de marihuana frescos y a buen precio no obstante la persecución de la policía ulpiano el lapidario no abusa y cobra lo debido ni un solo céntimo más al bacilón bien enrollado y que sabe decir a tiempo la contraseña rosa debe cuidársele

564 el diamante darya-i-noor nutre con su océano de luz los estómagos vacíos de los persas el diamante koh-i-noor alumbra con su montaña de luz los ojos ciegos de los ingleses ulpiano el lapidario sabe que no fue filipo sino el oro de filipo quien tomó las ciudades de grecia también lo sabe plutarco ulpiano el lapidario sabe que la vida del hombre es una farsa que debiera silbarse también lo sabe pérez galdós

565 ulpiano el lapidario plutarco pérez galdós tú y todos sabemos que lo que es bueno y conveniente para el rey es bueno y conveniente para sus súbditos

566 la mujer con un alza de veinte centímetros en el pie derecho firmó la petición de indulto del efelio siete veces maldito y otras tantas perdonado que poseyó a lucrecia borja niña y desató la furia del papa alejandro vi

567 todos estamos dispuestos al sacrificio por la patria la suma de sacrificios por la patria puebla los cementerios del mundo y por encima de las interminables filas de sepulturas que se pierden en el horizonte tremolan al viento las banderas

568 es más fácil tocar el violín que la mujer desnuda pon por testigo al caballero furcas para mayor escarnio de mujeres desnudas la violenta técnica del piano no sirve quizá sí la del órgano solemne o la del vergonzante armonium de monjas pobres esa herramienta agradecida

569 no es sensato que las patrias usen las mismas banderas para la guerra y para la paz los patriotas no visten lo mismo al sol del verano que bajo la lluvia del invierno ivón hormisdas el hereje murió en la batalla de lepanto y su cadáver fue arrojado a los peces para que no dejasen ni rastro de él

570 la novia de tuprimo conserva en un guardapelo ornado de rubíes y espinelas el rubí resiste al veneno la espinela combate el mal de amor un bucle de ivón hormisdas el hereje que murió en la batalla del ebro que tenía el pelo como el azabache de islandia el ámbar negro que espanta a los fantasmas incendiarios

571 el papa alejandro vi en su justa ira y en venganza de la mala fe de sus vasallos mandó degollar los diecisiete displásicos eunucoides con afán de mando que están en la memoria de todos

572 la mujer con un alza de veinte centímetros en el pie derecho cuando fue visitada por nergal y sus policías no quiso retractarse y acabó sus lentísimos y tristes años en un campo de concentración guardado por chacales con piel y pluma de jilguero que olían florecillas silvestres y escuchaban música de los románticos alemanes

573 el bucle de ivón hormisdas el hereje muerto en la batalla de luzón aún conserva su brillo a cuyos reflejos pueden amar los vagabundos

a las colegialas sin que nadie se entere y los denuncie la ley de monopolios prohíbe murmurar de la eficacia de los monopolios de la justicia de los monopolios y los consumidores de productos estancos abonan un canon variable a título de multa por la murmuración que se supone un canon que varía al compás de las alzas y bajas del precio del oro en el mercado de londres tuprimo ignora el precio del oro en el mercado de londres y suplica hacerse perdonar el canon vergonzante procurando no dar cabida a una sola idea en su cabeza

574   nada se supo del huérfano con varices cuál fue su suerte o su desgracia del huérfano color salmón perdido en el bosque que comía cristales discos de gramófono de setenta y ocho revoluciones figuritas de nacimiento de barro sin cocer pintadas de albayalde botones de hueso cuellos de celuloide y servilletas de lino nada se volvió a saber de él cuál fue su suerte o su desgracia tras el motín de espartaco el cuarterón que tuvo amores con la paridora margarita condesa de flandes que negó su limosna a una bruja pobre espartaco fue uno de los mayores culpables de la mala fama de yocasta

575   en la televisión ves un programa en el que se interpretan bailables de hace treinta años del tiempo en el que tú te emborrachabas a diario rompías vasos y botellas amabas prostitutas suicidas y te peleabas con los guardias los sacerdotes los funcionarios y demás traidores de clase aquella música era muy delicada y amable y se bailaba con lentitud muy abrazado a la pareja y con las caras juntas

576   había cabelleras que olían a aroma de flor cabelleras que olían a sebo de ganado cabrío y todas las posituras intermedias

577   y bocas que olían a dentífrico perfumado bocas que olían a alcohol etílico digerido y todas las posituras intermedias

578   y cuerpos que olían a honesto pan recién cocido cuerpos que olían a vergonzoso pan ázimo ácido y todas las posituras intermedias que son más de mil

579   y pieles que olían a jabón de tocador jabón de olor jabón de pastilla pieles que olían a jabón antiparasitario jabón desinfectante

de evacuatorio público y todas las posituras intermedias era como una letanía interminable ora pro nobis ora pro nobis ora pro nobis ora pro nobis aquella caza de olores múltiples a la que dedicaste tu juventud violenta y tímida acunando tus ímpetus al ritmo de muy sentimentales músicas tuprimo lo ignora pero lo recuerdan bien los policías sexagenarios

580   jacinto onubensis el minero de riotinto ya desde mozo empezó a padecer de flaccideces e inhibiciones viajó a la meca y el jeque abu-al-amed el sabio anciano le dio la receta mágica endurecedora jacinto onubensis el minero de riotinto siguió su consejo hizo la pomada para combatir la flojera y pasó a la historia de europa como un caballero casanova de todas partes era requerido para desflorar vírgenes talludas con callo en el himen y resquemor en el sentimiento y paseó su verga en triunfo por todos los países la pócima del jeque abu-al-amed se prepara disolviendo doce gruesas de granos de minúscula simiente de mostaza ni uno más en tres jícaras de baba de caracol y agua de haber cocido lombarda a partes iguales, en un mortero se majan bien majados siete dientes de ajo castañuelo y un corazón de gata recién parida se espesa con harina de almortas que desencadena la idiocia se mezcla con el jarabe de las jícaras y se hace hervir a fuego lento de leña de vid vieja hasta que adquiere consistencia gomosa se deja enfriar se espolvorea con magnesia y cal viva y se corta en tabletas del tamaño de la uña debe tomarse en ayunas y nunca durante el ramadán árabe ni la cuaresma cristiana a los primeros síntomas de intolerancia vértigo manía persecutoria ceguera súbita debe suspenderse el tratamiento y bucear en el recóndito arcano de la castidad algunos moralistas lujuriosos dicen que también tiene su encanto la castidad quizá también tenga su encanto

581   el mundo anda revuelto y siguen escapando los hombres unos de otros los hombres de los hombres los migrantes los emigrantes los inmigrantes los viajeros con spleen los viajeros sin spleen los turistas la mano de obra no cualificada los migráfugas los migrápetas los gregarios los zurrados la carne de cañón la carne de mazmorra la carne de horca miserere nobis miserere nobis nadie sabe por qué causa si para comer o para llamar a la muerte o para huir del decorado que azota la conciencia

582 no te dejes subyugar por el canto de la sirena vuelve la espalda a los oficios deportivos el del pedicador incluso el del catamita y recuerda que livia prestó su mano dulce y rolliza para avivar las ansias de augusto la disciplina jamás puede suplir a la conciencia aunque finja su calco patriótico su calco colectivo, proclama tu soledad y cierra los ojos para no ver los geométricos y bien acordados dibujitos que pinta la batuta en el aire parece la trayectoria de un insecto en vuelo pero es la representación matemática de la tiranía la fórmula de la aventura personal del tirano

583 el hombre es animal depredador y cismático el cisma religioso es determinante de los países industrializados con una burguesía con ocio bastante para el pensamiento el cisma militar cumple paralelo oficio en los países agrícolas la nube de los siervos famélicos no es caldo de cultivo propicio para la revolución esto lo saben los engalanados y solemnes paladines del subdesarrollo el hombre es animal comensal del hombre animal mamador de caridades al hombre todavía le faltan siglos para la desfenestración de sus inercias

584 los jóvenes despedazan y devoran viejos se nutren de viejos y los viejos excomulgan jóvenes y les zurran el cuerpo y el alma con la vara de la justicia se sacian de jóvenes hasta que ven colmados los recipientes de la sangre que tienen un colador por base mammón embajador en inglaterra canónigo lectoral rimmón embajador en rusia canónigo doctoral hutgín embajador en turquía canónigo magistral martinet embajador en suiza canónigo penitenciario los cuatro padecen con el desbarajuste de las costumbres

585 ya no basta con que la madre de tuprimo cuente a los seminaristas la historia de la piel de tu padre no pronuncies su nombre cuando fue perdiendo brillo y lozanía como la piel de las focas muertas de enfermedad

586 no, ya no vale lo que pudo valer hace no demasiado tiempo todavía cuando el imperio romano por ejemplo cuando horacio y ovidio y virgilio cantaban al latigazo de tiberio el sobornador el incendio de roma y la destrucción de jerusalén fueron los dos primeros avisos la gente necesita desde entonces razones distintas lo que acontece es que nadie se las da

587   no, no basta ya con tener membranas interdigitales como las aves palmípedas o con poder convertirse en avestruz a voluntad y salir al trote o al galope por la sabana pisoteando el pasto y levantando una arropadora nube de polvo

588   no, ya no vale nada o casi nada de lo que pudo valer hace no demasiado tiempo todavía cuando el asesinato de pompeyo el asesinato de césar el suicidio de marco antonio

589   no lograrás substraerte a la maldición ni reírte de ella burlarte de ella y propondrás los actos más deshonestos y ruines al primer barbudo que salga del bar de camareras el tiburón enamorado donde a ti no te dejan entrar lo probable es que sea un empleado de banca un escribiente de notaría que no pudo llegar a notario o el efebo encargado de recoger a domicilio la ropa que hay que lavar y planchar todos se peinan al estilo de san antonio y todos llevan la barba recortada como los fascistas de la marcha sobre roma o la barba florida como carlomagno poseer al último barbudo que salga del bar de camareras el tiburón enamorado sujetándolo de las orejas es un placer sólo reservado a los campeones olímpicos

590   la novia de tuprimo fue muy imprudente apartándote del verdugo con malas artes con actitudes equívocas gestos obscenos y falaces y palabras engañosas llegará el día en que lo lamente y no pueda dar ya marcha atrás lo más difícil es siempre dar marcha atrás la gente se imagina porquerías amorosas por egoísmo y también por timidez

591   el absurdo no lleva a la crueldad sino que conduce a la misericordia aquella gente de las imaginaciones puercas y amorosas cree que es al revés pero aquella gente egoísta y tímida se equivoca

592   se suelen obviar piadosamente los baches de los pensadores e incluso las lagunas del pensamiento te fatigas te duchas y cobras fuerzas de nuevo no otra cosa es la vida aunque al final te mueras de cansancio ese estado ideal del hombre que la mujer soporta menos la mujer soporta mejor el hastío porque no suele entender su significado profundo casi ilegible me aburro me aburro y se entrega al caminante con el que se aburre todavía más es la venganza de los astrólogos que tampoco aciertan y se refugian

en el onanismo puro el agresivo y represivo coitus interruptus
que jamás comparte nadie

593 hazte la mascarilla de vivo no de muerto para que la escayola
pueda fingir el gesto de la vida en la materia muerta y no el rictus
de la muerte en la materia que nunca estuvo viva

594 será tarde cuando ya nadie te llore y todos hayan caído como
hienas sobre los inútiles objetos que para ti sí tuvieron sentido
la calavera de mono el plato de loza desportillada de tu almuerzo
infantil las setecientas setenta y siete cartas de tu novia filipina
tuberculosa la lupa de tu abuelo los originales de gauguin ilustrando las treinta y seis posturas amorosas de pietro aretino el
piano de palo santo con teclas de marfil el toro de estaño la cajita
forrada de terciopelo el centillero que alumbró tu circuncisión

595 todas las disculpas son buenas para justificar la abyección para darle
estado oficial y exculpatorio algunas son óptimas pero todas son
buenas

596 flotando sobre cadáveres te salvaste del naufragio y después salió
tu fotografía en las revistas ilustradas tú no acabas de saber bien
lo que pasó pero eso importa poco los demás tampoco lo saben
y los cadáveres sobre los que flotaste para salvarte del naufragio,
menos aún

597 la mujer no es tan presuntuosa como el hombre y se apresta con
mayor humildad a ser vaso de inmundicia la mujer es más sabio
hondo pozo sin fondo de la inmundicia y eso aroma su fragilísimo
espíritu volador su hermético espíritu vagaroso

598 nadie tiene memoria bastante para empezar a contar de nuevo
desde la serpiente y el pavo y la manzana del paraíso terrenal

599 ulpiano el lapidario inventó un troquel que fabrica de un solo
golpe de palanca cincuenta tortugas de plástico todas iguales o
bastante iguales a ulpiano el lapidario algunas noches su amante
le llama ulpiano el apóstata y goza de su fértil desconsuelo tampoco nadie sabe que las figuras más humillantes propician los
fértiles desconsuelos en el altiplano los indios chibchas enamoran
llamas y vicuñas soplándoles con una melodiosa ocarina en el

sexo que se abre como una flor al ser rozado acariciado por la
música y el aire los indios chibchas se cubren los estigmas de
la sífilis con pelo de llama y de vicuña también de alpaca y
de guanaco del sur que es muy sedoso y acogedor las jóvenes desnudas a las que habita el miedo enseñan tenues manchas de color
de perla en forma de perla en el escote es el collar de venus que
incita a la penitencia, en la sala de disección los cadáveres de las
jóvenes desnudas a las que ya no habita el miedo son receptáculos
amorosos poco a poco vacíos como los indios chibchas del altiplano
y sus mansas bestias sexuales

600 tú no te ahorques mientras quede un solo testigo que pueda contárselo a los demás tú no tienes por qué enseñar a nadie las
bovedillas y los falsos cimborrios de la historia

601 no culpes a nadie de lo que debes decidir por ti mismo el color
de los ojos la forma más o menos arqueada de las piernas el
volumen y la consistencia de los pechos de las mujeres de tu
nómina erótica las fases de la luna la trayectoria del insecto volando al otro lado del cristal la conciencia no nace de la naturaleza sino de la costumbre, debes habituarte a la costumbre de amar
demasiado para amar bastante luis xiv nació con dos dientes y en
el mapa de la ternura se señalan todos los accidentes geográficos:
el lago de la indiferencia el río de las inclinaciones el mar del
peligro el camino de la gratitud el país de las dulces cartas la
ciudad de los bellos versos

602 tuprimo suele confesarse con un búho disecado la tortilla de huevo
de búho cura la embriaguez pero produce la esterilidad de la
mujer si un búho canta un hombre muere si un búho muere es
porque un hombre canta

603 cuando la paz vuelve a su espíritu tuprimo se tumba sobre la
cama de las frustraciones y se desvanece practicando la eiaculatio
seminis in os ipsius hay que ser muy flexible hay que ser tan
flexible como una vara de mimbre tan sólo el 0,2 % de los hombres pueden perfeccionar la autofelacio tuprimo es uno de ellos
tuprimo permite durante un minuto o dos que su novia lo acaricie
contenidamente mientras resopla de alegría con no muy correctos
modales el amor no es un señorío es una servidumbre que precisa
de todas las ayudas

604   las palomas de color azul plomo sucumben ante las palomas blancas y pechugonas con la elegante cola abierta en forma de abanico malditas por los persas

605   que bailan blues de los años veinte y beben el whisky legal de las farmacias el whisky clandestino de los embalsamadores de cadáveres de considerable holgura económica mientras tu amigo bola de nieve canta el manisero y desembre congelat y la vie en rose y be careful it's my heart con su atiplada vocecita de negro pícnico cubano

606   las golondrinas no tropiezan en su vuelo zigzagueante porque las guía el alma de besus el ahorcado a ti te lo dijo la novia de tuprimo mientras tuprimo dormía y la bombona de aguarrás goteaba lentamente sobre el suelo de hexagonales baldosas de piedra pómez

607   la comadrona espiritual flaga iv el hada maléfica de los escandinavos cantaba óperas de verdi y de puccini y se daba manteca de cacao en los esfínteres para encelar a los corpulentos oficiales de alabarderos que no habían hecho los tres votos reglamentarios castidad pobreza obediencia ni los tres votos voluntarios objeto del complejo de brunhilda técnica y displicencia la comadrona espiritual flaga iv el hada maléfica de los escandinavos era requerida constantemente por los corpulentos oficiales de alabarderos con bigote a lo d'artagnan también por sus horribles esposas suspiradoras que parían los hijos de pie la comadrona espiritual flaga iv el hada maléfica de los escandinavos a todos sonreía porque su propósito era hacer felices a quienes le rodeaban

608   tú propendes a decir que no y es justo adiestrarse en la gimnasia de decir que no a todo y constantemente hay almas de cartón piedra pero también hay cuerpos hechos de muy delicados materiales humo de sándalo suspiro de muerto de hambre jirón de nube de país templado etcétera nadie sabe si el alma de los gatos tiene forma de gato vaporoso ni cuáles son las volátiles substancias que la forman el hombre chapotea en una laguna angosta y de aguas muy profundas y frías

609   nadie sabe si el alma de los alacranes tiene forma de puchero para cocer ponzoñas la madre de tuprimo piensa que sí pero no debe

ser creída porque es muy mentirosa innecesariamente muy mentirosa y equívoca

610 ulpiano el lapidario a quien en ciertos trances llaman ulpiano el apóstata es demasiado crédulo e inocente el verdugo se ríe de él y lo trata con suma desconsideración lo humilla con vejámenes literarios delante del coro de tronos y potestades esto es los clientes de los asilos las amas de cría que ya no pueden dar de mamar los sacristanes del sur los aprendices de droguero etcétera le orina en el café con leche del desayuno le siembra el braguero inguinal de polvos de picapica y le da zurriagazos en la calva

611 tu amigo el celador de arbitrios municipales misógino firmaba cheques en descubierto para vengarse de los horribles sustos que le daban las ánimas del purgatorio cuando se le aparecían noche tras noche vestidas de fantasma y con un cirio ardiendo sobre la calavera o alumbrándoles el esternón el pensamiento de que la muerte es incombustible le llenaba de sobresalto y pánico tu amigo el celador de arbitrios municipales misógino se tapaba la cabeza con un mantón de manila prenda que tiene propiedades aislantes

612 las tortugas que salían de cincuenta en cincuenta y de un solo golpe de palanca del troquel de ulpiano el lapidario eran todas minúsculas iguales o bastante iguales y llegaron a cubrir la tierra anegando los sembrados los bosques y las ciudades sólo el inmenso mar libró de la plaga lo defendieron los valientes bacalaos

613 los poetas de la edad media morían jóvenes y con frecuencia lapidados en las francachelas con que los paladines vencidos en el torneo se consolaban de su derrota las prostitutas de raza blanca les lamían las heridas hasta que sanaban y las prostitutas de raza no blanca a las que se solían aplicar peores nombres les brindaban guisos de feto de raza no blanca sazonados con salsa mayordoma era un espectáculo muy exótico y colorista que contemplaban las altas damas de la nobleza tras la celosía de los miradores

614 los herreros alquilaban a los paladines en derrota llaves maestras con las que abrir los cinturones de castidad de las altas damas de la nobleza y después morían en la horca con la cómplice sonrisa en los labios

94

515 las altas damas de la nobleza incluso las infantas godas de las que tu padre no pronuncies su nombre siempre se enamoró como un cadete las madres abadesas mitradas las señoras venidas a menos las mujeres del estado llano y las barraganas del clero secular aprovechaban el último orgasmo de los ahorcados para preparar compota de mandrágora manjar idóneo para combatir el desamor del alma y la falta de afición del cuerpo

616 los bufones logran resultados aceptables con la pluma de pavo real aunque a veces tengan que insistir pacientemente en la caricia

617 el pederasta caritativo envenenaba caramelos con arsénico para frustrar el futuro censo de homosexuales, la desorientada policía se indignaba ante la evidencia de que la curva de evolución no siguiera el trazo previsto por la computadora y más de uno se murió a resultas de la tristeza en la que fue sumido por la duda metódica no es posible que la ciencia yerre y si yerra el deber del hombre es morirse a obscuras y ocultar su fracaso para que nadie ni los hijos ni los hermanos ni los padres de nadie pueda reírse de su inocencia ajada como un pétalo

618 tuprimo hace ya algún tiempo mostró afición a los estudios de egiptología que después fue abandonando poco a poco la lista de los faraones es más difícil de aprender que la de los reyes godos ataúlfo sigerico valia teodorico y otros más

619 la novia de tuprimo es muy mentirosa tan mentirosa como la madre de tuprimo la novia de tuprimo es incapaz de decir la verdad a nadie no debe culpársele de que sea así la novia de tuprimo bastante hace con llorar y conspirar una de las características de la novia de tuprimo es el aerocolpos la vagina que produce música de viento marcial y alegre música de banda que hace saltar chispas es muy entretenido escucharla con sumo cuidado en las fiestas de celebración de los solsticios y los equinoccios la novia de tuprimo tiene el vientre duro se pasa semanas y semanas sin evacuarlo y tamborilea sobre su tensa piel para acompañar la música de viento de su vagina filarmónica

620 la mujer vestida de amante de arlequín digamos la biancolelli o cualquier otra cómica italiana se embriagó con anís dulce y ulpiano el lapidario le pegó fuego con una germinadora tea de

pez ardiendo que se sacó disimuladamente de entre los pliegues
y recovecos del escroto las dos hijas de lot embarazadas ya de
cinco meses se morían de risa al ver las llamas y nada hicieron
por sofocarlas

621 lot el alcohólico incestuoso las reprendió incluso sin fe y sin
dureza pero sus dos hijas le amenazaron con vedarle la fuente
de la lujuria y lot tuvo que volver al silencio

622 sobre la ciudad de más de tres millones de habitantes tuprimo no
valora debidamente a su novia quizá porque desprecia los amores
solemnes tuprimo prefiere los amores minúsculos y casi impercep-
tibles los amores que se van adaptando al reloj con toda cautela
como la piel del gusano al gusano y que funcionan con insospe-
chada monotonía respetuosa

623 en la isla de lesbos safo y sus compatriotas lesbianas aplastan los
gusanos entre dos piedras para deshacerles su horrible forma y los
arrojan después por el acantilado de petinós para que sirvan de
consuelo a los marineros y a las sirenas

624 es más fácil tocar el laúd que la mujer desnuda es menos grato y
beneficioso, la técnica del aristón no vale porque el mono que se
masturba distrae el interés de la gente las monjas de clausura (ya
no quedan monas de clausura la última vivió y murió quizá en el
peñón de gibraltar quizá en la costa dálmata en la baja edad media) tocan tangos en el expresivo tangos a los que resta veneno
la continencia reglamentaria y el candor

625 el huérfano con varices el huérfano color salmón antes de perderse en el bosque compuso tres tangos para las monjas de clausura
flor maleva flor de arrabal y florecillas primaverales el expresivo
es como un bandoneón sin inclinaciones golfas es más fácil tocar el expresivo que la mujer desnuda reporta menos gusto y
provecho

626 los arborífagos lobos canadienses devastaron los bosques de su país
y en su lugar florecieron las ciudades con la insignia de la hoja
que van desde las cataratas del niágara y los grandes lagos hasta
el fin del mundo y de los hielos las mozas de la península de
labrador cantan himnos rituales y a espaldas de sus educadores

se dejan poseer por el lobo fitófago y persiguen con alfanjes árabes y de tajo curvo esquimales marsopas morsas agitadores negros
de detroit al otro lado de la frontera y demás especies acosadas y
ruines la madre de tuprimo guarda viejas fotografías de estos sucesos en un álbum rotulado con letras de oro fino y forrado con
piel de vientre de mujer caduca

627 el verdugo conoce bien las costumbres de la isla de lesbos la isla
de mitilene frente a la costa turca pero sus hijas encuentran demasiado conservadoras y tradicionales sus explicaciones el padre de
safo murió en la guerra con la dignidad de los aristócratas safo
era peluda y de corta talla y no consumó su matrimonio porque
la presencia de cercolas el marido le producía náuseas amó a su
corte de jóvenes amigas del corazón y vieja ya fue desairada por
faón el marinero adolescente entonces safo se arrojó a la mar

628 no, no pagues la marihuana a precio de oro ulpiano el lapidario
que tiene buenos sentimientos quizá pueda prestarte unos petardos
si tú le prometes capear el temporal con buen sentido disfrázate
de cerdo doméstico para ablandar su corazón y dile que eres muy
feliz habiendo dejado de ser hombre

629 a los maestros provenzales de anatomía el juez les daba a elegir
la forma de muerte que para mayor provecho de la ciencia debía
aplicarse al condenado a muerte los maestros provenzales de
anatomía daban la siguiente respuesta: tómese un condenado a
muerte ahóguese en un río de aguas claras cuélguese de un árbol
de la cabeza de las manos o de los pies

630 el arte de la disección de cadáveres se movió a impulsos de una
prostituta parisién que se suicidó por ahorcamiento una joven noble bruselense de muerte sospechosa una niña a la que los discípulos de vesalio desenterraron una mujer muerta a palos por el
marido una vieja mendiga que se murió de hambre una jorobada
una monja un clérigo francés la concubina de un fraile paduano
a la que se le estranguló el útero dos españoles sifilíticos a quienes los boloñeses disecaron vivos y entre improperios los reos de
muerte ajusticiados con opio el pirata el envenenador la infanticida la universidad de lérida tenía el privilegio de matar por sofocación para que no se estropeasen las facciones de los cadáveres
los verdugos ingleses vendían sus ahorcados al mejor postor pero

patricio fue resucitado por el actor glover y aquella misma noche le dio las gracias desde el escenario

631 en las montañas más altas y difíciles de escalar viven unos pajarillos minúsculos y de sangre fría que nadie sabe cómo se llaman se alimentan del aire y según algunos naturalistas son medio vegetales y no ovíparos sino vivíparos no se posan jamás en lado alguno vuelan constantemente y sin fatiga

632 y cuando mueren no caen al suelo sino que se disuelven en el viento tuprimo los vio pero no pudo cazarlos porque son más veloces que las balas la novia de tuprimo duda de la existencia de estos pájaros tenues como los cristales de la nieve y cierra los ojos cuando alguien los menciona

633 entre las aves eróticas aptas para el mesurado ejercicio del pecado de bestialidad nadie incluye al breve pajarito de sangre fría que vive en las montañas

634 mademoiselle gigi tiene los senos grandes con un ligero desequilibrio repasa el cantar de los cantares: es mi amado para mí un ramo de mirto que reposa entre mis pechos i 13 tus pechos son como dos gacelas iv 5 tus pechos son como dos cervatillos vii 4 tu talle es esbelto como la palmera y son tus pechos sus racimos vii 8 yo me dije voy a subir a la palmera a tomar sus racimos sean tus pechos racimos para mí vii 9 muro soy y torres son mis pechos viii 10 recuerda la invención de la vía láctea las supremas caridades la santa águeda de la bandeja gabriela d'estrées y su hermana la maja desnuda los sellos de correos de españa francia italia noruega marilyn monroe con sus balochards grandes con un ligero desequilibrio brigitte bardot con sus gougouttes grandes con un ligero desequilibrio jayne mansfield con sus roberts grandes con un ligero desequilibrio sofía loren con su salle à manger du petit et salle de récréation de papa grandes con un ligero desequilibrio anita ekberg con sus tétasses grandes con un ligero desequilibrio y tantas y tantas a todas les da cierta gracia el desequilibrio y los próceres hacen largas pacientes colas para comprobarlo

635 te matas a trabajar en todo lo que detestas vas con la lengua fuera desde un sitio que odias hasta otro que también aborreces tírate por la ventana ponte sobre la vía del tren date un tiro en la boca

o presta oídos a la voz sensata que te predica paciencia y resignación los últimos serán los primeros, bueno, pero tú escucha la voz de sirena que te aparta de los que son como tú : hagas lo que hagas la plusvalía seguirá recebando arcas ajenas

636   sobre las ciudades de más de tres millones de habitantes también sobre las más grandes y las más pequeñas aúllan safo la poetisa y su legión de musas incrédulas blasfemas disciplinadas

637   el hombre es un animal tan frágil como el pajarito que se mece en el aire y que si hemos de creer lo que dicen no se posa ni vivo ni muerto: nacer volando amar volando parir volando morir volando es maniobra difícil para la que se precisa muy duro entrenamiento

638   safo canta en obscuro verso pindárico el imposible amor del hombre que triunfa en la olimpiada y es derrotado en el lecho y en el sindicato

639   ivón hormisdas el hereje que murió en la batalla de trafalgar conocía ciertas trampas eróticas que aplazaban la derrota aunque no la evitasen no importa ser derrotado en la pelea de la que no se puede salir victorioso basta con no ser derrotado de forma demasiado humillante

640   las palomas de color azul plomo no ven en la obscuridad pero de día cuando el sol luce en el firmamento rastrean la guarida de los murciélagos para chuparles la sangre y cobrar fuerzas con las que seguir luchando contra las palomas blancas y pechugonas de cola de pavo malditas por los persas y minadas por el alcoholismo y otros azotes

641   tuprimo navega sobre la cama de las frustraciones como a bordo de un buque fantasma desarbolado la fragata ana samain el clipper cruz del sur el arte amatoria de ivón hormisdas el hereje que murió en el desembarco de alhucemas es libro que está prohibido por la censura es difícil encontrar ejemplares no obstante debes pasar aviso a las librerías anticuarias

642   tampoco merece la pena que te vistas con el traje nuevo la camisa de rayas azules el reloj de oro y el pasador de corbata a nadie

le importa lo más mínimo ni el precio oficial del cacao para la
campaña chocolatera el precio oficial del vellón para la campaña
lanera el precio no regulado de la mano de obra portuguesa o
marroquí o argelina para la campaña electoral ni nada el azumbre de semen de ahorcado o estrangulado y menos que a nadie a
tu padre no pronuncies su nombre que en su tumba del cementerio civil canta canciones prostibularias canciones revolucionarias
e insanas

643   la novia de tuprimo sabe que de nada han de valerle consejos ni
recomendaciones porque el fallo es otro y muy diferente

644   el aromático chorro de vapor que sale de las cafeteras se usa para
castrar niños bizcos y selváticos de las fuentes del amazonas son
los grandes tenores del porvenir que tantos días de gloria darán
a las campañas oficiales de fomento de la música cuyo precio a
nadie absolutamente a nadie importa y menos que a nadie a tu
padre no pronuncies su nombre cuyos restos han sido devorados
ya por los gusanos del cementerio civil sobre cuyas blandísimas
cabezas se abate la pena de excomunión

645   a las primeras horas de la noche cuando el sol se había puesto
ya tras el horizonte y las familias se aprestaban a cenar en silencio tú rondabas las crujidoras escaleras de las casas de vecindad
entre las bajas nubes del olor a lombarda cocida espiando el paso
de las sexagenarias o septuagenarias gordas y devotas que regre-
saban de la iglesia con la mente poblada de resignados serafines
es muy emocionante bajar las escaleras de tres en tres a toda velocidad profiriendo gritos de guerra y derribando y espantando an-
cianas después besabas en la boca a maría fernanda y te sentías
muy seguro y protegido

646   en el naufragio no se salvaron más que los marineros que ma-
nejaban el remo como un sable con maestría y potencia el pasaje murió a seco golpe de remo nada sufrió o sufrió muy
poco

647   la novia de tuprimo conoce todas las especies que pueblan el lago
de tiberíades la forma de cada pez su color su consistencia su resistencia su duración y se entristece al comparar las glorias pretéritas
con las miserias actuales

648 ulpiano el lapidario no bebe más que cocktails de whisky cana-
diense con benedictine y vermut francés con bitter de naranja y
jugo de limón con curaçao rojo y vermut italiano la policía sostiene que esa desviación esconde innúmeras aberraciones pero ulpiano el lapidario se ríe y sigue vendiendo marihuana a los funcionarios pobres y a los adolescentes que sueñan con llegar a
funcionarios pobres cada cual es cada cual y lo probable es que
la policía se equivoque

649 la novia de tuprimo no aspira a imposibles históricos pero nadie
puede evitar tampoco nadie tendría derecho a hacerlo que goce
imaginándose posibles minúsculos e inmediatos aunque se disfra-
cen con torpes hábitos carnosos de puerco de corral

650 nadie debe evitarlo ya que nadie debe negar a nadie ni al más
pobre mago en desgracia el consuelo en forma de pez del lago
de tiberíades el olisbo de los bravos y errantes fatimíes sin corona

651 el sofá de los homenajes esconde bajo sus almohadones o entre
sus almohadones tres monedas de tres países diferentes un recor-
datorio de la primera comunión de un niño muerto dos preservativos alemanes una fotografía del héroe una horquilla el esqueleto de un pájaro que siempre fue calvo una aguja oxidada y
una carta de amor hecha pedazos por ahora nadie ha descubierto
el tesoro

652 la novia de tuprimo tiene un reloj de arena del desierto que le
sirve para contar las horas de la monotonía pero no los heridores
instantes de la pluritonía la novia de tuprimo a nadie oculta que
en su pecho no duerme la vocación de mujer casada

653 no es la única a quien tal sucede y así lo proclama a voces a los
cuatro vientos para que lo escuchen la yerba y las estrellas el
erizo de mar y el hipopótamo gregario el hospiciano el príncipe
y la monja atacada de bubas malignas

654 el matrimonio no es institución demasiado apta para la mujer ni
en general para la hembra de los vertebrados superiores mamí-
feros la mujer es animal no excesivamente sexuado o defectuosamente sexuado animal concreto sin instinto de conservación y muy
innecesaria paciencia

101

655   esther ii la yegua del joven conde de montecristo xxvii la triple
ganadora del derby de epsom conocía el lenguaje de las flores el
lenguaje del abanico y el lenguaje de las miradas y los párpados
que es el más difícil de todos esther ii recitaba a los poetas del
renacimiento con alhelíes hortensias rosas climbing rouge claveles maría teresa blancos con el pezón rosa etcétera predicaba el
evangelio de san mateo a fintas golpes y huidas de abanico y
transcribía los procaces contes drolatiques de balzac mirando y par-
padeando

656   los productos de la yeguada del joven conde de montecristo xxvii
murmuraban de esther ii y llegaron a atribuirle falsedades monstruosas la envidia tiñe de negro mate o de gris humo todo cuanto
roza con su ala

657   una mujer sueña en voz alta y dice scila y caribdis su marido la
estrangula con el cinturón y el juez dicta sentencia en frío y lo
absuelve tu padre no pronuncies su nombre era enemigo de la
pena de muerte la madre de tuprimo aplaudía en las ejecuciones
públicas e invitaba al verdugo a gozar de sus azucarados despojos a jugar a las damas dándole la salida de ventaja y a beber
zumo de uva sin fermentar

658   la mujer vestida de colombina no es el arquetipo de la mujer la
inadecuación de la didáctica a la poética ha lastrado no pocas
existencias femeninas y la novia de tuprimo y en general todas
las mujeres no buscan la razón sino el reglamento por el que la
razón se rige lo más conveniente para la salud pública sería matarlas a todas para gozar de sus restos con los cinco sentidos y
proclamar así la eterna sumisión del hombre

659   el pabellón nornordeste es especialmente frío en él agoniza la
carne de electroshock mientras las enfermeras apretando los muslos con frenesí estudian las estadísticas del hambre y las represen-
taciones del dolor en múltiples sistemas de ejes cartesianos

660   el verdugo guarda silencio porque las ordenanzas le mandan ser
silencioso pero para sí tiene que es actitud grave la de librar pa-
tentes la de repartir licencias para matar, al tiempo de permitir
la apología de la muerte la propaganda de la muerte sanadora
liberadora salvadora de todas las claudicaciones

102

661 el niño lepórido jugaba al aro en el canchal y el aro rueda que
rueda rodaba con la misma disciplina con el mismo equilibrio
que sobre una lámina de acero pulimentado el niño lepórido era
muy habilidoso a ti te atormentaba la envidia y hubieras preferido saber lo que era cierto: que el niño lepórido no pertenecía a
la especie humana ni a ninguna otra era un monotipo fabricado
de celuloide y albúmina no tenía corazón ni laberinto del oído

662 el matrimonio es institución adecuada a la araña y su sistema de
vida familiar la araña muere devorada por sus hijos es animal
antisaturniano que antepone el sacrificio al deleite de sus ciento
noventa y dos horas de coito

663 los seminaristas que salen a orear su mansedumbre fuera de la
muralla piensan oficialmente que la mujer es una bestia inmunda
como el jabalí o la cabra pegada a la ubre descomunal y se
santiguan cuando cruza una mujer por el horizonte camino del
pecado

664 tu padre no pronuncies su nombre fue incapaz de registrar en cinta magnetofónica el vergonzoso himno de las mujeres muertas a
los compases del blasfemo kirieleisón con el que pedían misericordia para sus cenizas

665 el bondadoso don iluminado predica misericordia a un cónclave
de sordos y su voz se pierde estérilmente por encima de los teja-
dos cuando alguien le pregunta que para qué tanto afán de tolerancia el bondadoso don iluminado sonríe con casi cínica dulzura
y mira las nubes y las copas de los árboles en las que ya apunta
el botón que anuncia la primavera

666 el sentimiento se produce al margen no a espaldas de la obra y la
obra se manifiesta al margen no a espaldas del sentimiento de
la fuente barroca mana veneno sutil o violentísimo y el homicida
se ve invadido de una infinita paz una tórtola no es un halcón
pero puede ser un halcón

667 no, no, tú sigue terne y no te ablandes deja que la novia de tuprimo continúe languideciendo en la cama de las frustraciones o al
pie de la cama de las frustraciones sobre la piel de cordero que
transmite el ántrax y el carbunclo

668   tómate todas las ventajas iniciales que te sea posible y tu conciencia no repugne y recuerda siempre que el amor no es un
deporte de caballeros sino una iluminación gorrina no enseñes al
que no sabe ríete de él y engáñale encendiendo y apagando tu
linterna en el incunable der ritter von turn hay un grabado que
representa una dama mirándose al espejo la imagen que el espejo
le devuelve no es su hermosa faz sino el descortés trasero del
diablo la boa constrictor enciende y apaga su linterna mientras
digiere el venado distraído después al cabo de tres días de sopor
escupe la cuerna y sigue arrastrándose entre las lianas y derribando orquídeas todos los animales de la selva miran con gran
respeto a la boa constrictor y su majestuosa ruindad

669   el niño lepórido tiene el ano estrellado o en forma de rosquilla
de boda de pueblo con los bordes de la herida pintados de nácar
el demonio belial de gran belleza y esbeltez tuvo amores con el
rey salomón algunos cronistas dudan de que sea cierto las autoridades civiles y el jefe del puesto de gendarmes son muy diestros
en el manejo del arco y la flecha y los domingos por la mañana
al salir de misa mayor tiran al blanco sobre el ano estrellado del
niño lepórido que acusa las dianas con un aullido después pre-
mian su buena disposición con almendras y pastelillos de hojaldre
mientras las madres de familia aplauden a las autoridades civiles
y al jefe del puesto de gendarmes que son muy diestros en el manejo del arco y la flecha y el colt 42 y el cuaderno donde quedan
apuntadas con tinta indeleble las multas que no permiten que
jamás se apague la sacrosanta llamita del terror y la disciplina

670   a ulpiano el lapidario no le sirvió de nada el filtro de amor de
pudentilla la novia vieja que no salió con vida del primer orgasmo un corazón de paloma un hígado de ruiseñor un riñón de
liebre un hipómanes de potro recién nacido una matriz de golondrina la piedra talismán de un sapo viejo todo seco y reducido
a polvo impalpable es posible que ulpiano el lapidario fuera
hombre de poca fe

671   el arador de la sarna dibuja surcos caligráficos en la mano del
paquidermo que escapa de la violentísima luz de la bagacera porque le echa la culpa de su desgracia es hermoso asistir al retum-
bador espectáculo de la manada de paquidermos huyendo en pos
de la saludable sombra que muy rara vez encuentran

672   la amante afgana como un perro de tuprimo dirigió un informe a
la unesco: la gente cree que el pelo del bidet el negro el rizado
el ensortijado pelo signo de mujer no virgen del bidet es huella
de un recuerdo, no es así señores delegados, es marca de fábrica
cifra cabalística que denota origen la enseñan los bidets despre-
cintados y desembalados a la vista de todos y aún por estrenar a
fuerza de uso se les va borrando entonces se vuelven muy peli-
grosos y sólo es preconizable destruirlos golpeándolos con una
gran piedra o una barra de hierro, la amante afgana como un
perro de lujo de tuprimo por nadie fue creída los señores delegados se rieron de ella y los guardias la expulsaron del salón de
sesiones

673   la paloma es animal glotón y lúbrico el hombre la admira por
sentimiento de inferioridad también por atavismo la paloma no
sabe hacer más cosa tampoco quiere hacer más cosa que comer
hasta saciarse y amar hasta saciarse son dos menesteres descarga-
dores el uno del otro la paloma es pájaro guloso ave lasciva que
se disfraza de virgen ingenua el hombre por sentimiento de inferioridad por atavismo por miedo es muy proclive a admitir los
símbolos más perversos

674   la paloma ve de día el lobo ve de noche el hombre no ve ni de
día ni de noche pero se nutre de muy confusas creencias y adivinaciones a la joven ida-clotilde de lovaina quiso prostituirla el
demonio preparándole unos buñuelos de venenosos sesos de gato
ida-clotilde de lovaina no era paloma y el demonio tuvo que huir
chasqueado dejándola de nuevo a solas con su manojo de mim-
bres disciplinarios

675   a los traidores se les señala con un hierro en la frente para que
sean escarnecidos por los demás traidores y no puedan vivir en
sosiego las súplicas de los traidores no son oídas por nadie porque
pasó ya el tiempo de perdonar la gente tiene demasiados gastos
y el perdón requiere el excipiente de la holganza la salsa de la
holganza se acabaron los holgazanes gloriosos que podían dedi-
car dos o tres horas de su jornada al perdón los traidores se quedaron ya sin defensa la traición es desde entonces más meritoria
y se la señala con marbete de seda como el obispo de ancira que
perdió el alma por pensar demasiado en el misterio de la santísima trinidad marcelo que te condenas mira marcelo que te

condenas le decía su barragana que contraviniendo el uso era más bien delgadita pero marcelo no le hizo caso y se condenó ahora arde en los infiernos con horrible gesto de espanto y sin marbete de seda porque a los condenados no se les permiten galas ni adornos

676 el barón de la conjuntivitis y el lunar color naranja pasea a la media noche por las calles de la ciudad pintando con tiza sobre las paredes la flauta del dolor erótico y funerario y la insignia del gallo ave de la mañana cuando la policía le pregunta que qué hace responde en lengua euskera para mayor desorientación

677 la novia de tuprimo se alimenta de sobresaltos para poder trepar mejor y con más agilidad por la fachada que esconde el goce sumiso maría pipí la gran alcahueta del reino entra en el tugurio el tiburón enamorado pero no bebe sino agua de azahar con unas gotas de zarzaparrilla la abnegación limita al sur con los montes piripiri que la separan del masoquismo es frontera muy imprecisa y a veces ambos países se confunden y entremezclan

678 sobre la espalda de la novia de tuprimo el ántrax y el carbunclo dibujan constelaciones misteriosas y de formas cambiantes como un dédalo de caminos de azogue en permanente movimiento en el que se extravía la lengua de tuprimo cuando lo explora los mapas de la tierra y del cielo son atrabiliarios su clave no ha sido aún hallada pese a tanto esfuerzo

679 napoleón bonaparte fue un caudillo de muy confusa mecánica erótica que sin embargo navegó con firmeza entre las constelaciones de josefina: casiopea la axila y el seno derechos andrómeda la axila y el seno izquierdos la cabellera de berenice el monte de venus que huele a excremento de ave marina y durante la cuaresma a excremento de ave de corral la cruz del sur la vulva en la que se habla el lunfardo y otras varias

680 por carnaval ulpiano el lapidario suele disfrazarse de josefina y se da polvos de arroz colorete y esencia de pachulí en las constelaciones para excitar las somnolientas libidos de los circasianos en el lugar de la acción llaman circasianos a los guardias de plantilla en la brigada celadora de las buenas costumbres la madre de tuprimo le reprocha su actitud el eonismo no es la sodo-

mía aunque sí su descolorido gallardete pero ulpiano el apóstata
cuando se viste de josefina no atiende a razones y se deja llevar
por el sentimiento

681   en la fachada de la catedral anidan las palomas que se matan
entre sí componiendo gestos de extrema inocencia dios no está
nunca a medio camino entre el dolor y la paloma que produce
el dolor ni maría muñón ni filemón tardío pudieron beber un
solo sorbo del licor de cerezas que tuprimo guarda en el lavabo
a la vista de todos

682   josefina aprovecha las frecuentes ausencias de napoleón para ves-
tirse de segunda hija de verdugo con su chupetín ajustado su falda de vuelo sus pendientes zíngaros de oro el verdugo encontró
a josefina una tarde a la puerta de la fábrica de neumáticos por
la parte de atrás la que da al campo donde los niños del suburbio
copulan con las perras hambrientas y sedientas y la confundió
con un estudiante que huía de la lujuria del hermano director le
dijo ¿adónde vas? pero no recibió respuesta alguna

683   hasta aquel inhóspito desmonte entre heridores vidrios parejas de
homosexuales que se aman con gran valor bucles de hojalata
oxidada parejas de heterosexuales que se aman con gran valor
briznas de yerba muertas niñas que se masturbaban con gran valor fetos que pueden fotografiarse en muy ridículas actitudes niños
que se masturban con gran dolor con gran aburrimiento páginas
y más páginas de periódicos a las que empuja el vendaval niños y
niñas que se masturban unos a otros con gran valor también con
gran hastío llega el runrún de la riqueza que lo ignora que prefiere fingir que sigue ignorándolo mark clark fue muerto a tiros
en este paisaje george jackson fue muerto a tiros en este paisaje
bunchy carter fue muerto a tiros en este paisaje bobby hutton fue
muerto a tiros en este paisaje martin luther king fue muerto a
tiros en este paisaje malcolm x fue muerto a tiros en este paisaje
james meredith fue muerto a tiros en este paisaje fred hampton
fue muerto a tiros en este paisaje es como una cadena sin fin
que sigue girando sobre sus dos ejes remotos

684   a la hija segunda del verdugo jamás le cansa el espectáculo de
la muerte nunca le aburre el espectáculo de la muerte que encuentra siempre variado y peculiar la hija segunda del verdugo

107

tiene menstruaciones dolorosas su madre cuando la ve pálida y
desganada decapita una gallina sobre el mármol de la mesa de
noche degüella un cordero sobre el mármol del aparador o ahorca un perro colgándolo del montante de la puerta de la cocina
para que sonría y se le abra el apetito la sangre llama a la sangre y acelera y abrevia las menstruaciones dolorosas

685 al barón de la conjuntivitis y el lunar color naranja lo acusaron
de un homicidio vulgar sin interés alguno una prostituta de provincias con malos antecedentes su abogado defensor estuvo elocuente y hábil y no le costó excesivo esfuerzo el evitarle la cárcel
el hombre es lobo para el hombre y víbora y alacrán se tiene por
axiomático pero el triple término de comparación no funciona con
eficacia flexible el lobo la víbora el alacrán jamás son fieros como
el hombre frente al otro lobo la otra víbora el otro alacrán el
lobo es amigo del lobo pierde su batalla con el hombre e ignora
la víbora y el alacrán todas las posibles combinaciones en las que
el hombre no juegue son también ciertas el lobo es animal guerrero que cuida de su conmilitón la víbora y el alacrán son bestias
partisanas que pelean con orden sutilísimo y buen concierto tác-
tico contra las bestias prójimas por defender el suelo de su país,
el hombre es hombre y siempre el hombre es leviatán fortísimo y
poco escrupuloso que mata y muere por orgullo

686 la mujer del corpiño de campesina bretona cuando cumplió sus
diez años de presidio como ya no tenía nada que comer nada
que ser comido ni los pechos ni medio vientre ni la nuca ni la
parte alta de la espalda ni los grandes labios ni los párpados que
todo se lo fue dejando en las fauces de la celadora y de la alondra volvió a robar y a enterrar los fetos de raza no blanca propiedad del estado que se guardaban en el museo de reproducciones artísticas después se tiró por el cantil de raz se tiró de pie
no de cabeza y nunca desde entonces fue vista jamás por nadie

687 el hombre vestido de pierrot se sabe de memoria todas las poesías
de hölderlin pero mientras juega al ajedrez se emborracha con
ron caribe canta muy tristes canciones de soldados llora gratuitamente y sin consuelo y canta muy sentimentales canciones de
soldados

688 los rinocerontes blancos se han olvidado de hacer el amor tralará
tralará los rinocerontes blancos se han olvidado de hacer el amor

tralará tralará la especie va camino de extinguirse tralará tralará la especie va camino de extinguirse tralará tralará

689   es lástima que no sea fecundo el pecado de bestialidad a lo mejor es fecundo y no lo saben los naturalistas con la técnica de la inseminación artificial podrían hacerse trampas muy graciosas niños con ojos de caballo novias con vulva de ágil cabra montesa profesores de geometría plana con cola de tití y mechones blancos alrededor de las orejas o también trampas monstruosas y horribles

690   las viudas de los ajusticiados aceptan con naturalidad con gratitud el vaso de cerveza que les ofrece el verdugo y se adornan el pelo con mariposas para celebrarlo con mayor énfasis todas visten túnicas de terciopelo recamado con hilo de plata y forman en pelotones tupidos a distancia semejan nobles japoneses dispuestos a morir por la costumbre nobles portugueses dispuestos a morir de amor

691   los niños del orfelinato con su uniforme azul muy bien planchado tiran cohetes hacen tremolar banderitas de papel y dan vivas al rey esteban el benemérito mientras el ahorcado se balancea sobre las cabezas de todos mecido por el viento y su viuda y sus compañeras con la túnica remangada hasta medio muslo se emborrachan y cantan

692   el inglés coleccionista de pipas de loza asedia con sus requerimientos a la más bella de todas las viudas de ahorcado se llama non de l'ellos y conservó siempre la tersa tez y los pujantes senos de la juventud el inglés coleccionista de pipas de loza fue muy feliz amándola y supone que ella también lo fue dejándose amar

693   el bufón pasea entre la multitud con la pluma de pavo real en el sombrero y la novia de tuprimo agazapada tras una mata de cantueso fabrica la saliva con la que ha de lamer la piel y el traje y la ropa interior del verdugo para borrarle hasta la última huella de la alegría

694   de nada le valió a casilda de vaurony el hada de los muslos dóricos ebúrneos tener un lunar bajo la ceja sus cinco esposos músicos murieron envenenados y ella llegó a la ancianidad comida por los remordimientos y el gorgojo de la madera

695   el marido de tu abuelita no volvió de la guerra y el verdugo y el hombre vestido de pierrot se hartaron de mirar por el calidoscopio mientras tu abuelita de negro de la cabeza a los pies con los senos desnudos y tocando el tambor perseguía carniceros taberneros fontaneros herreros nadie dijo jamás que tu abuelita fuera despectiva ni frígida ni clasista ya podéis propasaros si ése es vuestro deseo el mío sí lo es ayer recibí carta del estado mayor comunicándome que mi marido murió heroicamente en el frente de batalla defendiendo la posición a1a2a3 ya podéis empezar a propasaros sin miramiento alguno sin respeto alguno o con muy escaso respeto sin consideración alguna si queréis hacerlo en mí no encontraréis resistencia sino gratitud

696   atalanta tuvo los once trastornos de la mujer atalanta fue amamantada por una osa corpulenta atalanta creyó en el horóscopo que predijo que el amor del hombre le restaría hermosura hipómenes con las malas artes de las tres manzanas de oro venció a atalanta en la carrera atalanta e hipómenes se amaron bajo los techos del templo de venus la diosa en castigo los convirtió en leones en león y leona y los condenó a tirar del carro de cibeles por los siglos de los siglos hipómenes y atalanta se amaron con ternura sentimiento que no cabía en los corazones griegos

697   el verdugo y el hombre vestido de pierrot y los sombrereros los aguadores los zapateros los albañiles los pasteleros los sacristanes los fumistas y un oficial de cada gremio empezaron a desnudarse y el alcalde tuvo que mandar dos guardias el guardia crisanto y el guardia enrique para mantener el orden en la cola y no permitir que se quitaran la vez los unos a los otros el rijo no es buen sustento de conductas el calidoscopio de tu abuelita quedó empañado por el vapor de agua y el vaho de las respiraciones y tu abuelita tuvo que ponerlo a secar al aire para que no se pudriese hubo algunos heridos no de gravedad por fortuna y los artesanos fueron calmándose a la salida del sol

698   el hombre vestido de pierrot componiendo un gesto muy teatral y solemne canta los versos de verlaine c'est mal a dit l'amour et la voix de l'histoire cul de l'homme honneur pur de l'hellade et décor divin de rome vraie et plus divin encor de sodome morte martyre pour sa gloire el verdugo le dice eres un asqueroso que te aprovechas de mi debilidad y abusas de ella algún día podré

cobrarme el precio de tus deshonestos abusos pero el hombre vestido de pierrot ni le responde siquiera y sigue cantando versos de verlaine toutefois voilés par les flocons de nos pipes (comme autrefois héro copulait avec zeus) nos vits tels que des nez joyeux et karrogheus qu'eussent mouchés nos mains d'un geste délectable éternuaient des jets de foutre sous la table y mirando por el calidoscopio

699 san hugo el solitario sabe que el arma de la conquista de américa del norte fue el viejo testamento los indios eran los filisteos que debían morir y los puritanos los mataron el mártir san venancio sabe que el arma de la conquista de américa del sur fue el nuevo testamento los indios servían para cristianos y las indias para madres de cristianos y nació el mestizaje méjico centroamérica bolivia después llegaron los negros y aun antes de ser abolida la esclavitud empezaron a brotar los mulatos cuba la costa del mar caribe brasil ni aquiles ni desdémona ni don juan hicieron mayores ascos religiosos al color de la piel amante

700 san macario el desterrado se encontró una salamandra dentro de un bloque de hielo llevaba un siglo dormida se despertó y empezó a dar brincos y piruetas sobre la yerba quemando todo lo que tocaba

701 herreros sepultureros tranviarios ferroviarios taxistas mayordomos cocineros fontaneros mancebos de botica pinches de cocina taberneros afiladores leñadores carniceros trilleros empleados de banca empleados del depósito judicial alguaciles pescaderos carpinteros soladores bujarrones de oficio panaderos canteros estuquistas encofradores sulfatadores de vides y todos los que se dijeron antes fueron a la huelga y nada faltó para que destrozaran el calidoscopio

702 a nadie le importa nada ni el precio oficial de la zahína para la campaña forrajera ni nada las diez barricas de falos enfermos las diez barricas de vulvas enfermas que arden a diario en el horno crematorio municipal y menos que a nadie a tu padre no pronuncies su nombre que según dicen arde en la caldera de plutón príncipe del fuego gobernador de las regiones inflamadas y superintendente de los trabajos forzados espíritu maligno al que tan sólo espanta la sal

703   el barón de la conjuntivitis y el lunar color naranja padece de fiebre aftosa se la contagió la archidiablesa proserpina fray anselmo de turmeda previene contra las mujeres fembra enganna salomó david adam e sansó y ahora sufre en el hospital real de desahuciados de donde no saldrá sino para el purgatorio y quién sabe si para el infierno

704   tu abuelita mientras los huelguistas cantaban himnos revolucionarios salpicados de palabras soeces palmoteaba con alegría y enseñaba a todos sin excluir a los jugadores de la tómbola la carta del estado mayor mirad mirad aquí lo dice mi marido murió abrazado a la bandera mi marido murió heroicamente abrazado a la bandera mi marido murió en el frente de combate defendiendo la posición a1a2a3 heroicamente abrazado a la bandera de la patria con los siete colores del arco de san martín que levanten la mano quienes quieran abusar de mí y gozar de mi carne y mi sabiduría ha sonado la hora de la venganza nada me importa que destrocéis mi calidoscopio he estado esperando este momento desde hace largos años

705   el taxidermista florián piel de conejo ex alumno de los jesuitas cazaba mirlos con tiragomas los disecaba y los vendía diciendo que eran benditas ánimas del purgatorio no se lo creía nadie pero se los compraban para repartirlos en la catequesis primer premio de aplicación de aprovechamiento de conducta de obediencia de modestia de fervor de aseo un ánima del purgatorio disecada

706   la novia de tuprimo entró una noche en la catequesis roció con gasolina un ánima del purgatorio y le pegó fuego a la antigua usanza esto es con la piedra pedernal el eslabón y la yesca

707   muera la constitución viva el rey apartaos y abrid paso al verdugo no os ensañéis con su mujer ni con sus tres hijas que ni son gordas ni están muertas y desnudas ni se llaman marta maría y bárbara (o ana patricia regina margarita deseada etcétera) pedidles que os dejen mirar por su calidoscopio ellas también esconden un calidoscopio que podéis empañar con el vaho de vuestra respiración jadeante

708   arnalda la silvestre la más joven de las tres hijas del verdugo aplaudió con entusiasmo al conferenciante y le dejó mamar de

sus pechos la cultura no debe ser una piscifactoría de profesores que a su tiempo debido deposite la lecha que ha de producir nuevas multiplicaciones de profesores y así hasta el infinito mónica la silvestre la más tierna de las tres hijas del verdugo aplaudió con entusiasmo al conferenciante y le dejó gozar de sus nalgas la grecia de pericles se vino al suelo porque se culturizó más allá del límite de resistencia elástica oona la silvestre la más niña de las tres hijas del verdugo aplaudió con entusiasmo al conferenciante y le dejó acariciarle el pelo y lamerle las piernas hasta la rodilla la cultura tampoco debe ser lo contrario y desde luego no es la técnica ese señuelo que obnubila a quien lo maneja y estupidiza a quien lo padece isabel iii la silvestre la más misericordiosa de las tres hijas del verdugo aplaudió con entusiasmo al conferenciante el negro teogonio martinique y le dejó que le escupiese en la cara no se trata de electronizar al hombre sino de humanizar los días del hombre sobre la tierra y darles sentido moral y político un árbol o una flor sirven más al hombre que una calculadora y el acto amoroso pido perdón es más trascendente que un cuadro estadístico flavia la silvestre la más bella de las tres hijas del verdugo se durmió bajo el conferenciante negro y fue muy feliz

709 tu abuelita se desmayó sobre el calidoscopio era muy noble su figura derribada sobre el calidoscopio la araña se abre el vientre para que la devoren sus hijos tú ya lo sabías pero como tiene poca voz por nadie es escuchada la novia de tuprimo es más honesta que tu abuelita la novia de tuprimo es como una araña yerma dispuesta a abrirse el vientre para que sacien su hambre los hijos de los demás no hay nada más hermoso que el sacrificio sin objeto el holocausto en el que la víctima arde en su propio fuego tu abuelita lo ignora se consume en las brasas que nadie provoca ni atiza con el fuelle del odio ni con el soplillo de la caridad

710 la textura de corteza de arbusto yedra agracejo boj de la mano del maestro de esgrima florentino e hijo y nieto de florentinos que se bañaba en agua de hojas de sen era mejor vehículo de lujuria que el tacto resbaladizo de la vagina de lucrecia la lela monitora de cultura física del sindicato de escribientes la cadencia de la mano de él su fiero pulso impetuoso era de vaivenes más adecuados a su objeto que el desorientador baile de san vito

113

sin posible formulación algebraica de las caderas de ella, quizá
por estas razones el amor entre ambos fue tan fugaz y equívoco
artemidoro afirma que soñar con la muerte o con el entierro de
un amigo señala dicha matrimonial tu padre no pronuncies su
nombre les regaló sendos ejemplares del vademécum del masturbador tardío encuadernados en pasta española su lectura y la
paciente observancia de sus normas el asiduo adiestramiento en
sus normas llevó mucho consuelo al espíritu y a la carne del maestro de esgrima florentino e hijo y nieto de florentinos y de lucrecia la lela monitora de cultura física del sindicato de escribientes
quienes vivieron muy largos años en soledad y felices

711 no, no permitas que ulpiano el lapidario ulpiano el apóstata de
la verdad fotografíe estas escenas íntimas con su maquinita de as-
cetismo automático a nadie deben permitirse licencias ni compromiso de favor alguno el calidoscopio es de todos no sólo de los
vencedores y hasta el rinoceronte blanco torpe y olvidadizo puede
mirar por él

712 en ciudad del cabo un negro muere porque en el hospital no
había sangre negra disponible para una transfusión la novia de
tuprimo llora pero no debe hacérsele caso alguno nadie es culpable de que la demanda sea superior a las previsiones de almacén
y las enfermeras blancas no tienen por qué acatar las órdenes de
los médicos no blancos

713 la novia de tuprimo bebe un sorbo de licor de cerezas y sigue
durmiendo arrebujada en su vellón venéreo que nadie tire piedras
contra nadie

714 tu abuelita llora su sacrificio pero también se deleita en su sacrificio la compasión es el más fiel de los siervos pero para ramón
llull qui ha pietat no-s riu so ven

715 ulpiano el lapidario reparte marihuana a la multitud y los policías
disimulan y silban fingiéndose distraídos ha sonado la hora de la
venganza y ya no es posible hacer retroceder la marea

716 el progreso es un privilegio que no debiera ser patrimonio exclusivo de privilegiados ivón hormisdas el hereje muerto en la batalla
de eritrea no lo piensa pero lo subpiensa el progreso desenfre-

nado de los ricos oxida la sombra del incipiente progreso aún no nacido de los pobres ivón hormisdas el hereje muerto en la batalla de la bahía de cochinos no lo piensa pero lo subpiensa la justicia y la libertad son indivisibles inescindibles el despotismo y la esclavitud son indivisibles inescindibles ivón hormisdas el hereje muerto en la batalla de monte cappucciata no lo piensa pero lo subpiensa teogonio martinique el conferenciante negro dijo la electrónica no hace mejores a los hombres pero puede regalarles tiempo para ser mejores bernarda la silvestre la más madura pese a su juventud de las tres hijas del verdugo se despertó sobresaltada ivón hormisdas el hereje muerto en la batalla de las islas molucas no lo piensa pero lo subpiensa no es pobre sólo el que no come sino también el que no es tratado como hombre al bufón de la pluma de pavo real jamás lo trataron como a hombre es posible que no sea hombre y tú no lo sepas o tú lo sepas y no quieras decirlo

717   ni tu abuelita ni pentesilea tan diferentes entre sí fueron dos neuróticas tu abuelita y pentesilea cada una desde su esquina se gobernaron por leyes extrañas al hombre ningún etíope mató a ningún amante de tu abuelita y sin embargo en el quirófano a tu abuelita le hicieron una mastectomía le amputaron el seno derecho para que pudiera manejar el arco con mayor soltura y eficacia aquiles luchó contra tu abuelita y pentesilea en la guerra de las mastectomizadas los historiadores le llaman la guerra de las amazonas aquiles recibió la orden de volver al sitio de troya pero desoyó el mandato de agamenón ni tu abuelita ni pentesilea cumplieron su juramento tu abuelita y pentesilea fueron derrotadas por aquiles pero el guerrero victorioso se fingió vencido y tu abuelita y pentesilea se lo comieron a besos tú quieres decir que se lo comieron materialmente no en sentido figurado a besos

718   tuprimo se mantiene al margen y trata de recordar los versos de schiller drum willst du dich vor leid bewahren so fleche zu den unsichtbaren dass sie zum glück den schemerz verleihn pero los dioses invisibles se niegan a mezclarle sufrimiento y felicidad y tuprimo no queda inmunizado contra la suerte adversa

719   la novia de tuprimo le pregunta si quiere que le dé la mano para dormir pero tu primo le dice que no que puede morirse solo y sin

115

ayuda de nadie: estoy tan triste que si quisiera podría morirme ahora mismo

720 no se tortura para esclarecer la verdad ni en nombre de una idea ni en defensa de un orden instituido con mayor o menor gracia y fortuna el demonio encarnado en el erizo transportista verdeletto ii se comió el segundo tercio del mártir san tuprimo

721 el sayón no aspira sino a tres únicos fines inmediatamente concretos saciar el hambre reconfortar la libido y propiciar la displicente sonrisa del mandarín el orden de prelación varía según los inquisidores y la circunstancia de cada uno el más ruin y peligroso es el sonriente el más indefenso y desgraciado es el hambriento el más frecuente y cotidiano es el libidinoso el demonio encarnado en la rata zabulón ii se comió el tercer tercio del mártir san tuprimo

722 el día del juicio final la turbamulta de los sádicos y falsos sádicos indefensos velará la luz del sol placidia la silvestre la más generosa de las tres hijas del verdugo pregona a voz en grito que su padre no maneja la soga de horca sino para mantener con dignidad y decoro a los suyos para comprarles un traje por temporada para llevarlos cada sábado al cine a ver películas de dibujos y comedias musicales el demonio encarnado en el puerco espín marchocias ii se comió el primer tercio del mártir san tuprimo cuyo tránsito conmemora la santa madre iglesia el día primero de abril

723 el orgullo es pecado demoníaco pero también madriguera adecuada al solitario la novia de tuprimo es orgullosa está poseída por el demonio pero lo ignora tuprimo se cree orgulloso pero no lo es tuprimo se cree habitado por el demonio pero no lo está la cama de las frustraciones es guarida en la que el orgullo se pierde entre lamentos estériles y acongojadores entre ayes de dolor y suspiros de felicidad, la felicidad no es el placer la felicidad no es el éxito la felicidad no es el triunfo la felicidad es una noción huidiza que carece de parientes tuprimo está a punto de saberlo pero todavía no lo sabe tuprimo se limita a presentirlo y en cierto modo a adivinarlo como el rumor de una fuente que no existe por ejemplo o el frufrú de la falda de la mujer que lleva ya varias horas muerta

724 en la más bella isla del mediterráneo los gendarmes pasean por las playas con la brújula verga al aire para que los marineros no pierdan el rumbo y los sodomitas de calzón de baño carmesí perfilen bien sus dibujos de falos indígenas al natural con un barco velero y tres gaviotas sirviéndoles de fondo

725 sobre la chimenea de la fábrica de neumáticos vuelan el grajo que escribe anónimos lascivos a las monjas y el cuervo que se pasa la vida buscando la piedra indiana la chova cuyos huevos hacen abortar a las solteras y la corneja que vive diez veces más años que el hombre de noche vuelan la lechuza que se bebe el aceite santo y el búho insignia de la sabiduría y mensajero de la muerte son aves poco graciosas y de mal agüero cuya sola presencia debe evitarse los huelguistas las apedrean y a veces ellas solas se matan contra el pararrayos que casi no se ve entonces caen a tierra para que el hombre les pisotee las alas y el cuerpo con los ojos cerrados la cabeza suele desprendérseles y el viento las arrastra hasta muy lejanos países que quedan más allá de la tercera línea de montes

726 no seas hipócrita y cesa en tu homenaje al vicio no seas hipócrita y cesa en tu homenaje a la virtud el avestruz es ave hipócrita que finge un miedo que no tiene soñar con avestruces es indicio de que una mala mujer ha de perseguirte durante años y años con un cazamariposas de tul

727 los ancianos ciegos daneses en visita a los museos de italia están borrachos durante las veinticuatro horas del día sus cadáveres recubiertos de cera virgen flotan durante dos o tres semanas en grandes bombonas de cristal llenas de formol aromatizado con flores campesinas después se deshacen sin dejar rastro se desvanecen como si fueran de humo sus enfermeras de apretadas carnes vacían las bombonas en el mar ligur en el mar tirreno en el mar adriático las lavan con arena y vuelven a colocarlas en los anaqueles muy bien alineadas

728 la muerte es una abdicación no para el ahorcado el sofocado el estrangulado el degollado el decapitado el lapidado el crucificado el despeñado el agarrotado el envenenado el electrocutado el ahogado el gaseado lamia reina de libia perdió ya la cuenta la muerte es una abdicación para el hombre al que se deja a solas con la muerte

729   la mujer vestida de colombina trata con mucha crueldad con mucha dureza a las momias del monasterio abandonado las azota con sus remos de ave palmípeda les introduce ácaros excavadores por los oídos y por los agujeros de la nariz y no les permite salir de paseo ni los jueves ni los sábados por la tarde hay que tener más orden en el dormitorio quedan suspendidos los paseos mientras ustedes no tengan más orden en el dormitorio no admito esos revueltos y sucios montones de vendajes signo de desidia recuerden que son momias y que todo orden es necesario que todo orden es poco quedan suspendidos los paseos mientras ustedes se obstinen en no obedecer

730   el incendiario de la santa tea ignora que la muerte a solas como el amor a solas pierde la batalla el amor y la muerte precisan de la complicidad de alguien el verdugo el amante son piezas complementarias que no se perfeccionan en sí mismas el suicidio y la masturbación son artes mutiladas su regla estética es confundidora

731   no mates de forma tosca o declamatoria a los amantes de tu mujer somételos a una dieta prolongada de mucílago de agar-agar injértales una orquídea o cualquier otra flor parásita en el falo y métalos en la campana neumática poco a poco se irán reduciendo y al final podrás enterrarlos en una cajita de rapé con una amatista en forma de corazón en la tapa es un talismán muy preciado para calmar las ansias del demonio coprófago que tiene forma de chimpancé o de perro alano

732   las momias esperaron a la mujer vestida de colombina en la obscuridad y la convirtieron en momia envolviéndola en los vendajes de los revueltos montones después le sellaron la boca con esparadrapo para que no pudiera hablar y el ano con lacre para que no pudiera defecar la mujer vestida de colombina no se murió de ira como dijeron algunos sino de tristeza y los ancianos ciegos daneses en visita a los museos de italia sobaron incansablemente sus huesos hasta conseguir darles forma esférica perfecta forma de bola de billar cinco bolas blancas y tres rojas con los huesos sobrantes bien triturados hicieron harina para combatir las aves de mal agüero diurnas el grajo que vuelve mudos a los niños el cuervo inocente criminal la chova que se finge artemisa y va armada de flechas como diana cazadora la corneja que sobresalta

los corazones de las vírgenes y las aves de mal agüero nocturnas la lechuza que con su silbo advierte los fracasos el búho sepulturero todas se fueron transformando una tras otra en grillos escarabajos y sabandijas tenues

733   el bajo cantante en decadencia de nombre orlando bebe whisky de garrafa y fuma serrín de pino vivo serrín que huele a resina y a colofonia su mujer le dice que se quedará paralítico y mudo que no podrá comer ni darles de comer a ella y a sus hijos y él le pega con un zurriago y canta tannhäuser und der sängerkrieg auf wartburg y die walküre cada vez con peor voz y oído

734   a tu padre no pronuncies su nombre acabas de dejarlo en el cementerio civil entre holoturias y guepardos tiernísimos fue muy sencillo el entierro de tu padre no pronuncies su nombre y no hubo ni un solo detalle disonante o artificial los bomberos formaron una cortina de agua con sus potentes mangueras y el arco del cielo a oriente que anuncia el chorro de la felicidad para siete pobres brilló durante unos momentos entre las zarzas y las ortigas

735   una de las amantes de tu padre no pronuncies su nombre tú crees que fue la profesora de psicología aplicada que no tiene nariz pero no podrías jurarlo hizo sonar la cinta magnetofónica del canto de los pájaros muertos y los pájaros vivos huyeron llenos de terror a refugiarse en los adornos de las sepulturas del cementerio católico del gran cementerio en las alas de los ángeles custodios o entre los pliegues de las túnicas de las vírgenes dolorosas

736   a nadie le importa nada ni el precio oficial del crudo para la campaña petrolera ni nada la doble espuerta de próstatas de esclavo ñáñigo la media espuerta de ninfas bañadas en orina y menos que a nadie a tu padre no pronuncies su nombre cuyo cadáver pecador acabas de dejar en el cementerio civil guardado por los más ruines carabineros del infierno

737   napoleón bonaparte fue un caudillo de muy confusa mecánica erótica que sin embargo navegó con firmeza todos los mares a bordo de su complejo de cleopatra con dos motores el sentimiento de castración que lo llevó a odiar al padre y el sentimiento de dominación que lo condujo al mando por inabdicable instinto

119

738   el incendiario de la santa tea confundía a dios con el demonio el
incendiario de la santa tea se imaginaba a dios echando fuego
por la boca el incendiario de la santa tea por las noches mientras
los guardias yacían con las barraganas de los canónigos maduros
quemaba museos bibliotecas y archivos desnudos de mujer adanes
y evas bacanales de flandes libros de poesías y de pensamiento y
toda suerte de diplomática en la que pudiera rastrearse la sombra de la duda: a la herejía no debe darse pábulo y el dogma es
comburente propicio para el escarmiento nadie escarmienta en
cabeza ajena el camino idóneo es no cejar en las decapitaciones
ni un solo instante

739   a nadie le importa nada ni el precio oficial de la alfalfa para la
campaña forrajera ni nada antes habías hablado del precio oficial
de la zahína para la campaña forrajera ni nada el cargamento de
vello pubiano de los soldados y las meretrices muertos de muerte
natural y menos que a nadie a tu padre no pronuncies su nombre
procura olvidarlo definitivamente ni tampoco a tuprimo que se
revuelca entre pesadillas en la cama de las frustraciones

740   el cadáver del explorador de uganda huele a sales de baño el
cuerpo todavía caliente de la joven juana huele a cadaverina
que es olor lascivo los avaros del reino de la avaricia saludan
con reverencia y cubren el cuerpo todavía caliente con monedas de oro la joven juana sonriendo con dulzura las guarda
en el útero la hucha de celestina ala de perdiz su fiel adminis-
tradora

741   zósima wilgefortis uldarica infanta de ribagorza y prima carnal
de zósima wilgefortis tárbula infanta de aragón tampoco fue amante de tu padre no pronuncies su nombre pese a lo que se mur-
muró por las cortes europeas zósima wilgefortis uldarica fue
amante de ivón hormisdas el hereje muerto en la batalla del
callao y de otros cien herejes y por eso fue excomulgada por el
papa de roma tadeo xxvii que quiso adecentar las costumbres de
las casas reales

742   tu padre no pronuncies su nombre sí fue amante de las tres amantes horribles y únicas de tuprimo muertas cada una de ellas de
un certero mazazo en plena frente la afgana la portuguesa y la
hondureña creo que te equivocas la afgana la boliviana y la gua-

yanesa o la albana melusina y las parcas clotho y laquesis las seis
decepcionadas por tu padre no pronuncies su nombre y las seis dispuestas a ser pasto de todos los errabundos

743 ulpiano el lapidario tú quieres decir ulpiano el espiritista convoca
sus espíritus con palabras mágicas y muy eficaces y sana las des-
calabraduras de las tres amantes de tuprimo unas u otras mur-
murando abracadabra abracadabra es como una letanía ora pro
nobis ora pro nobis aunque los ángeles se ríen mucho de las
supersticiones: el número trece un gato negro tres curas paseando
la culebra cabalista un paraguas abierto unas tijeras abiertas el
tuerto agustín nembrot que construyó la torre de babel el bizco
vapula gran duque y filósofo del infierno la mancha de vino sobre
el papel secante el salero derramado el espejo roto la huella de
un pie desnudo en el techo de la alcoba de la ramera y otras
varias

744 la hija mayor de lot cerró los ojos y mientras era poseída por su
padre se entretuvo en pensar: el espolón del gallo de la aurora
forrado de papel de plata brilla con siete reflejos uno por cada
puñal o por cada amor no maduro después se quedó dormida
debajo de su padre y abrazada a su padre en muy correcta
postura

745 la mujer vestida de harapos de oro salta con la limpieza de un
galgo sobre las tapias del cementerio civil erizadas de fieras púas
de alambre la mujer vestida de harapos de oro se desgarra las
nalgas y el vientre no por torpeza sino a propia voluntad y a
sabiendas de que es el más hermoso homenaje que puede rendir
a la memoria de tu padre no pronuncies su nombre que se lo
agradece de todo corazón haciendo sonreír la calavera en su solitario abandono es fácil hacer sonreír a una calavera en su solitario
abandono

746 la novia de tuprimo presenta zapatazos en las escuálidas nalgas
rugosas como higos secos al sol zapatazos ya viejos porque tuprimo
casi no tiene fuerza para amar cuanto más te ignoro más te amo
también cuanto más te amo más te ignoro les susurra tuprimo
a las amantes ignoradas tanto amor y tanta admiración tengo por
ti como ignorancia de ti no intentes desvelarme tu misterio sería
lo mismo que matar mi amor y me resulta muy duro seguir arras-

trando la compañía siempre sospeché de la juventud y pienso
que la alegría es débil empieza a desnudarte no dobles tu ropa
sobre el respaldo de la silla tírala al suelo o por la ventana y deja
el orden exigido para las sublevadas momias del monasterio abandonado o para los ancianos ciegos daneses en visita a los museos
de italia

747 nabucodonosor el ciempiés dócil anida en la vulva de la bruja
dominguina maletuna que subía montes muy elevados de un solo
brinco o en el ano de abrahel el demonio súcubo que se disfrazó
de doncella aldeana para saciar el apetito del pastorcillo que semejaba un cerdo verriondo nabucodonosor es ciempiés hermafrodita que fecunda como macho y aova como hembra el período
de incubación dura setenta y dos horas a una temperatura de
treinta y siete grados centígrados y tres décimas los cinco mil
ciempiés que nacen de cada puesta emigran la mitad a una axila
y la mitad a la otra hasta la edad adulta los naturalistas llaman
la diáspora a este trance

748 la novia de tuprimo tiene dieciséis pezones simétricos dos en los
muslos dos en las ingles dos en la línea del ombligo dos bajo
los senos dos en la parte inferior de los senos dos en su sitio dos
en la parte superior de los senos y dos en las axilas a tuprimo le
da un asco violento y piensa en pelopea la gozosa suicida

749 tú no tienes por qué obedecer ni a la mujer vestida de colombina
ni a nadie tú no eres libre pero puedes imaginarte que sí lo eres
es un placer asequible al desgraciado sea cual fuere el nivel de su
desgracia, al enfermo que marcha apoyándose en un grueso cayado
no se le permite igual licencia pocos hombres tienen la fortuna
de morir a plazo fijo y según su deseo

750 a la incierta luz del lubricán del alba cuando suena el violín de
cuerdas de tripa de lobo ciego y el dogo berecillo se duerme porque
no ve a los acordes trastes trémolos arpegios y cejillas de la gui-
tarra ulpiano el lapidario pregona el precio de la yerba para que la
policía no pueda llamarle defraudador

751 la novia de tuprimo lleva ya varios años agonizando pero teme
que la muerte le llegue por sorpresa a través de cualquier pezón
y antes de que tuprimo la estrangule o le hunda la frente de un

mazazo la novia de tuprimo sigue demasiado aferrada a la costumbre es difícil substraerse al hábito que llega a imprimir carácter trepar por la fachada repetir consignas sonámbulas desnudarse con ademanes rituales y automáticos beber licor de cerezas chupando por la goma de lavativa tenderse a dormir en el vellón venéreo respirar acompasadamente y así mil más tuprimo supone que el descubrimiento del fuego sentó las bases iniciales de la gastronomía la cultura nace del fuego con la misma sencillez que el agua brota del manantial los elementos primarios no suelen dar importancia alguna a sus fértiles actitudes

752 el cadáver del juez loco e inhumano que duerme que dormía que durmió sobre tres mujeres gordas desnudas y muertas marta maría y eloína de sábado apareció flotando a la vista de la costa los ojos se los comieron los peces y al hacerle la autopsia le encontraron un alevín de pez caribe en el vientre nadie pudo esclarecer jamás lo sucedido

753 baalberith adrameleck y behemoth los tres halcones del galés raposo que no descansa el galeote que llegó a caballero reposan en su alcahaz con las pihuelas trabándoles las patas y el capuz de cuero cegándoles la mirada carnicera los árabes dicen que el halcón se eleva al cielo con la presteza de una plegaria y cae sobre la tierra con la celeridad de una maldición el galés raposo que no descansa el galeote que llegó a caballero amó a imelda la del pecho acariciado a su hermana isolina la óptima y a la comadreja jezabel ii que come dulces y perros hidrófobos el galés raposo que no descansa el galeote que llegó a caballero sonríe cuando lo recuerda

754 no, no, apréndelo bien novia de tuprimo aprende lo que casi todas las mujeres ignoran mientras no renuncies a la monotonía no serás habitada por la paz y te huirán los hombres y las mujeres

755 no en todas las sociedades está vivo el tabú del incesto en el arca de noé no entraron parejas amorosas sino indiscriminadamente parejas de macho y hembra las especies progresivas vienen del apareamiento de padres e hijas y producen individuos de tendencias heterosexuales u ortodoxas a la luz de la costumbre el dúo de sodomita y lesbiana no hace excepción y cumple todas las reglas

123

las especies regresivas proceden del cruce de madres e hijos o entre hermanos y producen especímenes de inclinaciones homosexuales o heterodoxas al dictado del uso la coyunda de sodomitas entre sí o de lesbianas entre sí no fructifica aunque pueda complacer y serenar el hermafrodita no ama porque se pierde en la duda de la herramienta y del heroico rubor del hermafrodismo que suena demasiado a mundo clásico fluye el cauto sentimiento del unisexo económico esto no es difícil de ver dejando volar la mirada en torno

756 el falo es un barandal de viruta de hierro sobre el abismo ninguna otra cosa el falo es un quitamiedos todo lo más un adorno de escayola el falo no es entidad independiente ni riqueza aunque pueda tomarse por la imagen de la entidad independiente o de la riqueza la cabeza de cobra es el signo de la divinidad de vishnú y con siete cabezas de cobra se remata el trono del rey del nepal que es tímido y activo como las sacerdotisas a quienes se les ha retirado ya la menstruación

757 el verdugo está sumido en cavilaciones muy hondas porque el taxidermista florián piel de conejo ex alumno de los jesuitas le había dicho: no malbarates tu tiempo en defender la pena de muerte ya sé que no pierdes tu tiempo en tales vanidades pero me tranquiliza hacértelo saber es una causa perdida en la que ya no creen ni sus más denodados propugnadores los comerciantes ricos que amasaron su fortuna con sangre el alto clero conservador que preconiza la purga de sangre los padres de las vírgenes violadas y asesinadas que piensan que la sangre lava la sangre el demonio que hace arder la sangre de los blasfemos irritados, sé que tú el verdugo estás pensando en entregar tus ahorros al comité de la lucha contra la pena de muerte, no lo hagas, ni la holganza ni la falta de entusiasmo deben ser las hélices que te muevan a dar el paso que quieres dar, pelea contra el humo y el hambre contra las siete discriminaciones el color de la piel la silueta de la nariz el dibujo del óvalo de la cara los labios magros o carnosos la lisura o el ensortijado del pelo la bandera la lengua que se habla y aun el acento con que se dice la educación y su sentido el dios en que se cree y su inercia religiosa o supersticiosa las ideas políticas las ideas sociales las ideas morales las ideas económicas las ideas estéticas y las demás ideas salen más de siete suertes discriminatorias cierra las armas de tu con-

ciencia contra las ciudades monstruosas contra los ácidos en que
se cambia el aire contra la química que mata los peces y los
pájaros contra la soberbia que mata los hombres contra la gen-
darmería que no discierne entre el orden y el reglamento contra
el desempleo contra el empleo insuficiente contra el empleo mul-
tiplicado contra el inaccesible precio de la salud contra la repre-
sión del amor contra todos los presupuestos que conducen al
crimen como única escapatoria piensa que si das de respirar de
amar y de comer al hombre la galladura del huevo del crimen
se irá pudriendo y muriendo poco a poco dentro del cascarón el
antídoto de la sangre no fue jamás la sangre sino la justicia niégate a combatir el crimen con el crimen tú eres el verdugo y estás
obligado a meditarlo antes de tomar decisión alguna mientras tanto
sigue como hasta hoy

758   a veces durante los días anteriores y los días que siguen al aniver-
sario de la toma de la bastilla la segunda hija del verdugo tiene
la sensación de que está perdiendo el tiempo es como un agudo
dolor de oídos que se fija fuera de los oídos es probable que la
segunda hija del verdugo acierte aun a su pesar

759   napoleón bonaparte fue un caudillo sexualmente lábil e inestable
y en la cama de las frustraciones cuando era cabalgado con brida
corta por magdalena la ceremoniosa la despótica viuda llegó a
imaginarse que magdalena la ceremoniosa la despótica viuda era
él mismo y que él mismo no era más que su sombra ya enterrada
en el valle del geranio entre honores ingenuos y clarinazos de
ordenanza san agustín le recordó inter foeces et urinam nascimur
pero napoleón bonaparte que era un aventurero de conducta sexual
prevista se taponó los oídos con tierra funeraria

760   las dos majas desnudas la estampa de la virgen de los dolores el
gato del almohadón la colcha de indiana y los trescientos o más
cazadores a caballo soplando en una trompa de caza que se ven
sobre o desde la cama de las frustraciones con los cuatro puntos
cardinales exentos como las mesas de bridge en la que tuprimo
agoniza a sabiendas de que se masturba no son bastante para fingir
la naturaleza el hombre lleva llevaba hasta hace poco tiempo
millones de años protegiéndose de la naturaleza el fuego el hielo
la lluvia el vendaval la maja desnuda la virgen de los dolores el
gato bordado y su cascabel metálico la colcha el papel de la pared

no luchando contra la naturaleza y desbaratando su equilibrio pero las tornas cambiaron súbitamente y anteayer todavía anteayer el diablo sopló en la oreja del hombre la falsa idea de enfrentar la economía del oro con la ecología del aire el fruto puede ser la catástrofe y su mal ejemplo, era más armoniosa la estampa de diógenes masturbándose a la vista de todos en las calles de atenas que la gris silueta de la fábrica de neumáticos difuminando con su chorro de humo incesante la tortuosa lujuria jamás satisfecha de las tres hijas del verdugo la naturaleza se tomará millones de años todos los años que precise para protegerse de los desmanes del hombre al final la victoria será suya aunque quizás exija el suicidio colectivo del hombre esa bestia irresponsable que confunde la herramienta que crea el objeto con el objeto creado por la herramienta el animal y el vegetal se condicionan y se salvan juntos o se condenan y se hunden juntos y sin remisión posible el hombre no lo ignora pero por mandato del demonio guarda silencio

761 la novia de tuprimo hubiera podido suplir o quizá mejor acompañar a magdalena la ceremoniosa la despótica viuda en la cama de las frustraciones incluso dándole alguna ventaja de salida napoleón bonaparte se coronó por su mano y no por mano de papa se masturbó con su mano y no con la mano de la novia de tuprimo o con la mano de magdalena la ceremoniosa la despótica viuda, lo mismo probó a hacer el rey jaime el conquistador pero con la novia de tuprimo encima y magdalena la ceremoniosa la despótica viuda debajo y sosegándolo atizándole con una disciplina de cuero con adornos metálicos de haber seguido su ejemplo napoleón bonaparte hubiera ahorrado mucha sangre a europa austerlitz jena friedland bailén borodino y más sangre

762 la mujer vestida de coronel prusiano en vacaciones en el lago titicaca la esposa morganática del dalai lama medita: hay un oficio parabólico un oficio de penitencia y soledad un oficio contenido un oficio sordo un oficio de salvación por la huida un oficio comestible la nómina de los oficios es interminable al conjunto de todos se le llama oficio de tinieblas que no es el infierno y sus demonios aunque sí pueda parecer su paisaje y su máscara su antifaz de color cuaresma amarillo morado con ribetes verde lechuga en el que se guarecen los hombres para llorar a solas la pálida lágrima de la vergüenza

763   el condenado a muerte magnus hirschfeld el otro le dijo al capellán de la cárcel antes mi esposa era mi mano derecha ahora mi mano derecha es mi esposa confieso mi pecado de bigamia y el capellán de la cárcel le respondió nada debe preocuparte hijo mío tu esposa tiene amores con su máquina de coser que acciona levantando mucho las piernas y apretando los muslos y come azúcar mucho azúcar para engordar las lombrices intestinales

764   no basta con tener habilidad para los trabajos manuales la disección de fetos de raza no blanca la filatelia la crónica luctuosa de los protagonistas de la historia la elaboración del chocolate la relojería artesana el placer solitario el concierto de clavecín sino que es necesario dar cabida al espíritu y a sus exigencias el espíritu pide más y más según el tiempo va pasando y se borra en la memoria del hombre, los coitos de la vecina de la casa de enfrente con su niño esposo con el recio lechero que semeja un garañón el atento frutero que se finge macho de marta cibelina el torpe chico de la tienda de comestibles que se supone pavipollo el mágico carbonero angélico tiznado el pulido electricista de gestos de babosa de la fuente siguen siendo ejemplares tu deber es enviarle un ramo de flores exóticas o un pañuelo de seda natural como símbolo de gratitud para jenofonte es cosa justa santa y suave el recordar el bien que se nos hace no caigas en lo que quevedo advierte pocas veces quien recibe lo que no merece agradece lo que recibe tu caso es el contrario puesto que tu conducta es buena y respetuosa

765   el predicador sexófobo y delgadito casi ascético no quiere escuchar la voz de la mujer vestida de harapos de oro la voz de la pordiosera vestida de harapos de oro el espíritu precisa de la seguridad para el disfrute y los actores de la historia antonino pío marco polo los grandes actores de la historia atila federico de prusia aquellos que llenan páginas y más páginas de los libros de historia alejandro vercingétorix ricardo corazón de león y asombran a los funcionarios con sus hazañas caballerescas y magníficas suelen ser unos pobres títeres inseguros como aves de corral y de vuelo dubitativo como el de las aves de corral

766   el niño lepórido sueña con ser banquero y perseguir pobres de espíritu con perros dobermann amaestrados de momento lleva un diario en el que no se dice ni una sola verdad el niño lepórido

127

finge no saber que tiene el ano estrellado y en forma de rosquilla de boda de pueblo la ocultación de la evidencia llega a confundirse con la evidencia misma

767 las amantes de tu padre no pronuncies su nombre estuvieron siempre más cerca de safo el caracol incansable que de mesalina la alondra que confundió el color del oro la novia de tuprimo tiene menos de alondra que de caracol aunque tampoco deba confundírsele con el caracol ni con el niño salamandra que arde en el hogar entre un chisporroteo aromático

768 la mujer del protésico dental que padeció paperas tenía un hijo cada año y dos o tres los años bisiestos las autoridades provinciales eximieron al protésico dental que padeció paperas del pago de la contribución lo que dio lugar a innúmeras murmuraciones y a chanzas del peor gusto

769 las almas de los condenados a pena de infierno se atropellan en los chaflanes de las casas cuando son perseguidas por los gendarmes y llaman desesperadamente a las puertas cerradas a cal y canto a las puertas que no se les abrieron jamás después se entregan para ser esposadas y conducidas al campo de exterminio el horno crematorio las amplias salas de languidecimiento las amazonas cubren de flores el cortejo y los niños de raza blanca de las escuelas de subligentes dan suelta a mil palomas mensajeras para que las autoridades y los cortesanos se ensayen en el tiro de pichón, cuando el cielo se llena de plumas y ulula la sirena del campo de exterminio los gendarmes se retiran se duchan en el cuartel contemplándose el falo unos a otros y se van ordenadamente a sus casas a preguntar a sus mujeres que qué tal siguen de la bronquitis crónica o del sarpullido que les brotó en las nalgas cuando bajó el barómetro tan de súbito la semana pasada

770 el barón de la conjuntivitis y el lunar color naranja apagó su cigarro habano de las ocho de la noche con las lágrimas de la novia de tuprimo y el sudor que le manaba casi torrencialmente de los pezones de ambas axilas

771 no, no, elige tu muerte y si no puedes elegir tu muerte ni su aroma ni su tacto procura al menos no ser señalado con el sambenito del traidor el cometa de bien peinada cola al ave del

paraíso de nada le vale su belleza porque no tiene noción a la que referirla al ave del paraíso le entra la muerte por el ano como al águila caudal y al joven mendigo niégate a marcar el paso en el bando de los ángeles al hombre le ciega la ruidosa luz solar y sólo es capaz de ver en la penumbra

772   la mujer del corpiño de campesina bretona ignora que el planeta tierra gira sobre su eje y a su vez en una órbita elíptica en torno al sol no tiene ningún otro sentido el hecho de que el rey mares la enviase a recoger a isolda la del engaño trágico y propicio

773   invita a la mujer vestida de colombina a un trago de licor de cerezas prohíbele chupar de la goma del irrigador y cuando se incline sobre el lavabo atízale con violencia pero sin ira o con muy poca ira de siete a nueve latigazos de once a trece flagelaciones tampoco más en las nalgas hasta que las veas de color asalmonado o grisáceo o vino de burdeos según la calidad de la tralla que emplees lagarto cocodrilo jabalí becerro que cada una marca con un color un matiz un sombreado distinto entonces deténte para evitar el llanto de gratitud amorosa y su desmoralizadora secuela de caricias el error de safo la aulladora fue pedir violines de siete cuerdas el hombre no es un violín de siete cuerdas sino una ocarina de nueve agujeros

774   el poeta que cantaba la fuerza física se murió ignorándolo todo sobre su tumba aparecen cada mañana los nueve ramos de flores uno para cada agujero de la ocarina homenaje de las nueve mujeres que lo hundieron: para el ojo derecho el ramo de siemprevivas de la madre que lo parió sin querer para el ojo izquierdo el ramo de alhelíes del ama que lo crio a sus pechos para el oído izquierdo el ramo de lirios de la campesina felatriz poderosa que se reía de sus ansias de lobezno y una mañana lo desairó sin caridad en el cuarto de la plancha recién cumplidos los siete años para el oído derecho el ramo de campánulas azules de la campesina hipermástica que le permitió arrastrar su tierno sentimiento de succión hasta que se liberó con el alcoholismo el cadáver del poeta que cantaba la fuerza física aún escucha el gluglú de aquellos próvidos senos para el orificio derecho de la nariz el ramo de heliotropo de la niñera que supo masturbarlo con más cariño y más delicadeza que nadie para el orificio izquierdo de la nariz el ramo de violetas de la novia que lo apartó de sus camaradas

129

para la boca el ramo de madreselva de la segunda novia que lo
apartó de sus tres últimos y más desgraciados camaradas para el
ano el ramo de crisantemos de la esposa aconsejadora de buena
familia y socialmente correcta que lo separó del hermano y lo
llevó al infarto de miocardio para el meato urinario el ramo de
rosas francesillas de la piadosa amante que mandó incinerar su
cadáver fue desobedecida y lo enterraron entre otros dos cadáveres
en cierto modo famosos el poeta que cantaba la fuerza física no
tuvo tiempo de escribir ni un solo poema a su debilidad

775   es oportuno que a los hebreos y a los árabes les preocupe el
marchamo de la virginidad de sus mujeres núbiles hijas hermanas novias las largas horas del desierto son propicias a la cavi-
lación

776   la naturaleza se rige por inercias muy escasamente armónicas de
las que es vano querer salirse la novia de tuprimo se pone en la
cabeza un sombrerito de paja adornado con una flor de tafetán
color de rosa y remata al anciano ciego danés malherido con el
cuchillo de monte según es uso de monteros tuprimo se sienta
en la cama de las frustraciones y la ve hacer pero no aplaude
ni da gritos de júbilo el sentimiento debe ser conducido siempre
por la buena educación y el respeto a la norma tradicional una
montería no es un partido de futbol ni de beisbol la novia de
tuprimo procura no sonreír mientras remata ancianos ciegos daneses en visita a los museos de italia y les escalpa la cabellera
rubia o pelirroja de un tajo certero la madre de tuprimo no recibió
educación tan esmerada de niña fue a un colegio de monjas ordi-
narias y pobres y a veces no puede contener la emoción ni la
alegría tampoco debe pedírsele más porque tiene muy escasos
principios

777   los seis amantes y la amante de tu madre todos amparados bajo
la misma inicial tuvieron un final amargo pero ni se retractaron
de sus mantenidos errores ni abjuraron de sus impías creencias y
así les va en el otro mundo en el que ya de nada les sirve que su
dolor sea como una letanía ora pro nobis ora pro nobis

778   al nigromante aarón que se alimentaba de excrementos le cortaron la lengua y lo desollaron hasta la muerte ahora arde en la
caldera del fuego eterno

779   al mago abaris que se alimentaba de excrementos le vaciaron los ojos y le metieron tres ratones por el ano ahora arde en la caldera del fuego eterno

780   al astrólogo achabisio que se alimentaba de excrementos lo descoyuntaron en el potro de la tortura y arrojaron sus restos a las palomas ahora arde en la caldera del fuego eterno

781   a abelardo el anticristo que se alimentaba de excrementos lo apartaron durante más de veinte años de eloísa ahora arde en la caldera del fuego eterno

782   al adivino acmeto moro en desgracia que se alimentaba de excrementos lo ataron con fuertes ligaduras a la veleta de un evacuatorio público lo ataron tan alto que no pudo ni comer ni oler siquiera el grumus merdae de los demás murió de hambre con mucha lentitud ahora arde en la caldera del fuego eterno

783   al médico adamancio que se alimentaba de excrementos lo encerraron en una bola de cristal con una víbora un gallito inglés y una garduña a la que untaron los esfínteres con guindilla ahora arde en la caldera del fuego eterno

784   a la bellísima agaberta que se alimentaba de excrementos la hija del gigante vagnosto y alumna aventajada del real colegio de andrófobas nobles la ahogaron en una bañera de semen de soldado colonial ahora arde en la caldera del fuego eterno tu madre suele convocar los siete espíritus los recibe desnuda muy solemnemente y recién purgada para hacerles recordar los amorosos y felices tiempos ya idos para siempre

785   en el boudoir de tu madre hay un retrete optimus 1870 un retrete el delfín 1882 un retrete vaso de pedestal 1884 un retrete unitas 1885 un retrete el león 1890 un retrete magnolia azul un retrete alto de acanto un retrete lambeth un retrete lowdown los cuatro de 1895 y un retrete del siglo 1900 en total diez todos muy bellos con el receptáculo en perfectas condiciones y una cama amplia y muelle estilo imperio sobre la mesa de mármol se alinean siete hondas copas de cristal de bohemia con tapón esmerilado cada una contiene la golosina preferida de los habituales :

131

786   excremento de garzón, v. mónada 291

787   excremento de toro, v. mónada 293

788   excremento de paloma torcaz, v. mónada 295

789   excremento de cabra, v. mónada 297

790   excremento de ratón de campo, v. mónada 299

791   excremento de lobo, v. mónada 301

792   excremento de lagarto, v. mónada 303

793   a la madre de tuprimo se le atravesó un pez del lago de tiberíades
        en la tráquea y hubo que llevarla precipitadamente al hospital
        de infecciosos por si el pez tenía cualquier enfermedad de índole
        pestilente en cuyo caso hubiera sido mejor ni sacárselo siquiera
        dejarlo donde estaba en la tráquea de la madre de tuprimo entre
        mucosidades y malos pensamientos la mujer vestida de colombina
        cuando se le atraviesa un pez del lago de tiberíades en la tráquea
        carraspea un poco y lo escupe a distancia suficiente

794   esquela primera. hubo error en la noticia de agencia no fue la
        mujer con un alza de veinte centímetros en el pie derecho quien
        murió en un campo de concentración sino su hermana la mujer
        con un alza de veinte centímetros en el pie izquierdo, el luctuoso
        suceso debe quedar expresado de la forma siguiente: la mujer con
        un alza de veinte centímetros en el pie derecho no tuvo una vida
        amorosa feliz no amó al padre ni al hijo que hubo del padre ni al
        hermano ni al hijo que le hizo el hermano ni al novio ni al hijo
        que concibió del novio ni al marido ni al hijo que le dio al ma-
        rido ni al amante ni al hijo que sembró el amante en su vientre
        estúpido tampoco amó a la madre que le besaba en la boca ni a la
        hermana que dormía con ella ni a la niñera que la llevaba al cole-
        gio y le acariciaba los muslos ni a la compañera de colegio con
        la que se escondía en el lavabo ni a la monja que explicaba la
        clase de latín y le daba azotes en las nalgas ni a la amiga casada
        que conocía todos los recovecos de un gusto y le contaba las por-
        querías de los hombres ni a la amiga soltera que conocía el cami-

no real y todos los atajos del otro gusto y le recitaba versos en los que las poetisas contaban las porquerías de las mujeres ni a nadie vivo ni muerto la mujer con un alza de veinte centímetros en el pie derecho probó a masturbarse y a coleccionar olisbos de todas las tallas y calidades y a practicar la felacio con los perros vagabundos pero tuvo poco éxito decepcionada se refugió en el puritanismo el conservadurismo el gubernamentalismo las cuestaciones benéficas y la caridad, apilando el dinero recaudado o repartiendo ropas y enseres domésticos a las familias menesterosas consiguió múltiples y muy prolongados orgasmos entonces sonrió a solas y se quitó la vida ingeriendo una dosis excesiva de veronal uterus est animal sperma desiderans contravenir ese mandato conduce a la muerte r.i.p.

795   tu padre no pronuncies su nombre le pidió una flor de edelweiss al verdugo pero el verdugo se la negó nadie supo nunca por qué causa

796   la mujer vestida de harapos de oro se lo dijo a ulpiano el lapidario más de una vez: el corazón deja de latir antes de que la cabeza deje de pensar aclaro deje de dibujar una línea quebrada en la pantallita, el encefalograma todavía pinta su temblor cuando el cardiograma ya no traza sino un terco horizonte infinito la vida se representa con aquella línea quebrada al paso que la muerte se expresa con esta línea recta monótona tendida las defunciones se certifican según la pauta del pulso y para extraer el corazón que ha de trasplantarse se apaga la luz del encefalóscopo no se engaña a nadie pero se tranquiliza a todos

797   cura merino xxvii clérigo-torero-guerrillero en cuyo amor se refugió tu padre no pronuncies su nombre tras la huida de su amante la infanta de la españa goda zósima wilgefortis radegunda con cura santa cruz xxiv clérigo-torero-guerrillero hermano del anterior tenía un lobanillo en la nuca lleno de miles y miles de huevos de tábano cuando llegaba la primavera y los tábanos empezaban a nacer y a desperezarse a cura merino xxvii le atacaba el rijo empezaba a oler a pólvora y a vino peleón y se volvía insoportable exigente y soberbio zósima wilgefortis radegunda infanta de la españa goda era prima de zósima wilgefortis uldarica infanta de ribagorza y de zósima wilgefortis tárbula infanta de aragón o de navarra sobre este punto hay dudas las tres se rompieron el cinturón de

castidad con los dientes hazaña que fue cantada por los poetas medievales

798　el día 3 de julio en cesarea de capadocia san tuprimo camarero que perdió el favor del déspota las brujas se guarecen bajo las piedras más planas para escapar a la lujuria de los centuriones así hacen el día 3 de julio juana belloc bertomina de gert la señorita de ledoux maría ralde leonarda castenet y en general todas aquellas mujeres a las que se puede acusar con fundamento de los quince crímenes enormes: el reniego de dios la blasfemia contra el espíritu santo la adoración del diablo la dedicación de sus hijos al diablo el sacrificio de sus hijos en evitación de que sean bautizados su consagración a belcebú antes de haberlos parido el juramento del proselitismo el juramento invocando al diablo el incesto la antropofagia de personas muertas y cocidas por la propia mano la coprofagia con heces de ahorcado la muerte de hombres con sortilegios y venenos la muerte del ganado por torcijón la muerte de los frutos y las espigas por agostamiento y la cópula con el gran macho cabrío

799　tú haces enormes esfuerzos o no eso importa poco pero no puedes substraerte a la sensación de que llevas ya muchos años perdiendo el tiempo engañando a todos cuantos te rodean cuando dices buenos días buenas tardes o bien suyo afectísimo con sumo gusto servidor de usted no pones bastante énfasis bastante convicción fe bastante en las palabras, en el pensamiento ya se supone que no, y se te nota en el brillo de la mirada en su parpadeo y en el casi imperceptible sudor que te humedece la frente que estás muy lejos de decir la verdad de pensar la verdad se da por cierto que no porque la voz es herramienta poco adecuada pero el pensamiento lo es todavía menos es muy difícil que puedas seguir fingiendo es muy doloroso y agotador y por más que lo intentas no puedes olvidar que tus alegres conmilitones te han condenado a morir en la caldera de la pez en la vieja caldera que cuece el chapapote

800　rené descartes amaba las mujeres bizcas benjamín disraeli amaba las mujeres miopes antonio pérez y quizá felipe ii amaban las mujeres tuertas tú conoces a quien le pasa lo mismo es inútil que trates de simular lo contrario foción general ateniense curaba las mujeres ciegas injertándoles en cada ojo el áureo botón del ojo de

134

un buitre cazado a la luz de la luna llena en el nido y a la media-
noche

801   sagitario el noveno signo del zodíaco simboliza el hombre perfecto
el ser vivo que es animal para andar por el suelo y espiritual para
volar por las más altas esferas la insignia del arco y la flecha
señala el camino entre la tierra de los reptiles y el cielo de los
dioses

802   piensas en una mujer joven y elástica corriendo desnuda sobre la
arena de la playa pero al cabo de unos instantes el pensamiento
se te borra la mujer envejece y se detiene de golpe y la playa se
convierte en una larguísima galería de hospital de la beneficencia
por la que cruzan lisiados pálidos y flacos médicos bigotudos cubiertos de condecoraciones y monjas con grandes tocas almidonadas y
voluminosas posaderas quieres rectificar el pensamiento pero no
puedes te faltan fuerzas para hacerlo observas que los síntomas del
cansancio se suceden de modo alarmante y en las mejillas empiezan
a brotarte racimos de percebes incoloros colonias de mejillones
incoloros

803   en un pergamino de una vara de alto el bufón mojando su pluma
de pavo real en purpurina escribió el dodecálogo de la ley de
venus que se fue inventando poco a poco en sus ratos libres
  i) la procreación no es un instinto
ii) la procreación es la consecuencia
    ii a) ni siquiera obligada
    ii b) casi siempre temida
    ii c) con frecuencia evitada
del ejercicio de un instinto: el sexual
iii) la procreación puede ser un anhelo
    iii a) de orden intelectual
    iii b) no intuitivo
iv) la cópula se realiza no pensando en el posible hijo por venir
sino en
    iv a) la complacencia del amante
    iv b) la satisfacción de la libido
ya que
  v) innúmeros gestos sexuales no son fecundos
vi) la cópula se perfecciona en sí misma no en ningún otro fin
ulterior y distinto

vii) en la sola idea contraria duerme el huevo de los métodos que evitan el fruto

vii a) tangible

vii b) no espiritual huidizo amoroso

viii) el hijo puede desearse pero su presencia

viii a) acontece al margen del instinto sexual

e incluso

viii b) puede llegar a ser su precio

ix) la naturaleza en su sabiduría

ix a) brinda el hijo como premio que se otorga a ella misma

ix b) encela al macho y a la hembra con el señuelo del deleite sexual

x) el instinto sexual

x a) no cesa con la noticia del embarazo

x b) salta todas las barreras

x c) vive y muere con el individuo y en él

xi) el amor es un sentimiento bravo

xii) el cariño es un sentimiento manso y bonancible

804   de nada ha de valerte derrotar al gladiador otomano al gladiador libio al gladiador armenio dar dos saltos mortales en el vacío tras cada victoria decir hallo hop! y sonreír al césar las huestes del césar unánimemente señalarán el centro de la tierra tu lecho irremisible con el dedo pulgar las huestes del césar gozan con el gratuito espectáculo de la sangre sobre la arena en el campo de batalla huyen como conejos espantados pero en el circo deciden las vidas y las muertes deciden las muertes y se sienten imperiales y triunfales el derecho romano les autoriza a ser soberbios

805   los centuriones vanos y lujuriosos se masturban dejando pasear y trepar y deslizarse sobre el terso glande al avispero de tábanos amaestrados y sin alas tú recuerdas de dónde han salido recubiertos de miel dulzarrona caminan torpemente con gran dificultad y tardan en morir el justo tiempo que media entre la flaccidez y la eyaculación en el comercio de los persas tramposos se despachan relojes de arena que dan la exacta medida del proceso con el enjambre de tábanos muertos los niños pobres construyen rompecabezas arquitecturas y demás entretenimientos inocentes

806   en otro pergamino más pequeño el bufón mojando su pluma de pavo real en anilina escribió dos advertencias

136

i) la amistad asexuada no existe

ii) sí existe su máscara a la que el hombre llamó amor platónico concepto mal traducido ya que el filósofo señalaba una noción abstracta

y un corolario: al final el hombre se pierde en un juego de palabras pero retorna siempre al instinto

los doce mandamientos de la ley de venus las dos advertencias
y el corolario valen para la especie humana el hombre es el único
animal que ignora el celo

807   no, nunca se tiene soledad bastante y el espíritu no vive cuando
huye la soledad al espíritu sin soledad no le es posible el decoro
nada es posible aférrate a la soledad y da vacación a la chaperona
de la muerte para morir basta con la compañía de la muerte ninguna otra es precisa acostúmbrate a pedir perdón para (por) tus
deudas para (por) tus muchas deudas vergonzosas o no para (por)
tus deudas cínicas y crónicas no perdones a tus deudores huélgate
con su dolor y no permitas tampoco ser resarcido un deudor es
más saludable para el alma que una deuda que deja de serlo

808   refúgiate en la humillación antes de que los demás gocen humi-
llándote y recuerda siempre que un revólver puede latir tan enamorado como un corazón el latido es otro pero el amor es el mismo la substancia del amor es múltiple pero el hombre no puede
distinguirla el hombre es bestia muy lineal y monocorde muy consuetudinaria y reaccionaria

809   ivón hormisdas el hereje que murió en la batalla de jutlandia sigue descendiendo a los abismos de la tiniebla perfumada con cadaverina por los siglos de los siglos y aquí no hay relojes de arena
suficientes para medir tan dilatado tiempo ni los peldaños de la
piedad que son interminables y resbaladizos también resbaladizos
como una cadena sin fin ivón hormisdas el hereje que murió en
la batalla de malta no pudo decir como ovidio nosotros dos for-
mamos multitud

810   la muerte es la panacea universal que rechaza todas las enfermedades todos los achaques niégate a obedecer a la mujer vestida de
colombina y no la saques a bailar en el cotillón del día de difuntos que baile sola o que baile con el enano barrabás tú no tienes
por qué formar multitud con nadie aunque la mujer vestida de

137

colombina recurra a la desesperación tú no te apiades y empújala por la cuesta abajo la mujer vestida de colombina es una fingidora y su llanto y su dolor de hígado son falaces

811   la lombriz de color de rosa que vive bajo el cristalito de cuarzo trepa por una pierna de la niña dormida y se guarece en la ingle al amparo de los remordimientos es muy tímida y suplicante y no busca más cosa que el olvido si queda un resto de sopa de yerbas tírala por el fregadero y evita que coman los hambrientos debe bastarles con alimentarse de himnos al trabajo y esperanzas no demasiado concretas la ignorancia es menos heridora que el prejuicio y la materia contra lo que suele pensarse no es inerte sino bullidora

812   el bufón leyó sus dos pergaminos a un ilustre senado de vagabundos frailes funcionarios amas de casa y meretrices y en el coloquio que siguió a la comunicación se oyeron entre otras varias las opiniones o aseveraciones siguientes:
la amante afgana de tuprimo —la música es el aliento del amor
la amante boliviana de tuprimo —la música es el alimento del amor
la amante guayanesa de tuprimo —el aliento del amor es el aliento del ser amado el alimento del amor es el hambre que se sacia alimentándose con la carne y las vísceras del ser amado
la novia de tuprimo —y su ropa usada
la madre de tuprimo —y su animal exclusivo aroma
san agustín —inter foeces et urinam nascimur
garibaldi —donna baciata mezza chiavata
maría teresa —no hay besos castos sino suaves todos los besos son sexuales
el médico de maría teresa —praeterea sentio vulvam sacratissimae majestatis ante coitum diutius esse titillandam
la madre abadesa —la fingidora se entrega y deja hacer
mesalina —la virtuosa colabora y hace, con frecuencia se llama honesta a la fingidora y ramera a la virtuosa
malthus —la virginidad de las solteras y la defensa con la ley en la mano de la fidelidad conyugal no fueron sino dos arbitrios para evitar el desmesurado crecimiento de la población
beniciana kabina rabino hembra recopiladora del libro de san cipriano —en el talmud se dice
      i) el hombre joven rico y fuerte debe copular una vez al día

ii) el campesino una vez a la semana

iii) el guía del desierto una vez al mes

iv) el marino dos veces al año

el fraile luterano —el hombre y la mujer deben hacerse el amor dos veces por semana

alí-babá —es mucho, con una sola vez cada ocho días cumplen oportunamente ése es el mandato del corán

zarathustra —mejor fuera cada nueve días

solón —y aún mejor cada diez

moisés —permitidles que hagan lo que el cuerpo les pida pero dejad que la mujer descanse durante los días sucios

el bufón en muestra de gratitud acarició con su pluma de pavo real los grandes labios de la amante afgana gata romana de tuprimo la amante boliviana gata de algalia de tuprimo la amante guayanesa gata cerval de tuprimo la resignada novia perrillo faldero de tuprimo la cuerda madre bravo perro chauchau de tuprimo maría teresa su sacratísima majestad de vulva nunca bastante titilada la madre abadesa ballenato flotador mesalina la liebre que ganaba todos los concursos beniciana la oveja hebrea de mil sabidurías y el escroto del tití garibaldi el cordero pascual médico de la reina malthus el murciélago silbador el lagarto vestido de fraile luterano alí-babá escuerzo depredador zarathustra con su sayo de rana de zarzal solón el topo y salomón la morsa cornuda todas y todos sonrieron agradecidamente menos san agustín que se ausentó cuando supuso lo que se aproximaba: la pluma de pavo real

813 el avestruz vestido de pierrot tose más cada día es probable que esté tuberculoso debes vigilarle la velocidad de sedimentación y observar si compone poesías cabe suponer que al avestruz vestido de pierrot le condujo a tan lamentable estado el onanismo su mano trabaja incesantemente y una mano suple a la otra en su cansancio las prostitutas del tiburón enamorado le ofrecieron sus auxilios pero él los rechazó lleno de dignidad, no, no, dejadme terminar de morir ya no me falta casi nada

814 primero fue la antropofagia total o parcial del amante te voy a matar voy a freír tu deseada carne en el sabroso aceite de tu cuerpo después te comeré a la orilla del río mientras la trucha salta y la libélula vuela en zigzags veloces no dudo que mi falo alcanzará la copa de los más corpulentos árboles y en él podrán posarse los pájaros enamorados a los que atraerá su aroma saludable

815   la mónada número 815 supone: después vino el mordisco que no arranca la carne pero la señala en tus pechos en tus muslos y en tus hombros llevas la huella de mis dos filas de dientes que deberá durarte hasta el próximo fin de semana a tu marido puedes decirle que el campo estaba infestado de mosquitos su deber es creerte él juega siempre según la técnica del doble más uno y no puede perder jamás

816   la novia de tuprimo juega al parchís con los miembros del club de jubilados y se deja tocar los muslos bajo el faldón de la mesa de camilla nadie se lo agradece pero ella cumple con su deber la novia de tuprimo tiene una noción muy rigurosa del deber parece un samurai y mientras sus piernas sonríen y se entreabren al tacto pegajoso piensa en aquel poeta que dijo los marineros son las alas del amor y murió de soledad amargamente obscuramente cuando los portadores de amor iniciaron otras más veloces singladuras:

817   el marinero polychros kalayzis que tenía un cambiante tatuaje en el prepucio que mudaba de forma un ancla dos perros haciéndose el amor la cabellera de berenice empujado no más que por el pensamiento se arrojó a la mar porque no pudo resistir la melancolía

818   el sistema que el verdugo cultiva mientras llora flores dulzonas sobre el hombro de ulpiano el lapidario

819   y el armadillo que prefiere sahumar colegiales todavía no del todo definidos en el pebetero donde arde la marihuana antes que ceder el paso con una reverencia sumisa a los pervertidos efebos que en la alta noche se visten con su guardarropía militar

820   ulpiano el lapidario ulpiano el apóstata no permite concesión alguna al descaro y rechaza incluso con ira las proclamaciones

821   no, tú ya sabes que ni entras ni tienes por qué entrar en el reparto de las aromáticas prebendas es algo a lo que debes ir acostumbrándote antes de que tu dolor llegue a echar raíces en la carne

822   prueba a ser humildemente el ojo de quien escupe al cielo y

llevarás con mayor holgura y elegancia el inmediato escarnio del hartazgo que corona el aburrido festín de los hambrientos

823 en la revolución de setiembre cuando triunfaron los sacrosantos principios tradicionales los sublevados hicieron docena y media de preservativos con la funda de plástico que utilizaba el verdugo para defenderse la barba del vaho que cría la venenosa respiración de los reos de muerte

824 el barón de la conjuntivitis y el lunar color naranja se desposó con la gallina medianamente moderadamente corpulenta pero fácil de sujetar en el tálamo fue muy dichoso el barón de la conjuntivitis y el lunar color naranja en sus innúmeros coitos con su esposa la gallina relativamente robusta de color rojizo pero fácil de sujetar en el tálamo

825 cuando la cultura deviene religiosa ideológica coactiva el hombre empieza a llamar cultura a lo que no lo es y nace la fabricación en serie de funcionarios que termina en la más dramática y estéril de todas las dictaduras la del irresponsable funcionario que llega a creerse albacea de voluntades y tutor de conciencias entonces surge la dicotomía país≉estado en la que el país sufre y el estado se resiente y los funcionarios arbitran seguir creando más funcionarios que al final carecen de función pero la fingen para justificar la nómina e incluso la conciencia la única salida es el incendio a pesar de que el estado bajo una u otra forma siempre renace de sus cenizas en cada cambio de piel el estado encandila al intelectual y al artista diciéndoles que quiere escuchar su voz adivinadora pero al poco tiempo esa voz adivinadora empieza a ser de nuevo objeto de administración por parte de los funcionarios que ahora son más porque se reproducen por partenogénesis y la cultura vuelve a ser orientada por el corsé de las consignas que acaban oprimiéndola y así a lo que parece hasta la consumación de los siglos enjaular al pensador o al pensamiento de forma más o menos violenta o inteligente y velada es el arbitrio con el que los políticos los funcionarios las fatuas hormiguitas solemnes y mediocres defienden su status en el que el intelectual no tiene sitio ni debe querer tenerlo cuando terminó su discurso a las madres de familia ivón hormisdas el hereje muerto en la batalla de los arapiles se quedó dormido su respiración era muy rítmica y serena aunque roncaba ligeramente

141

826 asclepiades cantó a la mujer del ingeniero de ascensores que montaba a caballo desnuda y jamás se despellejó los muslos el manso amiel pensaba que la mujer es la salud o la perdición asclepiades y tú sabéis que la mujer no es ni la salud ni la perdición sino una piedra movediza que busca los pies del caminante para trabarlos, hasta la sepultura de la mujer del ingeniero de ascensores cantada por asclepiades llegó la pluma de pavo real empujada por el viento

827 no, tú niégate a formar en el batallón de marionetas asentidoras y sonrientes recuerda que las sobras del cuartel la sopa boba del convento ya no se reparte a los mendigos sino que se subasta entre los turistas y la facción del cuerpo electoral que mejor y con más disciplina sabe vitorear al déspota es más útil a los públicos efectos al buen orden político de la república y todos debemos inclinar la cabeza sumisamente ante la razón de estado el ideal sería que nos pusieran a todos un uniforme o al menos un emblema para lucir en la solapa

828 el hombre no es animal de cuatro estómagos y ha de suplir con celo y con alegría su falta de capacidad rumiante la disciplinada idiocia es el barro propicio a la grandeza de los estados

829 norma leocadia caltanissetta la siciliana erasmista de mirar profundo y hábitos eróticos consuetudinarios dijo siempre que los servidores han de ser fieles como perros deformes como sapos y feroces como hienas tuprimo busca la fidelidad para hollarla y siente un hondo respeto por norma leocadia caltanissetta la siciliana erasmista de mirar agresivo y hábitos eróticos católicos y tumultuarios porque ni se la brinda ni muestra señal alguna de que haya de brindársela jamás

830 la mujer del verdugo llora de amor a la orilla del río desnuda y rodeada de nenúfares en el monasterio abandonado desnuda y rodeada de momias en la sala de calderas de la fábrica de neumáticos después de las siete de la tarde desnuda y rodeada de fardos de caucho mientras sus tres hijas vestidas pero con los completos senos desnudos saliéndoseles por el escote se ríen de ella de sus carnes ya ajadas y sus remordimientos la mujer del verdugo tiene los pezones rugosos negros y grandes como las regidoras de los prostíbulos del sur

831 tuprimo enamoró a los amantes de tu mujer siete nueve once
tampoco más y se los disputó con delicada cortesía como alfredo
el director de periódicos para después irlos dejando morir sin delicadeza ni cortesía como alfredo ii el subdirector de periódicos
aunque sí con hierático sentimiento del espíritu

832 tuprimo colecciona ojos de carne o de cristal espinas dorsales en
forma de gancho muelas careadas fetos conservados en alcohol
tumores con su alfilerito de clavar mariposas y piernas y brazos
milagrosos secos como sarmientos para holgarse mirándolos y
oliéndolos y palpándolos y respeta a la mujer del verdugo porque no obstante tener los pechos algo caídos es garrida amorosa
y sana la madre de tuprimo y la esposa del verdugo quitan el
polvo con un plumero suave a la tibia y casi muerta colección de
tuprimo que conocen muy pocas personas

833 la escupidora mujer vestida de colombina no quiere trato alguno
con los forasteros que duermen en las sucias desvencijadas ban-
quetas del tiburón enamorado que hablen unos con otros dice a
gritos que se cuenten sus burdas mentiras los unos a los otros
yo no tengo por qué decirles si le soy fiel o infiel a grinko
balaban y a la rümelin a mí no me sobra tiempo para perderlo
en vanas explicaciones en excitantes disculpas tampoco quiero
escupir los labios de la novia de tuprimo a cambio de un trago de licor de cerezas en modo alguno estoy dispuesta a pres-
tarme a la complicidad que sean otras las bienquistas por la
policía

834 tuprimo escribió cartas ardientes al poeta de los marineros alas
de amor para después dejarlo morir de soledad y a muy remota
distancia de las alcobas familiares llenas de poderosos recuerdos
juveniles tuprimo sueña con águilas veloces hombres enlutados
haciendo flexiones gimnásticas asnos rebuznadores con el falo
péndulo loros que vuelan en bandada y escorpiones incombusti-
bles de risa aguda y heridora sin embargo tuprimo yace con el
espejismo de la cautelosa mansedumbre el cordero con un tajo
en el vientre el bufón enano de la pluma de pavo real que apunta en un cuadernito sus actos deshonestos ivón hormisdas el hereje muerto en la batalla de brest que se alimenta de miga de pan
impregnada de orina queso de esmegma de cosaco y grosellas
silvestres

835 las felices amigas de otto kopp se revuelcan desnudas y con las botas de montar calzadas sobre los baúles del vestuario delante de los espejos del vestuario mientras se dan recíprocos y restallantes latigazos en las nalgas y besan en la boca a la derribada golfa sudorosa y poco resistente tú que quieres amor tienes amor de tus pechos no mana la leche que no podemos darte pero sí el vino que todas hemos de mamar hasta dejártelos secos como una esponja que lleva largos años al sol los cadáveres de las alegres amigas de otto kopp jamás van a la tierra desaparecen entre los baúles y detrás de los espejos del vestuario en el que sus compañeras se flagelan atisbando la primer derrota tú que quieres amor tienes amor y muerte

836 no te vengues de los amantes de tu madre siete nueve once tampoco más condúcelos con malas artes con arteros razonamientos hasta el vestuario donde se matan las divertidas amigas de otto kopp y ciérrales la puerta por fuera con un recio candado también puedes ofrecerles el imposible amor de tu mujer siempre al borde del sacrificio

837 las jolgoriosas amigas de otto kopp se mueven al dictado de la voluntad de la griega clítoris de iridio la poetisa de las victorias la pleamar de musas prometeo cierra filas sobre la pleamar de musas confitadas mientras la pleamar de musas albinas envenena las fuentes con sólo mirarlas clítoris de iridio de todas goza porque está por encima de todas y gobierna bares salas de fiestas prostíbulos y funerarias desde su trono tapizado de vulvas de gacela

838 tu padre no pronuncies su nombre registró en una cinta magnetofónica el sosegado canto de los pájaros muertos y en otra el loco canto de los obsequiosos y reverenciosos amantes muertos con quienes tu madre lo engañó la madre de tuprimo suele escuchar ambas grabaciones el día de difuntos de dos a tres de la tarde mientras se dispone a preparar el ramo de crisantemos perlinos con que se adornará el pelo y el escote

839 el lago de tiberíades no cría el calamar y los galileos los azotados palestinos ignoran las artes de la pesca del calamar la novia de tuprimo conoce con mucha exactitud las especies animales que pueblan el lago de tiberíades

144

840   en la sala de calderas de la fábrica de neumáticos a partir de la
       puesta del sol cuando el guarda se emborracha con agua de colo-
       nia se queda dormido en las actitudes más inverosímiles y fati-
       gosas y su perro hace el amor con los mendigos con los otros perros
       y con los gatos que se alimentan en los cubos de la basura tú tam-
       bién amas como un mendigo suplicante como un perro de incli-
       naciones indecisas como un gato que se alimenta de basura a la
       mujer y a las tres hijas del verdugo

841   las amas de una en una o a las cuatro a la vez y auxiliándose
       entre sí lo juras con toda solemnidad y te desternillas de risa con
       el sexo al fresco aire de la noche y desorientado por el influjo de
       la luna y demás astros distantes yo sé bien que es un juego peli-
       groso pero tú tampoco lo ignoras tuprimo la novia de tuprimo y
       tú no lo ignoráis

842   los niños rociaron con petróleo al hombre vestido de pierrot con
       el bigote rizado con tenacilla y engomado le plantaron fuego y lo
       tiraron desde el campanario de la catedral por el aire parecía un
       avestruz o quizá un buitre con el cuello calvo en figuración muy
       excitante y daba grandes voces de auxilio que nadie atendía al
       contrario festejaban la broma de los niños

843   el hombre vestido de pierrot con el bigote rizado con tenacilla
       y engomado volaba con torpeza su cuerpo cayó sobre la nieve
       envuelto en llamas que se fueron apagando tuprimo le dijo vén-
       gase a mi casa que le permitiré beberse todo o casi todo el licor
       de cerezas después empezó a lamerle las quemaduras y no cesó
       hasta dejarlo aparentemente dormido y como desmayado

844   esquela segunda. el hombre vestido de pierrot con el bigote riza-
       do con tenacilla y engomado no estaba ni dormido ni desvanecido
       estaba muerto r.i.p. la cánula de lavativa se le cayó de la boca
       y safo clítoris de iridio la poetisa de las traiciones salió de detrás
       del biombo e hizo gárgaras e incluso chupó un par de sorbos sin
       que nadie la viese como el amor de los incinerados produce ron-
       chas tuprimo se abstuvo de poseer al cadáver y consintió que su
       novia terminara de lamerle las llagas y de cerrarle los ojos

845   esquela segunda otra versión. el hombre vestido de pierrot con
       el bigote rizado con tenacilla y engomado harto ya de su ajada

indumentaria y de andar volando por los aires envuelto en llamas y convertido en el hazmerreír de las gentes te pidió prestado tu revólver recuerdo de la guerra y se pegó un tiro en la boca al borde de la muerte chupando la otra boca la boca de fuego como si fuera la boquilla del irrigador es el único tiro que no yerra la trayectoria de la muerte r.i.p. no escribió ninguna carta al juez ni a nadie y expiró con el dolor de no haber denunciado a casi todos sus amigos de los vicios más perseguidos por la ley

846   las momias del monasterio abandonado no se adornan el sudario con plumas de pavo real con plumas de azulón de albufera con gallardas colas de zorra con crines de yeguas cimarronas a las que peina el viento con flores de naranjo ni con alas de mariposa ni siquiera con alas de mariposa las momias del monasterio abandonado son la imagen misma de la modestia sin parangón posible y la hija mayor del verdugo que es la más decente de todas procura no mirarlas cuando lame y es lamida para que no se le sobresalte el corazón por causa ajena alguna

847   el poeta persa djalal-ad-din-roumi cantó siempre a obscuras el barro de la mujer se amasa con lágrimas y semen el barro de la mujer se amasa con saliva y el tenue sudor de la virgen que espera ser amada sin respeto alguno por los solitarios e insaciables pescadores de bacalao confuso de bacalao bravucón

848   en la cochera de los autobuses se refugian las rameras enfermas las criadas que no tienen donde dormir y los soldados desertores del aburrido ejército victorioso en grandes corros juegan a las prendas y cantan canciones piadosas o canciones lascivas según el día de la semana y poco antes de la salida del sol cuando los fracasos vuelven a adoptar forma de larva untuosa huyen a guarecerse en los mercados y en las estaciones de ferrocarril

849   nadie sabe cómo termina la juventud de las rameras sin disciplina propicia sin techo propicio de las criadas ambulantes de los soldados nómadas y sin bandera un día amanecen viejos empiezan a morirse y después desaparecen sin funeral silenciosamente para dejar a otros su sitio en la cochera de los autobuses la juventud no es mejor que la vejez es tan sólo más prolongada

850   la fantasma voladora flavia veneria vesa que murió de pavor en un orgasmo en el que puso demasiada sabiduría habita ahora en

146

el cuerpo de domingo calcetín el apuesto carabinero algo cojo destinado en la brigada de arbitrios sobre el hambre venérea y otras hambres basehvyoh con sede en roma institución experimental objeto de muy encontradas controversias en la pared del despacho de a diario de domingo calcetín el apuesto carabinero algo cojo se lee en letras de bronce un aforismo latino sine baccho et cerere fugit venus sin baco y ceres huye venus o lo que es lo mismo sin vino y pan no hay amor domingo calcetín el apuesto carabinero algo cojo cuyo subconsciente ya sabes se llama flavia veneria vesa la mujer fantasma que adoró a los dos antiguos reyes del infierno plutón y proserpina se preocupa de que la gente coma para amar y seguir amando y por su mandato la basehvyoh cobra arbitrios sobre las virginidades perdidas a destiempo antes o después de su debido tiempo y reparte licor de cerezas ligeramente aguado y papilla de harina de almortas a los indigentes su política tiende a no encarecer la mano de obra cuando alguna mujer embarazada protesta de la mala calidad del suministro la interna en la sala de sublevados del hospital y la somete a una dieta de cornezuelo de centeno hasta que aborta a la basehvyoh no le interesa conseguir productos en cuyo corazón pueda anidar el germen de la indisciplina

851 la novia de tuprimo hace el amor la verdad es que no con demasiado entusiasmo a horcajadas de domingo calcetín el apuesto carabinero algo cojo ella sabrá por qué tú supones que porque le trae el recuerdo de flavia veneria vesa y su ensalada de flor de palo campeche buena para combatir la frigidez del organismo

852 en el tejado de la cochera de los autobuses entre vigas apolilladas y crujidoras hacen sus nidos las golondrinas que se van por el invierno en busca de otros horizontes más nutritivos y con sol marruecos argelia túnez por ejemplo y aún más al sur mauritania senegal dahomey durante este tiempo los nidos se pueblan de arañas hacendosas que se alimentan del palpable aliento del polvo

853 el necrófilo verzeni trata con mucha dureza a su hueste de cuatro mil hembras del club de viudas de valentino es cierto que la disciplina debe ser espectacular y cruel pero no lo es menos que las lindes de la virtud se confunden con las del vicio cuando la virtud degenera en hábito el carnero del vellocino de oro da hombres que se caen del caballo domingo calcetín el apuesto carabi-

nero al que rocinante al tirarlo por las orejas dejó algo cojo y mujeres chismosas la señorita de ledoux la de las cuatro colas de merluza en la mujer completamente frígida no falta el instinto sexual aunque sí la voluptuosidad del coito que puede presentarse por otras vías el toro del rapto de europa da hombres audaces y viajeros el cardenal maury arzobispo de parís y mujeres bellas y prudentes ocrisia la esclava de tanaquilda a la que preñó vulcano y parió un hijo rey la mujer relativamente frígida es más fácil de conllevar se preconiza la colaboración de algún amante paciente y con el sistema nervioso muy equilibrado cástor y pólux dan hombres amigos aquiles y patroclo y mujeres amantes de la música de flauta maría de navas valenciana del siglo xviii se casó con un compañero de la farándula que había sido fraile y la iglesia anuló el matrimonio se casó otra vez y se separó del marido entró de novicia en un convento se aburrió y saltó de nuevo al escenario ahora vestida de hombre se alistó como soldado en la tropa del archiduque durante la guerra de sucesión obtuvo el perdón de felipe v y se metió monja en las descalzas reales colgó los hábitos y se volvió a hacer actriz oficio en el que le llegó la hora de la muerte la mujer frígida y apasionada e insaciable mesalina es incómoda y de ella debe huirse como del fuego el cangrejo que mordió a hércules da hombres viajeros y sensuales casanova y mujeres altivas e iracundas doña mencía tu abuela el culpable de la frigidez de la mujer es el hombre ese lego erótico el león muerto por hércules da hombres feroces el inquisidor torquemada y su sobrino fortunato el del sombrero mágico y mujeres hermosas con tendencia a la brujería la joven juana de hortilopitz el hombre incapaz de sacar a la mujer de su indiferencia falla cuando de él puede decirse con fundamento que es repugnante ignorante atemorizador aburrido torpe impotente o prepotente la doncella astma da hombres fatuos y poco discretos manfredo rey de nápoles y mujeres sositas y espirituales alguna de las once mil vírgenes introducir el pene en la vagina y sólo introducir el pene en la vagina puede producir dos únicas consecuencias el hijo y la neurosis de la mujer la balanza de themis da hombres comerciantes y viudos el vampiro peter plajowitz y mujeres lujuriosas y amigas de las flores beatriz la falsa doncella con parte del cuerpo no copulan sino los animales orión maldito por diana da hombres descarados aduladores y propensos a cólicos el conde duque de olivares y mujeres livianas de conducta mimí greenock tu tía con todo el cuerpo no copulan sino los hombres que no aman quirón el centauro que enseñó a aquiles a tirar al arco da hombres justos y aventureros el cid campeador marco polo y mujeres fecundas y amantes de sus hijos aunque de escasas luces en los países agrícolas se podrían citar múltiples ejemplos con todo el cuerpo y el alma copula quien ama repárese en que las rameras no copulan con todo el cuerpo y el alma más que con su amante y llevan la gratitud hasta el sacrificio amaltea la cabra que amamantó a júpiter da hombres irascibles y suspicaces el astrólogo guido bonati y mujeres tímidas al principio que poco a poco se van haciendo descaradas algunas como maría antonieta terminan en la guillotina la vulva cumple su función pero la mujer también tiene pechos labios muslos hombros ombligo ingles cuello lóbulo de la oreja párpados cabello que acariciar ganímedes el copero de los dioses da hombres sabios gloriosos y longevos casi todos los patriarcas del viejo testamento y mujeres liberales y voluptuosas cleo de merode se dice y no es cierto el hombre posee y la mujer se entrega y los delfines que transportaron a anfitrite dan hombres divertidos glotones y de buen natural los gourmets franceses y mujeres que harán felices a sus maridos las hay sin duda pero de ellas no se guarda memoria histórica aquel falso supuesto de la posesión y la entrega rebela a la mujer y la conduce al lecho del débil protegible, de la contemplación de todo lo dicho no deben intentar obtenerse consecuencias generales

854 los ancianos ciegos daneses en visita a los museos de italia querrían emigrar tan lejos como las golondrinas que llegan hasta el áfrica ecuatorial pero sus enfermeras no les permiten salirse del itinerario previsto por la agencia

855 tu padre no pronuncies su nombre se quedó en el cementerio civil sin una flor de edelweiss adornándole la solapa y en su sepulcro cuando ya se anuncia el buen tiempo tampoco anida la golondrina que pasa de largo camino de la cochera de los autobuses y su silencio sólo interrumpido por el canto de las rameras huérfanas las criadas que huyen como los gorriones de la jaula y los soldados en cuyo corazón echó raíces el hastío de tanta gloria

856 el bufón hace cortes de mangas a los muertos porque los muertos ni pegan golpes ni patadas ni tiran piedras ni escupen salivazos entre denuestos insultos y carcajadas histéricas y voluptuosas los

149

muertos del cementerio civil son más sosegados que los del gran cementerio quizá cuente la cantidad de muertos en el cementerio civil no llegan a muchedumbre y son más hospitalarios

857 la debilidad puede ser una suerte de virtud pero el débil es siempre vicioso la tristeza y el miedo no caben en el vacío nido de golondrinas viajeras porque lo habita el rumor de las arañas incestuosas huye de las aseveraciones demasiado tajantes y esconde la cabeza debajo del ala como el avestruz niégate a todo niégate a comer y a beber niégate a amar y a odiar niégate a vivir y a morir el último refugio es la muerte ésta es una evidencia que nadie ignora pero tampoco debe desvelarse su incertidumbre con mano demasiado diestra y claudicante

858 el verdugo se gastó en vanidades todo el dinero que le había tocado a la lotería y ahora vuelto de nuevo a la pobreza busca el lugar en el que el califa escondió su tesoro increíble sus dos cofres de esmeraldas y falos de jade que devolvían la vida a los guerreros muertos en combate decapitados o con un lanzazo en el corazón la madre de tuprimo guarda el plano del emplazamiento pero ni lo enseña ni siquiera lo dice es un secreto que morirá conmigo porque yo tampoco pienso aprovecharme de él ese tesoro pertenece a la tierra no quiero irritar a los innúmeros minúsculos demonios que lo defienden las salamanquesas malditas y juramentadas que lo escoltan sin dormir jamás

859 no, niégate también a llamar a la muerte por su nombre juana tadea rómula aunque no hubiera de temblarte la voz los indios chibchas huyen de la muerte viviendo moribundos más de cien años los indios chibchas mascan coca aman a las llamas y las vicuñas adoran al sol y se cubren los humillantes estigmas de la sífilis con bufandas a las que no se les despega nunca la grasa animal la grasa animal es como una letanía ora pro nobis ora pro nobis a cuya cadencia los indios chibchas se van despedazando con beatitud

860 en su nido de la raíz de la araucaria el pariente pobre del bufón al que dan limosna santa margarita maría de alacoque y sus tres serafines se puso muy enfermo con alta fiebre delirios y convulsiones lo sanó el verdugo sin más que tocar su piel con la mano que producía muertes de oficio

150

861 cuando tuprimo recaba su humillación acariciando la áspera piel
de su novia sobre un lecho de ajadas cáscaras de plátano de maci-
lentas mondarajas de pera o de membrillo tú sabes que tu deber
es no mirar y sin embargo miras con curiosidad e incluso con im-
pertinencia no puedes evitarlo aunque te avergüences y te pongas
ligeramente arrebolado

862 no, lo tuyo no es el azoramiento lo llevas con muy cicatera dignidad las mujeres gordas árabes murcianas calabresas montenegri-
nas se ríen de ti te enseñan sus senos voluminosos para que sigas
sin escarmentar durante una o dos órbitas lunares es un deporte
cruel en el que tú llevas siempre la peor parte

863 procura emocionarte y llorar la actitud no es correcta pero sí des-
cansadora cualquier disculpa es buena la muerte una muerte la
bandera una bandera el amor o el desamor un amor o un desamor
etcétera procura emocionarte y llorar a la vista de todos

864 las jóvenes auseas se peleaban a pedradas a orillas de la laguna
tritónide a la sombra de túnez sobre el campo quedaban tan sólo
los cadáveres de las falsas vírgenes a las que castigaba la mano
de dios con el sereno juicio de la ordalía ulpiano el lapidario no
supo entender las palabras de herodoto

865 no, no mires tampoco para los senos desproporcionados de las
mujeres gordas árabes judías lacedemonias croatas tú debes reser-
varte para más nobles contemplaciones un barco que cruza por
el horizonte echando humo dos caracoles haciéndose el amor bajo
el tallo de la lechuga o entre sus hojas menos tiernas un niño
gobernando su cometa desde la azotea más alta de la ciudad
ulpiano el lapidario no supo entender las palabras de herodoto

866 ulpiano el lapidario puso en movimiento la enmohecida maquinita y pensó: el erotismo es la sublimación de todas las abyec-
ciones ulpiano el lapidario no supo entender las palabras de herodoto

867 he aquí cuáles fueron aproximadamente: el erotismo es el subli-
mado viento y el más noble escape de la abyección que tú y todos
llevamos clavada en el alma igual que un hierro de fuego ulpiano
el lapidario duda de que estas palabras sean de herodoto el sober-

bio sexófobo el incendiario de la santa tea lo incita a caminar por otros senderos aunque ulpiano el lapidario sabe que ésa es la cuna que mece a los prestamistas los dictadores y los confidentes de la policía ulpiano el lapidario a medida que va perdiendo sex-appeal se deja llevar por indecisiones mayores

868   ser ignorante es triste pero hay otras dos cosas aun más dramáticas todavía saberse ignorante es menos triste presumir de ignorancia es tristísimo e irreversible

869   la mujer vestida de coronel prusiano en vacaciones en la laguna de gallocanta le explicó a su marido el lego en forma de lobo giles garnier no debes ser celoso aunque me sorprendas con un ángel en la cama los celos implican una inestabilidad psíquica tú eres un licántropo muy equilibrado la certificación de un fallo espiritual tú eres puro espíritu o de un fallo amoroso en ti luce el amor resplandeciente o de un fallo físico tú tienes formas de atleta o de dos o tres fallos sexuales jamás tuve queja alguna de tus servicios los baches del cuerpo y del alma no los admite el cuerpo tampoco el alma y son rechazados marchando el cuerpo y el alma por el atajo de la violencia acuérdate de lo que se dice de los países agrícolas y ganaderos el mía o mío o de nadie de los meridionales es el monumento que se levanta no al amor sino al amor propio el verdugo es más humilde

870   el camino real es el de la sabiduría en el corazón del verdugo no hierven los celos porque mató ya el número bastante de hombres y de mujeres y se siente habitado por la paz la venganza contra la propia especie puede girar sobre mil órbitas distintas y todavía no del todo bien estudiadas

871   el mundo es muy extenso para los hambrientos y los sedientos pero demasiado angosto para los devoradores de inocencias aquéllos deambulan errabundos orientándose por el vaivén de la brujulita de la calamidad pero estos otros en cambio caminan con paso poderoso se adornan la calavera con insignias y desprecian la estrella polar

872   hipermestra cambiaba de sexo a voluntad sus artes se las enseñó el rey poseidón su amante ulpiano el lapidario jamás llegó a tales perfecciones sipretes se convirtió en mujer envidioso de ver ba-

ñarse a artemis el pariente pobre del bufón usaba falda sin gran
convencimiento a tiresias se le subsumieron los testículos y le
granó la vulva ante el espectáculo del hombre dando muerte a
palos a dos serpientes que se hacían el amor sobre la yerba tu
abuelita en señal de luto no quiso que nadie mirase por su calidoscopio durante siete días tiresias olvidada ya la muerte de las
serpientes amorosas volvió a ser hombre y aclaró la duda de los
goces: la mujer goza nueve veces más que el hombre

873 mira para el cielo y busca la estrella polar resístete a la parva
administración de los hombres y busca la estrella polar rígete por
el aliento de las estrellas obstaculiza la administración y menos-
precia el arte de redactar reglamentos no entres en su esfera pero
no atentes tampoco contra el reglamento ése no es tu papel tú
limítate a ignorarlo cuando tu actitud se generalice y por el mundo entero revienten las señales de que tu actitud se generaliza
la administración caerá por sí sola y entre las carcajadas de
los contribuyentes leprosos que roban para poder pagar los im-
puestos y lloran cuando se detiene el tren de los esclavos lejos
de la estación en el campo por donde pasó el devastador incendio

874 el anticuario de los mínimos lentes de metal bebe ajenjo con zarzaparrilla en vez de agua y orina de diabético napolitano en vez
de azúcar dafnae se mudó en arbusto de laurel aromático

875 ivón hormisdas el hereje que murió en la batalla de singapoore
prefirió el olvido al monopolio de la memoria más vale ser olvidado hasta por los lagartos del cementerio civil allá donde quedó
tu padre no pronuncies su nombre envuelto en un sudario trico-
lor que claudicar ante el reglamento que previene la muerte en
la horca y a plazo fijo

876 el anticuario de los mínimos lentes de metal sujetos con hilo blanco no sale jamás de su tenducho por las mañanas de nueve a diez
evacúa el vientre en un periódico y envuelve el excremento en un
curioso paquetito que sella con papel de goma para deshacerse
de él lo mete con gran habilidad en el bolso de la señora de pelo
rubio y tez sonrosada que busca portamonedas de malla de plata
o en el gabán del caballero que colecciona divinidades orientales
en piedras duras después hace dos o tres flexiones respira hondo

sonríe y se sienta a esperar a filemón y a baucis les brotaron raíces
y ramas y hojas de árbol de los brazos y de las piernas

877 no, no te dejes invadir por la primera flaqueza la peor de todas
la que propicia el beneplácito de los bondadosos que llevan ta-
tuada la sigla de la bondad en el alma el dulce remordimiento de
los bondadosos que no dudarían ante la posibilidad de devorar
tu cadáver y piensa que el descocado parasitismo de los funcionarios no puede ser eterno ni tremebundo tampoco sueñes con subs-
tituirlo por otro menos trágico menos discretamente sangriento

878 por las tardes de siete a nueve el anticuario de los mínimos lentes de metal sujetos con esparadrapo mama los endurecidos pechos de las jóvenes madres que tienen demasiada leche y les
calma el dolor es muy considerado y antes se quita la dentadura
postiza que guarda en el bolsillo del chaleco y se enjuaga la boca
con anís dulce rebajado con vino de oporto sus tarifas son económicas y a las jóvenes madres menesterosas ni les cobra siquiera

879 la leche obtenida no se la traga la escupe y la va depositando en
un recipiente y cuando tiene ya un azumbre o más hace postres
de cocina que comparte con sus colegas los comerciantes del ramo
perimele terminó en isla hay destinos menos afortunados no sueñes con remotas islas inaccesibles

880 los pescadores evangélicos se tumban al sol mientras la escusa-
baraja se les llena de peces vivos milagrosos y saltarines en premio a su vocación de holganza

881 no, ya no quedan donadores de sangre ni mapas de tesoros escon-
didos la sabiduría se hace mezquina cuando quiere huir de su
establo de temperatura constante porque precisa un cuerpo saludable al que parasitar no permitas que el parasitado blasone de
su generosidad recuérdale las palabras del evangelio escritas en el
humo y si es preciso amordázalo con infinitas vendas tiernísimas

882 en el prostíbulo las prostitutas de nínive bordan sábanas nupciales y repasan sotanas de cura pobre también hacen queso de leche
de camella o de bufón desgraciado leche muy rica en proteínas
azúcar de frutas ácido cítrico histamina y vitamina c la espermo-
fagia devuelve la lozanía a los ancianos pero no regenera el ma-

chacado testículo del eunuco el ama del prostíbulo echa las cartas
a los soldados que van a la guerra y sonríe muy tristemente cuando por caridad se calla lo que ve

883 en la cama de las frustraciones de tuprimo anida un cuervo pecador y sin plumas un cuervo horrible que se llama pausanias el
tísico y que mata tan sólo con el pensamiento

884 se oye: la castidad se mantiene por sí misma, no es exactamente
así y el supuesto se rige según la vieja norma la función crea el
órgano, la castidad produce atrofia de las maquinitas con las que
contra ella podría atentarse y de esta atrofia deriva más castidad
y más aún la progresión es geométrica y por este camino puede
llegarse a la autocastración psíquica y más tarde física en la que
cae hasta el individuo joven y en apariencia bien formado el
aforismo de los sexófobos deja la lujuria un mes que ella te dejará
tres es peligroso y amoralmente correcto el crustáceo typhlocyrolana moraguesi que mató el turismo en las cuevas del drac pero
que todavía vive en las dels hams y la squila munidopsis poli-
morpha o langostino transparente del jameo del agua en lanza-
rote animalitos que triunfan en la metafísica obscuridad empezaron por perder la vista que nada podía ver y terminaron por
nacer sin ojos

885 esquela tercera. ivón hormisdas el hereje muerto en el campo de
batalla o en la mar de la batalla murió ya en demasiadas batallas en dieciocho o quizás en diecinueve batallas y todavía le quedan once o doce batallas más en las que morir en homenaje a
ivón hormisdas el hereje en tantas batallas muerto r.i.p. y en tantas otras de muy dudoso desenlace ulpiano el lapidario ulpiano
el apóstata compuso la letra de la letanía que vas a cantar como
un siervo la música la escribió maría pipí la proxeneta que sabía
de solfa:
ivón hormisdas el hereje que murió en la batalla de berbería cordibus nostris subveni
ivón hormisdas el hereje que murió en la batalla del lacio cordibus nostris subveni
ivón hormisdas el hereje que murió en la batalla de bizerta cordibus nostris subveni
ivón hormisdas el hereje que murió en la batalla del mar tirreno
cordibus nostris subveni

ivón hormisdas el hereje que murió en la batalla del ebro cordibus nostris subveni
ivón hormisdas el hereje que murió en la batalla de luzón cordibus nostris subveni
ivón hormisdas el hereje que murió en la batalla de trafalgar cordibus nostris subveni
ivón hormisdas el hereje que murió en el desembarco de alhucemas cordibus nostris subveni
ivón hormisdas el hereje que murió en la batalla de eritrea cordibus nostris subveni
ivón hormisdas el hereje que murió en la batalla de bahía de cochinos cordibus nostris subveni
ivón hormisdas el hereje que murió en la batalla de monte cappucciata corporibus nostris salutem ferto
ivón hosmisdas el hereje que murió en la batalla de las islas molucas corporibus nostris salutem ferto
ivón hormisdas el hereje que murió en la batalla del callao corporibus nostris salutem ferto
ivón hormisdas el hereje que murió en la batalla de jutlandia corporibus nostris salutem ferto
ivón hormisdas el hereje que murió en la batalla de malta corporibus nostris salutem ferto
ivón hormisdas el hereje que murió en la batalla de los arapiles corporibus nostris salutem ferto
ivón hormisdas el hereje que murió en la batalla de brest corporibus nostris salutem ferto
ivón hormisdas el hereje que no se sabe si murió o si no llegó a morir en la batalla de creta corporibus nostris salutem ferto
ivón hormisdas el hereje que murió en la batalla de singapoore corporibus nostris salutem ferto
ivón hormisdas el hereje que murió o que morirá si los augurios se cumplen o que librará de la muerte si los presagios yerran en la batalla de cavite corporibus nostris salutem ferto
ivón hormisdas el hereje que murió o que morirá si los augurios se cumplen o que librará de la muerte si los presagios yerran en la batalla del mar jónico animos dilata nostros
ivón hormisdas el hereje que murió o que morirá si los augurios se cumplen o que librará de la muerte si los presagios yerran en la batalla de tahití animos dilata nostros
ivón hormisdas el hereje que murió o que morirá si los augurios

se cumplen o que librará de la muerte si los presagios yerran en
la batalla de las islas aleutianas animos dilata nostros
ivón hormisdas el hereje que murió o que morirá si los augurios
se cumplen o que librará de la muerte si los presagios yerran en
la batalla de la tierra del fuego animos dilata nostros
ivón hormisdas el hereje que murió o que morirá si los augurios
se cumplen o que librará de la muerte si los presagios yerran en
la batalla del círculo polar ártico animos dilata nostros
ivón hormisdas el hereje que murió o que morirá si los augurios
se cumplen o que librará de la muerte si los presagios yerran en
la batalla de los dardanelos animos dilata nostros
ivón hormisdas el hereje que murió o que morirá si los augurios
se cumplen o que librará de la muerte si los presagios yerran en
la batalla de stalingrado animos dilata nostros
ivón hormisdas el hereje que murió o que morirá si los augurios
se cumplen o que librará de la muerte si los presagios yerran en
la batalla de las ardenas animos dilata nostros
ivón hormisdas el hereje que murió o que morirá si los augurios
se cumplen o que librará de la muerte si los presagios yerran en
la batalla de las termópilas animos dilata nostros
ivón hormisdas el hereje que murió si los augurios se cumplieron
postulado verosímil o que librará de la muerte si los presagios
erraron supuesto improbable en la batalla de lepanto animos dilata nostros
a pesar de cuanto se dice en la historia universal ivón hormisdas
el hereje r.i.p. murió en el tálamo lo mató la exigente lascivia
de la mujer con un alza de veinte centímetros en el pie derecho
obligándole a amarla como los tártaros de crimea que cuando
parece que van a eyacular no eyaculan : contemplan no desca-
balgan y siguen y así hasta nueve trances es forma de muerte poco
gloriosa apropiada a parteros mancebos de botica y escribientes
de juzgado municipal

886   la novia de tuprimo conserva en un lujoso guardapelo de oro la
huella de la última necedad de tu padre no pronuncies su nombre que tenía manchas de vino tinto sobre la camisa de pechera
almidonada la novia de tuprimo hizo mal apartándote de la familiar caricia del verdugo

887   los nueve cuernos de la cuarta bestia los mismos nueve cuernos
que mataron a ivón hormisdas el hereje en sus nueve trances amo-

157

rosos fueron los reyes alejandro magno (agripina quiso seducir a
nerón su hijo) seleuco i nicator (prometeo quiso saber más que
los dioses) antíoco soter (orestes servía las mujeres en bandeja)
antíoco ii calínico (que hacía brotar el miedo de dafnae en cuantas jóvenes miraba) seleuco iii cerauno (cuya esposa se sintió antí-
gona durante más de quince años) antíoco iii el grande (que como
hamlet se castigó a sí mismo) seleuco iv filopator (a quien su hija
por el mal ejemplo de electra se le metía en la cama para pe-
dirle todavía más amor) heliodoro (que se fingía aquiles invul-
nerable) y demetrio i soter (gozador como cyrano del goce ajeno)
esto es al menos lo que piensan algunos glosadores del libro
de daniel

888   el dibujante japonés del pincelito de pelo de marta iluminaba sus
xilografías eróticas a mano con los siete colores del espectro: rojo
amor anaranjado vulva amarillo pezón verde ombligo azul testículo de asno índigo cinta del pelo violeta esfínter era muy hermoso
el efecto que producía a la vista y otros sentidos menos inmediatos y por sus xilografías eróticas iluminadas a pulso el dibujante
japonés del pincelito de pelo de liebre llegó a cobrar muy altos
precios

889   la picardía es escopeta innoble tú lo sabes o no lo sabes al margen
de tu conducta pero la inteligencia es caña de pescar muy frágil
y quebradiza a veces no puede con el peso de la pieza cobrada y
se parte en dos como las flechas que rebotan en los corazones,
con débiles cañas de pescar no se puede correr la pólvora del
jolgorio inmediato

890   cuando a uno de tus servidores le brille la mirada le tiemblen los
párpados o la voz le mane a destiempo un primaveral sudorcillo
de la frente o del bozo mátalo por tu mano es un traidor no enco-
miendes en ningún caso su muerte a terceras personas te verías
obligado a sonreírles y tu carisma recibiría un duro golpe

891   sobre la nube que forma el aliento de la pólvora huye espanta-
damente la razón y los zánganos pescadores del lago de tiberíades
se burlan unos de otros hasta consolarse

892   el anticuario de los mínimos lentes de metal sujetos con hilachos
de sucia venda de momia vive en la ciudad e ignora por tanto el

sabor del agua y de los alimentos la estética del bestiario amoroso el afán del dorado escarabajo pelotero las fases de la luna el color del aire el color del vino la silueta de la mujer tal cual es en sus volúmenes sus consistencias sus tonalidades y sus sombras

893 en el capítulo xv del levítico se dan normas para combatir el gonococo de neisser que produce la blenorragia al octavo día de haber cesado la destilación del flujo se degollarán dos tórtolas ante el altar de yahvé una en sacrificio expiatorio y la otra en holocausto la mujer vestida de coronel prusiano en vacaciones en el lago baikal cree que son prácticas supersticiosas pero sus dos maridos el dalai lama y el lego en forma de lobo gilles garnier saben muy bien que no

894 la mujer con un alza de veinte centímetros en el pie derecho tampoco se suicidó con veronal su amiga de chicago alicia stockham le enseñó las deliciosas y malsanas artes de la carezza y su organismo fue languideciendo poco a poco igual que la flor del búcaro de barro la vulva de la mujer no es de barro ni el falo del hombre es una flor sino una zarza con raíces

895 leonor galigay en cuyos ojos te miras y a veces te ves y a veces no te ves la alta señora que no comía sino crestas de gallo poderoso también aprendió las mañas de la carezza los dulces vaivenes de la carezza y su final no pudo ser más triste

896 a los misteriosos jóvenes policías marcados de viruela les gusta leer la nueva eloísa eso no debe importarte lo más mínimo eso no debe importarte un ápice enciérrate cada día más y más en el silencio y en la paradoja y no hables no pidas un vaso de agua al prójimo aíslate y deja que sean los otros quienes hablen quienes pidan la caridad de un vaso de agua al prójimo de un vaso de agua fresca e incluso con unas gotas de limón y azúcar al hombre no merece la pena ni la alegría dedicarle demasiadas consideraciones ni palabras significantes

897 la ninfa eco se quitó la vida porque el mancebo narciso rehusó amarla narciso embelesado ante su propia belleza se ahogó cayéndose contra el espejo de la fuente adán le regaló una cuerna demoníaca a eva y eva no se lo perdonó jamás

159

898 ulpiano el lapidario despacha refrescos bebidas espirituosas y carne de membrillo en su lupanar su clientela de enfermos crónicos
bronquíticos tísicos sifilíticos asmáticos diabéticos se solaza con
muy ingenua sencillez mientras le llega la hora de la expiación
que empieza en el hospital y termina sin terminar jamás en el
infierno que nos traigan más prostitutas más queso más mermelada y más ron, suelen exclamar entre horrísonas carcajadas queremos mujeres marihuana setas comestibles y vino barato echaos
al mundo a pedir a los ricos su dinero

899 escóndete en tu propio orgullo guarécete en tu propia timidez
tu propia superioridad tu propio fracaso se te entregó todo cuanto
perseguiste y aun se te regalaron no pocas virutas de gloria no
abdiques de tu deber no hables permanece mudo cualquier cosa
es preferible a hablar la palabra que nunca vale para los consuelos útiles la palabra no conduce sino a los consuelos viles y a
esconder la razón a nublar la razón y a sofocarla

900 tu verdad no es calco de ninguna otra verdad tu verdad no coincide como la moneda y el troquel con la aparente o cierta verdad
de los demás y el querer batirte por la verdad puede acabar llevándote al yermo de la mentira ulpiano el lapidario con su voz
de flauta dubitativa blasfema contra el dios que no lo hizo más
alto y gallardo

901 la mujer vestida de colombina da calor a ulpiano el lapidario
guareciéndolo en su jocundo seno o en su jocunda y poblada axila
allí donde canta barcarolas el grillo de la cortina de humo las
hijas de lot amamantando a sus hijos fundadores de estirpes no
componían una estampa más noble

902 no, destierra toda duda, la verdad no puede ser registrada en cinta magnetofónica como hizo tu padre no pronuncies su nombre
con el canto de los pájaros muertos o heridos de muerte la verdad no anida en las palabras agoniza en las palabras y muere con
ellas a lo mejor la verdad no habita en lado alguno ni aun en el
silencio que queda por debajo de las palabras escupes sangre en
silencio y es verdad se te muere un hermano en silencio y es verdad sientes un dolor agudo en silencio y es verdad un dolor agudo en el corazón y en un brazo pero no lo digas encuévate cada
día más y más en el silencio en su honda trinchera cuando al

hombre le falla el soporte de la palabra se asemeja a los dioses pero no sabe decirlo no puede decirlo no debe querer decirlo la ignorancia que se pregona hace ver negro el corazón del hombre

903   mientras tuprimo se lame una vez y otra la arruguita en forma de signo de interrogación al revés que tiene en la comisura de los labios la novia de tuprimo duerme o vela desnuda probablemente muerta sobre el vellón venéreo sucio y blandísimo al pie de la cama de las frustraciones es verdad pero también pudiera no serlo deja que sean otros quienes hablen recuerda que la palabra es siempre madriguera de necedad y traición deja que sean otros quienes se repartan el botín tú eres más poderoso que los otros porque no aspiras a ser creído por nadie

904   belcebú emperador supremo del infierno le hizo pagar muy caro a monsieur le docteur pinel su lealtad a satanás rey destronado y lo castró no de golpe sino poco a poco obligándole a habitar bajo la caperuza del pararrayos radiactivo que nació de las experiencias de szillard el brujo migaleno se casó in articulo mortis con la monja dionisia de lacaille a quien libraron de los demonios que la tenían presa haciéndole comer la piedra dracorea que los dragones crían en los sesos al brujo migaleno de rotterdam lo castró una chispa del cielo entrándole por el ano la monja dionisia se reía a carcajadas al contarlo

905   la mujer vestida de coronel prusiano en vacaciones en el lago fakonio que es el limbo de los niños japoneses muertos antes de cumplir los siete años le dijo a su tercer marido el bonzo guy de kumano-goo nada me importa tu mala conducta marital mi mano es mi marido puesto que tú no has querido serlo el lemur viara de limoges te beberá la sangre y yo me consideraré vengada y de sobras satisfecha tu ridícula craurosis de pene debiera haberte hecho recapacitar pero ahora ya es tarde

906   en el silencio de la noche mientras las ratas asesinan el amor de las vírgenes más puras y se oye el lejano intermitente jadear de un mecanismo el ladrido de un perro el aullido de un perro agorero el llanto del niño vecino al que estrangula la niñera débil ulpiano el lapidario se acostó aburrida y honestamente con la hija segunda del verdugo y los remordimientos y la vergüenza no le dejaron dormir

907 cuando tu madre engañó a su amante el ministro de hidrocar-
buros de bunga capital bunga-bunga con tu padre no pronuncies
su nombre el arzobispo de bunga-bunga-kibunga se revistió de
gran mago de la tribu y en la plaza pública ante la masa de fieles
creyentes vestidos de limpio le practicó la felacio a su excelencia
para aplacar su justa ira y resarcirle del desaire recibido a su
excelencia espatarrado en su trono portátil se le iluminó el semblante cuando su eminencia consiguió el grado de concentración
bastante e hizo eficaz su esfuerzo

908 la infanta de navarra zósima wilgefortis trófima que estaba entre
la multitud de riguroso incógnito vestida con pantalones de cow-
boy y adornada con plumas en el pelo y un collar de vértebras
de guerrero enemigo aplaudió con gran entusiasmo cuando su
excelencia eyaculó benévolamente sobre las cabezas de todos

909 a ulpiano el lapidario lo perdió para los fines útiles y civiles la
palabra pronunciada a destiempo la palabra que ya no puede re-
gresar a su guarida de detrás de la lengua en el camino de los
bronquios y los pulmones la palabra que huye de la jaula como
el pajarillo de san juan de la cruz para no retornar a ella jamás

910 el anticuario de los mínimos lentes de metal sujetos con suspiros
le dijo al dibujante japonés del pincelito de pelo de pubis colé-
rico: no busques el amparo de las soluciones mágicas la palabra
es una solución mágica demasiado certera el antifaz de la patraña
espantable huye de la palabra pero no cercenes la lengua ni las
cuerdas bucales que son capaces de decirla deja que sea orígenes
adamancio el castrado no obedezcas las órdenes ni aun aquellas
que puedas dictarte a ti mismo y no compitas con orígenes adamancio ni en herejía ni en toscos reflejos automáticos que son
más propios de reptiles

911 no debes hurgar en las viejas heridas enconadas pero si hurgas
en ellas con tus sucios dedos escúpeles encima y después no las
recubras de telarañas ni estiércol

912 en la verga de caballo de lot brotaron unas excrecencias armo-
niosas las gentes se decían llenas de misterio en la verga de caballo de lot crecen las flores campesinas la albahaca la amapola
el tomillo y anidan las aves canoras el verderol el pinzón el jil-

guero sus dos hijas contemplaron atónitas la mutación gloriosa
de la que esperaban nuevos usos y muy deleitosas y profundas
sensaciones

913   el cadáver de ivón hormisdas que también fue hereje lo devoraron
los múgiles y otros peces teleósteos mediterráneos vestidos de pon-
tifical y cargados de lentejuelas de oro y plata ivón hormisdas el
hereje cuya muerte en la batalla de cavite no está comprobada
soñó siempre con un entierro corso a la sombra de la familia
bonaparte y con más de trescientas cabras en el cortejo pero tuvo
un final bien diferente y casi atroz

914   los vagabundos persiguen colegialas buceando y sacan a la su-
perficie el cierto o falso testigo del peroné de ivón hormisdas el
hereje cuya muerte en la batalla del mar jónico no está comprobada recubierto de algas y tapizado de conchas vacías y estériles

915   esquela cuarta. la mujer vestida de coronel prusiano en vacaciones en el lago ladoga en el lago balaton en el lago ontario en el
lago titicaca en la laguna de gallocanta en el lago baikal en
el lago fakonio y quizá en algún otro lago falleció ahogada en el
lago de tiberíades entre pescadores evangélicos que nada hicieron por sacarla a flote r.i.p. sus amantísimos esposos el dalai lama
el lego en forma de lobo giles garnier y el bonzo guy de kumano-
goo comunican a todos su desconsuelo

916   esquela quinta. el marido de tu abuelita murió en la guerra r.i.p.
lo mataron con metralla envenenada portadora de virus letárgicos
y tu abuelita le mandó decir cien misas de réquiem una por cada
manojo de cinco cuernos jolgoriosos y triunfales

917   las cien o más de cien postales pornográficas de la belle époque
del calidoscopio de tu abuelita se fueron poniendo amarillas pero
no por eso perdieron el menor encanto

918   la granada simboliza el matemático caos del universo y también
el goce erótico omisión hecha de que sea fecundo o no la granada brotó de un testículo de ispareta al estrellarse contra el cantil de la costa malabar al mismo tiempo se perfeccionaron el
cielo y la tierra en sus formas actuales ispareta tenía tres ojos
uno para la fe otro para la esperanza y otro para la caridad era

octópodo como los pulpos e incansable en la caricia sus abrazos
de amor fueron siempre inigualables y muy preciados y copulaba
con la trompeta que llevaba colgada del cuello o con cualquiera
de las dos culebras que le salían de la frente ispareta no tuvo
jamás trato carnal con tu abuelita sinforiano champier así lo declara en su libro las nueve damas virtuosas en el parágrafo que
trata de la distribución del semen

919   al marido de tu abuelita no lo enterraron por miedo al contagio
de la tierra que ya de por sí es virulenta y letárgica tu abuelita
se desnuda a media luz como las hetairas de florencia antes de
la peste se santigua con gran unción y se lo cuenta con mucho
detalle y regodeo a los peregrinos franceses borrachos y pecadores: su cadáver sirvió de pasto a los cuervos diurnos y a los chacales nocturnos que ambas especies tienen la saliva antiséptica y
depuradora y se movieron con mayor diligencia y más audaz y
eficaz presteza que los voraces pero torpísimos gusanos

920   el verdugo y el hombre vestido de pierrot sellaron las paces reali-
zando al mismo tiempo el coito con tu abuelita, aunque se estor-
baban en sus precisos movimientos procuraron acompasarse ce-
diendo cada uno dignamente de sus derechos y firmaron lo que
los historiadores llaman la paz de la vagina de aquella paz sur-
gieron los cuarenta días y las cuarenta noches de amor homosexual contra el que nada pudo la denuncia del envidioso ulpiano
el lapidario los niños bífidos de tropabana también complacían
sirenas de dos en dos

921   al marido de tu abuelita le gustaba beberse un vaso de vino
con los amigos ésta es la minúscula fábula que fracasa múltiples veces cada día nos debemos a la costumbre ya no quiero
un vaso de vino no es habitual que los muertos beban vasos de
vino

922   la orina de los jóvenes cura la sarna la tiña las úlceras de las
orejas las llagas y los incordios de los esfínteres la mordedura
de las serpientes venenosas y el mal de amor también sirve para
lavarse la dentadura lo que no puede curar es la enfermedad sa-
grada o gota coral tu abuelita ofrece una taza de té a su joven
amante para que orine con mayor énfasis y entusiasmo que el
joven amante de cualquier otra viuda y después cuando consigue

tenerlo más diurética y fraudulentamente enamorado lo denuncia a la policía de costumbres e influye para que lo condenen a trabajos forzados hasta la muerte

923 el chantre monseñor metrófanes david peloponesiano con su terne voz de garañón bien nutrido enumeraba demonios y cargos infernales y el coro de voces blancas respondía lingit culum meum para solazarse viendo a las huestes de belcebú echar espuma por la boca y aceite hirviendo por debajo del rabo

924 safo la poetisa asedia a tu abuelita con razones muy sutiles y versos puercos y enamoradores y no se siente desalentada todavía

925 las amantes de los esbeltos y aristocráticos guerreros de las mil y una noches son como cebadas cerdas de tez suave y ojos bellísimos y acariciadores que leen versos de safo para combatir el hastío que tanta y tanta ausencia les produce scherezade gruñe de amor a solas y se deja besar y acariciar la boca los senos la vulva cum digito cum lingua por las solícitas esclavas mientras los paladines hacen la guerra para ensanchar el ámbito del imperio

926 los ancianos ciegos daneses en visita a los museos de italia leen el kamasutra $\pi = 0.7$ el ratirahasya $\beta = 3.1$ el panchasakya $\varepsilon = 3.3$ el smara pradipa $\varphi = 0.77$ el ratimanjari $\omega = 2.9$ el rasmanjari $\nu = 1.55$ y el ananga ranga o kamaledhiplava $\alpha = 2.2$ por el método de braille y se solazan los unos con los otros en grupos reducidos tu abuelita les envía refrescos tarta de manzana mermelada de grosellas y pan integral a cambio de interrumpirles con un silbato cuando ya el amor empieza a temblarles en la yema de los dedos y el alma se les estremece a tientas

927 escucha a catulo: en celtiberia por las mañanas cada uno se lava los dientes y las encías con lo que orinó, cuanto más brillante tiene la dentadura más orines proclama que ha bebido

928 sigue catulo: dulce ipsilila mía mi delicia mi encanto invítame a echar la siesta contigo, después de comer me tiendo en la cama y boca arriba atravieso la túnica con el falo

929 sigue catulo: pedicaré con vosotros y así probaréis mi virilidad aurelio bardaje y furio puto, ambos sucios sodomitas pasivos

930   termina catulo: bien se avienen los desvergonzados homosexuales
       mamurra el catamita y césar el bujarrón, bien se avienen en el
       mismo lecho los desvergonzados invertidos no más voraz adúlte-
       ro el uno que el otro

931   no, no te dejes llevar por la misericordia no apartes la mirada
       del compacto grupo que forman los ancianos ciegos daneses en
       visita a los museos de italia para leer el kamasutra y otros libros
       de amor por el método de braille a espaldas de ellos mismos

932   cuando un anciano ciego danés en visita a los museos de italia
       que durmió mal por ejemplo o padece del colon o de la próstata
       siente deseos incontenibles de defecar o de orinar llama a la en-
       fermera pero no suele ser atendido tú te preguntas para qué y
       aciertas entonces se defeca y se orina sobre el bien diseñado sillón
       ortopédico de tres posiciones la enfermera corre a buscar tabasco
       y guindilla molida los mezcla con los orines y la defecación y con
       el ungüento obtenido le restriega la cara preferentemente la boca
       y la nariz en medio de un silencio sepulcral a los reincidentes les
       introduce candirus por la uretra y por el ano para que al abrirse
       como un paraguas se les fijen en las mucosas y el escozor les sirva
       de escarmiento, el candiru es un minúsculo pez que se cría en la
       amazonia debe transportarse en frascos bien precintados y es muy
       útil para sujetar enfermos

933   tu padre no pronuncies su nombre tenía el aparato genitourinario
       y el aparato digestivo lleno de fidelísimos candirus tropicales

934   tu abuelita dispara huesos de aceituna con tirachinas sobre los
       ancianos ciegos daneses en visita a los museos de italia los do-
       mingos y días de fiesta cambia el proyectil por huesos de albari-
       coque o bolas de acero o de vidrio de colores y procura darles
       en la mejilla o en la oreja o en la sien en los ojos no merece
       la pena

935   al hombre vestido de pierrot lo disfrazaron de avestruz en el
       reino de los infiernos está gracioso sí pero quizá ligeramente des-
       garbado el demonio pan le sirve de consuelo con sus diarias
       introducciones fálicas por vía anal e inexorable tú sabes que no
       hay humillación en el deleite

936   los pescadores del lago de tiberíades se consuelan como pueden de su misoginia que empezó en venereofobia causada por asco al cangrejo que devora la carne los pescadores del lago de tiberíades cuentan mentiras atroces burdas patrañas disparatadas y presuntuosas de peces con formas de mujer o de yegua peces que pican el anzuelo ya asados con piñones y pasas pero la ramera no puede apartar la vista de la huella de pie desnudo que se dibuja en el techo de su alcoba a veces piensa que es el pie del náufrago a quien nadie quiere abrir la puerta los misóginos suelen atrancar puertas y ventanas con sólidas barras de hierro

937   el chivo abel de larua no puede echarlas abajo ni aun topándoles con sus recios cuernos de bronce saltan chispas pero las puertas y ventanas no ceden entonces el chivo abel de larua con su lezna de zapatero remendón se hace una muesca en el falo en señal de derrota y canta muy ingenuos villancicos de pastor circunciso y respetuoso a quien el milagro sorprende en pleno monte a la luz de la aurora boreal

938   no, no es el pie de claudio ni el de tobías no es el pie de vespasiano ni el de juliano el apóstata no es el pie de abu talib tío de mahoma ni el de sahourspe el brujo sajón al que satanás obligaba a besarle en partes sucias y deshonestas tampoco es el pie de tiberio ni el de miguel servet lo más probable es que no sea ni siquiera un pie humano un pie animal sino el pie del demonio o la mancha de humedad que se fue perfilando con el tiempo también con el hastío de las eternas lentísimas veladas de las hacendosas prostitutas antiguas

939   el cid y carlomagno son de físico robusto yo levanto esa piedra yo también si quieres jugamos a la pelota con la cabeza de un poeta lírico aunque me parece que es poco elástica

940   el cid y carlomagno tienen los órganos genitales hermosos mi falo y mis testículos son recios como los del oso del monte los míos también si quieres medimos y pesamos nuestros orgullos en la balanza de libra mis músculos y mis huesos son potentes los míos también si quieres probamos las respectivas durezas matando toros con las manos mis hombros tienen dos veces la anchura de mi pelvis los míos también pide la vara de medir y salgamos de dudas

941   el cid y carlomagno son el arquetipo del hombre todo en ellos es pundonor virtud intrepidez y gallardía a más de una mujer repugnan

942   con el mirar fijo en el techo como los peces de los bodegones de los pintores flamencos tuprimo tumbado sobre la cama de las frustraciones sabe que su prurito perfeccionista le acarrea impopularidad él chupa licor de cerezas con el gesto distraído y la cánula del irrigador entre los labios pero la gente lo señala con el dedo he ahí el chupador de cánulas dulces y murmura a su paso he ahí el chupador de cánulas dulces la novia de tuprimo le sonríe con la sonrisa innecesaria por mí puedes morirte de repente que ni un solo músculo de mi cara se aburrirá tuprimo es inmune a la murmuración y sigue la quebrada senda que se ha trazado nada debe apartarte de tu recatado propósito ya se encargarán el viento y la lluvia de mancillarte las buenas intenciones las neutras intenciones las malas intenciones pintarrajeándoles el semblante con grafismos y caligrafías de esotérico significado brumoso el trono con los leones y el cuerno de la abundancia piensas o el árbol el círculo y los grutescos de sabandijas y quimeras de joaquín camerario

943   sir joshua nehemit el galante rondador de cuarteles conseguía el orgasmo masticando los calcetines de la tropa un par de calcetines suficientemente sucios una libra esterlina sir joshua nehemit fue muy dichoso durante largos años

944   don iluminado el canónigo penitenciario que pagó los estudios a su hermano el verdugo perdona todo menos la delación no es posible tejer la vida y la muerte de delaciones tampoco es admisible el supuesto de que la memoria o la amnesia puedan acarrear el castigo o el disimulo recuerda tú que tienes memoria lo que se dice en el libro de la sabiduría coronémonos de capullos de rosa antes de que se marchiten, no hay pradera que no huelle nuestra voluptuosidad, hartémonos de vino y de perfumes, que nadie falte a nuestras orgías porque ésta es nuestra porción y nuestra suerte don iluminado jamás pidió a los dioses que le brotase el pelo al tiñoso bastante basura corre ya por el mundo para que imploremos el milagro que ha de producir más basura

945   el crimen se adivina en la mirada igual que el hambre se declara por el olfato que huele las especias y el amor se advierte en un

estremecimiento minúsculo del huesecillo que esconde el corazón es regla general que admite muy escasas excepciones y en la cinta magnetofónica en la que tu padre no pronuncies su nombre grabó el canto de los pájaros muertos bien claro lo cantan los pájaros muertos, supones que en la segunda estrofa o quizá en la tercera

946 tu abuelita se adorna con una amatista la novena piedra en el pectoral del sumo sacerdote judío la lleva incrustada en la frente en señal de resignación y envenena perros nocturnos lleva ya mucho tiempo envenenando perros nocturnos sin que nadie lo sospeche nadie se hubiera atrevido a sospechar de ella nadie hubiera admitido que ella pudiera sospechar que alguien lo sospechaba la relación entre tu abuelita y los espectadores también se rige por una regla general muy drástica y rigurosa que veda todo posible desfallecimiento los perros nocturnos aparecen muertos y rígidos mientras la amatista de tu abuelita refulge y sus amos se culpan los unos a los otros o hablan de un mal asiático venido desde muy lejos de áfrica de américa de oceanía el morbus major que padeció abderramán lugarteniente del califa de damasco el gran mal que mató a astiages rey de los medos quien soñó una noche que entre los muslos de su hija mandana crecía una parra que cubría toda el asia el mal comicial que llevó a la tumba a la posesa maría bucalla el mal caduco que condujo al infierno a froton rey de los daneses que murió aplastado por una bruja transformada en vaca y todos los males capaces de matar perros nocturnos que amenazan con diezmar la especie la bola de carne con arsénico la esponja frita que les revienta el estómago etcétera los perros nocturnos son muy alegres y voraces e irresponsables y es fácil destruirlos muy fácil se les llama se acercan meneando la cola en son de paz y mueren no se sabe por qué quizá fulminados por el brillo de la amatista la novia de tuprimo es encubridora de este mal hábito de tu abuelita la novia de tuprimo siempre demostró mucho amor a los animales y no es amiga de frecuentar herraderos ni mataderos ni otras suertes relajantes

947 con quien no pudo tu abuelita fue con el can tricéfalo que sigue guardando el portal del hades, cuando una cabeza se le moría las otras dos la resucitaban en muy breves momentos

948 la concupiscencia es exigible a la esclava con la ley en la mano a la esclava no concupiscente debe abrírsele en canal para mejor

escarnio de su desvío sus restos nauseabundos pueden servir de pasto a los cerdos y a los amantes celosos de san aventino

949 proteo vestido de león de judea de tigre de bengala de pantera negra de java de dragón flamígero de irlanda de jabalí del cáucaso de corpulento toro de portugal profetizaba los vientos y las galernas para que las aplacase hermes trimegisto con sus cocimientos de yerbas amansadoras

950 ulpiano el lapidario cerró su almacén de marihuana para dejar a la policía sin trabajo y los peces que devoraron el cadáver de ivón hormisdas el hereje cuya muerte en la batalla de tahití no está comprobada se emborracharon entristecidamente en los más fríos puertos del sur palomares puerto gallegos puerto de san policarpo

951 el cirujano ginebrino jean-jacques de la sarganelle de sanctispiritus-weehmann-creta autor de la novela de costumbres los deleites superlativos o confesiones íntimas de una doncella acosada por la salacidad de los asnos freetown imprimerie de la bibliomaniac society 1864 pariente de la confusa leda coleccionista de exlibris eróticos y disecador de damas de gran belleza y juventud y de muy alta alcurnia tuvo amores históricos cópulas perfectas con muchas ocas ciento cuarenta y cuatro ocas grasientas y agradecidas a las que durante el coito llamaba beatriz amor mío en primavera carmen mi bien en verano cristina mi vida o vida mía en otoño y eloísa corazón prenda adorada en invierno el cirujano y la oca gozaban al unísono y ella moría civilizadamente estrangulada por él durante los postreros estremecimientos del orgasmo su muerte era muy dulce y la víctima propiciatoria de cada sacrificio confundió siempre el estertor de la agonía con el jadear de la extrema culminación de la delicia el cirujano ginebrino jean-jacques de la sarganelle de sanctispiritus-weehmann-creta se alimentaba de amantes a las que ya asadas y en el plato lamía con paciente fruición durante horas y horas hasta devorarlas y desgastarlas por completo cuando los achaques no le pesaban tanto el cirujano delicadamente bestial celebraba los equinoccios y los solsticios enamorando amando estrangulando asando y lamiendo no una oca sino una niña de recién florecidos senos cazada con artes capciosas a la salida del colegio del sagrado corazón tú dices que los años no le sumaron achaques pero sí depuración en el gusto

952   tu abuelita hace examen de conciencia y escupe saliva untuosa
y quizá sangre ligeramente aguada sobre la mujer vestida de
cíngara con sus refajos aromáticos y multicolores sus cien collares
y un hijo colgado de cada pecho la mujer vestida de colombina
también escupe pero no alberga tan deformes ideas en el sentimiento la desvergonzada mujer vestida de cíngara merecedora
de cien públicos azotes no retrocede jamás y se ríe con todo
descaro tu abuelita acierta al escupirle baba flema y sangre en
el pelo y el escote es el presente ofrecido por las lesbianas de
cierta edad tu abuelita hace examen de conciencia y se lava las
manos en el ubérrimo manantial de las viudas

953   juvenal cantó la pirueta de la noble matrona que tendía sus
nalgas para que el asno cabalgador gozase y le regalara gozo
y suetonio recita la paradoja del lecho homosexual y el campo de batalla en acciones que no producen silogismo césar ha
sometido y poseído a las galias nicomedes ha sometido y poseído a césar césar triunfa por haber sometido y poseído a las
galias nicomedes no triunfa pese a haber sometido y poseído a
césar la historia no produce silogismo

954   ulpiano el lapidario tiene hábitos de foca de priápica silueta
siempre propicia a ser desnudada por el otro el cazador el amante
el viento la mujer vestida de colombina considera la posible
conveniencia de desollar a ulpiano el lapidario ulpiano el apóstata
de su mansa casaca

955   las instituciones atenazan al hombre con minúscula al hombre
de uno en uno al hombre solo y desamparado de todos los hombres las instituciones se agazapan tras el reglamento y los supuestos convenidos que obligan al anonimato a la orfandad en
la que sólo es colectiva el hambre

956   esquela sexta. ulpiano el lapidario ulpiano el apóstata ulpiano
el espiritista murió en la degollación de los santos inocentes r.i.p.
lo mató en un interrogatorio la policía de herodes que ni siquiera
se lavó las manos

957   el deuteronomio maldice a quien hubiera cópula con una bestia
cualquiera alude al cirujano ginebrino y en el levítico se condena a muerte a la bestia, mandato que cumple el cirujano gine-

brino con la oca grasienta y agradecida a partes iguales beatriz amor mío

958 la mujer que se pinta los ojos con jaboncillo de sastre la boca con sombra de venecia los pezones con sangre de granada el ombligo con bol de armenia las nalgas con azafrán y la vulva con humo de sándalo vomita sobre la nube de solitarios que puebla las escaleras del templo con sus llagas al aire y sustentando moscas la decisión de los mendigos lisiados no es colegiada pero se finge y los hombres ceden a cambio de que se les dé de comer no todos los hombres algunos prefieren la muerte de la costumbre la muerte que se representa con una calavera y dos tibias y predican volver la cara y no aplaudir ni sonreír ni suplicar no vale nada o vale muy poco el premio que se ofrece es mejor tomar el sol sobre las espaldas sobre las escaleras del templo en ruinas respirar el aire impuro hacer vida marital sin ningún amor con una mujer solitaria cualquiera con un bardaje solitario cualquiera más viejo que joven con un perro cualquiera aunque no sea solitario ni tenga las orejas largas y sentimentales o con la propia mano que no está nunca solitaria las manos son dos ríete de la bigamia escarnece la bigamia pero evita las escenas de celos demasiado ensayadas declaramos bajo juramento con la propia mano que no es nunca mano solitaria adornada con una sortija de piedra roja o verde o azul

959 efelio siete veces maldito y otras tantas perdonado invitó a vino generoso a la mujer con un alza de veinte centímetros en el pie derecho la cual se embriagó y no quiso evitar que de su boca brotaran múltiples palabras groseras que expresaban conceptos aun más groseros todavía

960 con la bandera blanca de la paz tremolando al viento la amante afgana de tuprimo y tu novia filipina tuberculosa se ensayan en el tiro de pichón no hacen grandes progresos pero distraen sus ocios carniceros y sedentarios

961 tu abuelita vive torturada por el miedo a su mismo ejemplo tu abuelita hizo creer a toda la ciudad que fue amante de suetonio

962 el huérfano con varices el huérfano color salmón perdido en el bosque se hizo hombre y tras el motín de espartaco pactó con

el demonio y obtuvo una plaza de empleado eventual del ayuntamiento después se casó y tuvo tres hijos el indio atabasco águila celeste por cuyas venas corría esencia de mercurio el indio semínola águila de venus que escupía verde gris y sal de amoníaco y el indio cheroque águila negra que orinaba cobalto de materia filosófica disgustado con sus hijos y sus raras conductas el huérfano con varices el huérfano color salmón perdido en el bosque se despidió de su esposa y de los jefes de la oficina y sentó plaza de anacoreta al servicio de gertrudis la cortesana de más renombre del imperio

963   la familia quiebra porque permite la incorporación de los ignorados de los ajenos desconocidos la culpa la tiene yahvé las leyes de la genética están en contra de la paz y de la solidez de las familias la culpa la tiene yahvé los extraños se producen como enemigos es demasiado amargo sentir que de repente invaden las familias los hombres y las mujeres a quienes respalda el reglamento y tan sólo el reglamento la culpa la tiene yahvé se forma una emulsión asquerosa al huérfano con varices al huérfano color salmón perdido en el bosque le da una repugnancia que no puede resistir ni cerrando los ojos la culpa la tiene yahvé el barro tiñe el agua y la hace áspera e impotable considera que la culpa la tiene yahvé con su retahíla: no te acercarás a una consanguínea tuya para descubrir su desnudez, no descubrirás la desnudez de la madre de tu madre, no descubrirás la desnudez de la hermana de tu madre, no descubrirás la desnudez de tu madre, no descubrirás la desnudez de tu hermana, no descubrirás la desnudez de tu hija, no descubrirás la desnudez de la hija de tu hermano o de tu hermana, no descubrirás la desnudez de la hija de tu hijo o de tu hija y así sucesivamente el campo se va limitando más y más y al final el hombre sigue el mandato de yahvé y da cabida a la extranjera de hábitos corruptos cuyo único fin es disociar al hermano del hermano convertir al hermano en enemigo del hermano

964   cuando la familia descubre su propio artificio la concordia comienza a rodar por la cuesta abajo y el hombre claudica y pide socorro al hermano que no le escucha y a los demás hombres que tampoco le escuchan porque el hombre es más débil y más cobarde que la mujer se cansa antes y abandona antes la lucha se muere antes el hombre hace el amor con más sosiego y luci-

miento en el baño que en la cama de las frustraciones flanqueada
por cuatro puntos cardinales que no se acordan entre sí la mujer
prefiere amar en el suelo de frías baldosas que le graba tatuajes
en la espalda rayas paralelas tortuosos senderos cruces esvásticas
que giran como las agujas del reloj mientras suena la cinta magnetofónica en la que tu padre no pronuncies su nombre grabó el
canto de los pájaros muertos en trance amoroso de una pedrada

965   éste es el vicio familiar la culpa la tiene yahvé ésta es la lujuria
familiar que se disfraza siempre de economía y de respeto

966   jacinto onubensis el minero de riotinto que siguió el consejo del
sabio anciano tuvo quince hijos todos analfabetos y ninguno fuerte
ni bien constituido la contratación de mano de obra barata no es
muy exigente en la calidad y el peonaje cumple obedeciendo el
jeque abu-al-amed el sabio anciano de la meca conoce las técnicas
que cada tiempo requiere para que la mano de obra siga siendo
barata ya te dije algo de esto y debes recordarlo siempre la plusvalía no da para todos quienes tienen más gastos precisan más
dinero es extraño que algunos descontentos no quieran ver las
cosas tal como son en realidad y en justicia eso es en realidad
y en justicia

967   agnocide la doncella ateniense se disfrazó de hombre para hacerse
médico y tuvo una gran clientela de mujeres hay quien dice que
la ninfa egeria fue el demonio súcubo del mago numa pompilio
segundo rey de roma nunca podrá esclarecerse tan remoto suceso
porque a los demonios súcubos no se les presenta la menstruación
ni aunque los obliguen a orinar sobre la tierra recién excavada
por el topo

968   ¿orinan las ranas? le preguntaron al lobezno santiago de raollet
sus discípulos

969   lo ignoro, respondió, pero preferiría la muerte a tener que admitir
que sí, al lobezno santiago de raollet lo condenó a muerte el par-
lamento de angers

970   no, tú niégate a dar por bueno y justo lo que es malo y vicioso
y próximo la pirueta de la niña desfenestrada desde el campanario
de la catedral por un demonio en figura de clérigo borracho la

suplicante sonrisa la perpleja sonrisa angélica del niño que va a morir en la estúpida guerra de los padres el torpe vuelo la torpe mueca dolorosa del buitre a quien ya empiezan a fallarle las fuerzas en las alas y en los testículos la bondad y la justicia son valores absolutos pero por sí solos no justifican el universo la hermosura puede ser el camino de la bondad y la justicia es su último retorno la justicia no es la vara de la justicia sino su silueta de aire delicadamente aromático el latigazo de tiberio obligó a cantar a los poetas

971 el prof. claudio lendínez publicó en buenos aires la fenomenología estética de klaus v. morgenhausen libro en el que se alude según la pauta neoestructuralista a la novela farbenfabriken ktesibios, hamburgo 1947, de magnus peter bachmann que hoy tiene una taberna en berlín en la que se despacha vino al fiado a los hippies que cantan baladas sentimentales y a los anarquistas que ponen bombas de fabricación casera en las cervecerías donde los clientes llevan el pelo demasiado corto possum nihil ego sobrius

972 la novia de tuprimo a caballo del avestruz temeroso corre en busca de los deformes zuavos del rey de loango los bakke-bakke enanos de gruesa cabeza y verga enorme y desproporcionada que fláccida les llega hasta los pies y en erección hasta más arriba de la frente justo hasta el nacimiento del pelo la novia de tuprimo lleva instrucciones muy concretas de palaciates gabalís el pastorcillo pirenaico que amaestraba terneros feladores para vendérselos a los funcionarios y a los comerciantes ricos de edad madura

973 si vinicio vitelio calixto mirón valerio cayo y tantos más murieron de la violenta forma en que murieron fue porque la esposa de claudio se aplacaba la sed con refresco de bórax y se lubrificaba la insaciable vagina con almizcle y esencias traídas de asia la mujer con un alza de veinte centímetros en el pie derecho y su hermana la mujer con un alza de veinte centímetros en el pie izquierdo se hartaron antes y se cansaron después que mesalina

974 ulpiano el apóstata jamás cultivó la yerba de la marihuana declaró lo contrario a la policía porque no pudo resistir el desprecio

975 juega duro juega la carta de la insolencia sota caballo y rey observa que algo se derrumba a tu alrededor aunque no sepas

a ciencia cierta lo que es tu mundo tu país tu familia tu casa tu persona y todo lo que justifica tu mundo tu país tu familia tu casa tu persona la plomada no forma ya un ángulo recto con el horizonte y la burbuja de aire del nivel se niega a colocarse entre las dos rayitas de la concordia se viene abajo todo lo que se fingía sólido como un bloque de granito e inmutable como un cristal de cuarzo se cae al suelo entre una polvareda cegadora todo cuanto sirvió durante años y años de norma de vida de pauta de conductas de espejo de voluntades ejemplares

976 toma ejemplo de la mujer vestida de hombre y lleva dignamente tu indignidad no recurras a fórmulas ni recetas deja que otros todavía más indignos que tú lo hagan y cambia de mano para escribir para pintar para masturbarte para saludar al viajero que nunca retornará porque la muerte lo espera en un recodo del camino plantéate dificultades técnicas y humanas para que por tu voz sigan hablando la sinceridad y la verdad

977 será tarde cuando ya todos simulen llorarte incluso con desconsuelo y todos se den cuenta de que todo desde los mínimos inútiles objetos que para ti sí tuvieron algún sentido en algún instante el esqueleto de rana el vaso de plata con tus iniciales que usabas en el colegio las trescientas treinta y tres cartas de tu novia cubana tuberculosa la escribanía de tu abuelo los originales de leonardo alenza ilustrando los misterios gozosos del rosario la intacta cristalería de la boda de tus padres el torito de jade el aristón de las polcas el centillero que alumbró la circuncisión de tus hijos hasta tu vida misma y las de los demás no fue sino un tenue gemido evitable que alcanzó sólo muy próximas y contingentes fronteras, ya sabes lo que siempre te dije sobre el triunfo y la felicidad esas dos nociones dispares y sobre el poder y la libertad esas dos nociones dispares

978 el arte es como una selva virgen que ha de desbrozarse poco a poco en la selva ya roturada no cabe el arte porque la pueblan el hábito administrativo y el derecho de la costumbre la fuerza de la costumbre también la reglamentaria inercia del mínimo esfuerzo el fracaso o su primer síntoma intuido lleva implícito un cambio de postura pero no obligadamente una claudicación, si fueses mujer también te gustaría ir vestida de hombre en traje de a diario

176

979 agazapándote bajo los cadáveres te salvaste de la matanza de la
guerra y después salió tu fotografía en los periódicos tú no sabes
lo que pasó pero eso importa poco nadie lo sabe y los cadáveres
todavía calientes bajo los que te guareciste empujado por el miedo
menos aún, la historia suele escribirse con demasiada benevolencia

980 benjamín el recaudador de contribuciones sabe que su nombre no
es adecuado a su oficio pero se lo calla con discreta mesura el
cuerpo y el alma de benjamín están tejidos de silencios omisiones
y lentas pausas a benjamín le hubiera gustado asesinar vietnamitas
en my lay pero se lo calla sonríe y se lo calla los camioneros
recogen a los vietnamitas que van de camino y los dejan subir
sobre la carga cuando llevan ya varios kilómetros y calculan que
el vietnamita se ha dormido frenan de repente para verlos volar
graciosamente por el aire es un espectáculo divertido porque los
vietnamitas suelen ser muy desconfiados y recelosos el hijo de
safo adopta aires ecuánimes y grandilocuentes para ahuyentar la
murmuración del paisaje del crimen la tácita complicidad la mo-
lestísima dubitativa mirada de quienes se vieron implicados en la
muerte de los santos mártires quinciano e ireneo todo aconteció
recién estrenada la primavera mientras los aviadores del napalm
regaban con espíritu deportivo las ciudades en defensa de unos
principios en los que desdichadamente no creen en defensa de
unos principios en los que todavía más desdichadamente creen un
empleado público no debe estar hecho de combustible o fungible
materia prima murmurable es mejor que se disfrace de vaca holandesa en la pradera de vaca brava en la dehesa de tortuga
marina o de mujer las mujeres embarazadas incitan al ademán
insolente a cederles el paso ante la puerta que se abre sobre las
llamas del purgatorio para librarles de los hábitos de belcebú y sus
cómplices recuerda siempre que el hombre es el mamífero dotado
de sexualidad más entusiasta el animal capaz de repetir más veces
el acto venéreo la cópula por la cópula también el que posee un
falo más proporcionalmente robusto y hermoso su fuente es la
educación recibida y su semen no nace del instinto genético sino
del deseo amoroso la dulce gula y la lujuria no se producen para
subsistir el individuo ni para perpetuar la especie san agustín
y los bárbaros germánicos llegaron a suponer lo contrario el verdugo no es indio no pasa de afortunado jugador a la lotería un
equis por ciento de la población de la india no trabaja en cumplimiento de la ley de dios en el que desgraciadamente creen

177

a ciegas en consecuencia ayuna ulpiano el lapidario no es analfabeto para eso trafica en marihuana y sonríe a la policía de costumbres un equis por ciento de la humanidad no sabe ni leer ni escribir los funcionarios internacionales se reúnen redactan informes técnicos y confeccionan cuadros estadísticos por fortuna no creen en lo que hacen y merodean en torno al pacto tácito del fingimiento la mujer vestida de coronel prusiano en vacaciones en el lago de tanganyka ha oído decir que los negros norteamericanos pueblan los presidios el dalai lama y el brujo en forma de lobo giles garnier le aconsejan que respete el status y no dé pábulo a la murmuración el bonzo guy de kumano-goo ardió como una tea de resina el hombre vestido de pierrot no es indio maya ni motilón ni chibcha el hombre harapientamente vestido de pierrot sabe que un equis por ciento de los indios mayas motilones chibchas languidecen de atónitas enfermedades y se emborrachan hasta quedarse tullidos y ciegos con yerbas anestésicas y alcohol metílico a los ratones negros de la experiencia noruega cuando se les constriñe el horizonte dejan de amar a la hembra que puede parir los hijos que ya no caben algunos se desexualizan igual que monjes castos y algunos otros se homosexualizan como poetas líricos o guerreros históricos el hombre es bestia bombadicta y de poca memoria que no recuerda que los jóvenes muertos que lloró antonio machado los jóvenes ya idos para siempre con la cabeza o el pecho o el vientre reventados por la metralla tenían cada uno un padre y una madre para ellos solos

981   tuprimo sorprendió al bufón bebiéndose el licor de cerezas del lavabo y lo castigó a veintiún azotes en las nalgas diez en una diez en otra y la última al sesgo a veintiún días de abstinencia a pan y agua y a veintiuna noches sin acariciar con su pluma de pavo real los grandes labios de ninguna mujer joven o vieja después como es de natural clemente y misericordioso le levantó la pena y la madre de tuprimo para celebrar la vuelta a la normalidad te regaló el reloj de oro que había sido de tu padre no pronuncies su nombre lleva sus iniciales grabadas en la tapa en letras inglesas de trazo muy elegante y ringorrangos vistosos y bien dibujados

982   cuando eblis el ángel sublevado y sus cómplices el pavo y la serpiente convencieron a eva de que no respetase la prohibición de comer la manzana adán invadido por el horror y para hacer

penitencia se metió en las aguas del río nadie sabe en cuál de los cuatro ríos el pisón el guijón el éufrates o el tigris y allí estuvo con el agua hasta la nariz durante ciento treinta años pasados los cuales se secó en el lecho de lilith y de las cópulas de ambos nacieron los gigantes y los demonios de la tierra eva durante ese tiempo se regodeó con las caricias y los embates de los ángeles apóstatas hasta que el arcángel gabriel con su buen consejo le hizo abandonar la lujuria nadie tiene memoria bastante para empezar a contar de nuevo desde adán y eva

983   al verdugo se le atipla la voz cuando el bufón se equivoca y yerra en su beneficio el objeto de la caricia de la pluma de pavo real suavísima entonces en lugar de un condenado a muerte ahorca a dos o tres y la gente aplaude al compás que le va marcando tu abuelita con su tambor de piel de perro el mejor adorno de las ejecuciones públicas es la disciplina nadie hace caso pero todo el mundo reconoce que en estas solemnidades no se debe respirar a destiempo ni siquiera parpadear o aplaudir, al ajusticiado lo descuartizan en la sala de autopsias y ahora desde las últimas gestiones de la junta de damas ternes judater se permite que puedan estar presentes o de cuerpo presente los familiares bajo el compromiso de observar dos reglas no prodigarse recíprocos palpamientos obscenos recíprocos o solitarios y no pisar la raya de tiza

984   georges laffitte dit je m'en fous el aeronauta del globo libre felipe quiso llegar a américa empujado por los vientos alisios georges laffitte dit je m'en fous practicaba modestamente las artes de la aeromancia disciplina que estudia los espectros que se forman en el aire o que dibujan las nubes y que cuando es orgullosa se llama teratoscopía pero no las serenas siluetas de los relámpagos y los rayos ni el bramido de los truenos ni la órbita de los planetas de los cinco estados que son ciencias más propias de augures meteorólogos astrónomos y astrólogos georges laffitte dit je m'en fous vestido de pescador de atunes y con gorra de color verde celedón y materia impermeable salió de palos de moguer rada de gran prosapia aventurera y fue recogido a dos millas de la costa por el bou joven maruja de la matrícula de algeciras con ambas piernas rotas y un ojo fuera de su sitio nadie supo jamás dónde georges laffitte dit je m'en fous se compró un ojo de cristal en la feria de tánger pero a las pocas semanas lo cambió por

un guiderope usado pero de buena calidad las autoridades le prohibieron cualquier nuevo ensayo se estimó que quizá pudiera resultar perturbador para las madres lactantes importadas de la lombardía ésa al menos fue la disculpa que le dieron georges laffitte dit je m'en fous no era tan hondo y sabio pozo de inmundicia como la mujer aunque en cierto sentido sí se adivinaban en él hábitos afeminados

985 sobre los anaqueles de la sala de autopsias se alinean los frascos de formol son más de cien y cada uno contiene un feto macho de raza no blanca y muestra la signatura bien visible no hay nada más desmoralizador y confuso que la falta de orden en el suplicio y su testimonio

986 el maestro le dijo a agripina la manca: no compares magnitudes heterogéneas el supositorio de abdón abdías contra el mal gálico la trucha de los picos de europa una manzana un armadillo el padre prior la cosecha de patata temprana la hija que creció lánguida y solitaria como una amante de lord macaulay el hijo que vino al mundo con una estrella luminosa pintada en la punta de la nariz igual que el pulpo de oro que gana todas las guerras aquélla te dará preocupación por su elegante disgusto displicente su base es el amor este otro te brindará preocupaciones pequeñísimas y multiplicadas disgustos a nivel diocesano y displicencias de atleta caprichoso su base no es el odio doméstico también es el amor a aquélla tendrás que defenderla para lograr que se muera como es debido esto es como una flor de invernadero su esencia es el amor de este otro tendrás que defenderte para que no te mate como un toro en celo y furioso su esencia no es el odio cotidiano también es el amor a aquélla se la comerá el tigre de la droga y la melancolía su espíritu es el amor este otro derrotará por su propia mano al tigre poderoso escapado de la jaula de acero y de bambú su espíritu no es el odio a la costumbre ni al conocido respeto también es el amor en ambos se cumplirá el ciclo perfecto y ambos te enterrarán hoy no lo sabes pero es así y no de ninguna otra manera menos caritativa

987 a benjamín el recaudador de contribuciones que se pinta la boca con albayalde se da una pomada de color gris sucio en los párpados y las mejillas y otra de color rojo sangre de oveja en la nariz y en las arruguitas del cuello la novia de tuprimo le recomienda

conformidad hasta que pueda almacenar fuerzas bastantes para la sedición

988   jimmy el destripador (no debe confundírsele con jack el destripador también de noble familia) el escocés que semejaba un ilota borracho dio tres mueras al orden instituido y los magistrados que velaban por la defensa del orden instituido se calaron sus tres pelucas rituales una en la calva para escapar de los catarros otra en el trasero para ahuyentar los malos pensamientos y la tercera en el glande para enjugar la gota militar orinaron en las tres copas rituales una de vino de oporto otra de vino de madeira y la tercera de vino de jerez lanzaron al aire tres ventosidades equilibradas dieron tres hurras por su majestad y condenaron a jimmy el destripador (insiste no debe confundírsele con jack el destripador también de noble cuna) el irlandés tú intentas decir el escocés que semejaba un ilota leproso a tres penas de muerte la primera vez se rompió la soga de la horca la segunda se mojó la pólvora del arcabuz la última se partió en dos el mango del hacha los magistrados que velaban por la defensa del orden instituido respetaron la prueba de la ordalía y lo pusieron en libertad con todos los honores el miércoles de la semana siguiente jimmy el destripador (insiste no debe confundírsele con jack el destripador también de noble sangre) el galés tú intentas decir el escocés que semejaba un ilota endemoniado apareció muerto en el retrete de la fonda de celestina vauxall walk en lambeth a ti te lo contó miss carotty w-1f-n 6 sutton street london se habla de ella en la harris's list of covent-garden ladies for the year 1783 mientras montgolfier el precursor de georges laffitte dit je m'en fous hacía su primera ascensión en globo también alude con sumo elogio a sus habilidades el doctísimo don manuel martí deán de la iglesia de alicante en su tratado pro crepitu ventris miss carotty w-1f-n se adornaba la garganta con el collar de venus

989   tú debes cambiar la pomada terapéutica de benjamín el recaudador de contribuciones por el ungüento mágico de ucobach el custodio del aceite en las calderas infernales entiende que no es un consejo quizá nadie esté obligado a dar consejo a nadie sino un ruego que me permito hacerte lleno de temor y consideración muy respetuosa

990   te anticipaste a tu tiempo y debes pagar un precio muy alto y doloroso ni pudiste evitarlo ni tampoco tenías por qué hacerlo el

181

hombre suele nacer con cautela y retraso en su actitud reside el huevecillo del instinto de conservación las cabezas se mueven con lentitud son de difícil y estéril cocimiento diríase que se forman demasiado apegadas al freno histórico a la rémora de la historia y como por sedimentación de una paciencia tras otra quien se anticipa a su tiempo es tenido por loco y descalificado por los herederos del recto principio por los albaceas testamentarios del pensamiento que se sacrifica en aras del procomún

991   no temas por tu suerte llorón jeremías hijo de jeremías porque tu suerte está echada y por desgracia para ti no es nada venturosa sino más bien atroz aunque escasamente heroica de tus fallidos amores con la mujer que paseaba desnuda por el zoco no guardas más recuerdo que el asqueroso y dulcísimo olor a azafrán los dioses se ensañaron contigo llorón jeremías e hijo de jeremías porque pretendiste igualar su belleza igualar su vileza y los dioses no perdonan jamás te preguntas en voz baja y cómplice si te acuerdas de la mujer sibarita que criaba sanguijuelas por deleite no más que por deleite y te respondes en voz baja y cómplice que sí que sabes que fue presa por los gendarmes y encerrada en la isla de las inclinaciones siniestras allá en el remoto paisaje donde el viento bate sobre el acantilado y los árboles miran al sur lejano sin demasiado amor a la carne más bien con curiosidad que se detiene en la carne llorón jeremías hijo de jeremías tu fin va a ser terrible y doloroso quizá fuera prudente que te taponases con cera virgen los más vulnerables baches y simas de tu organismo heptanal el esfínter del ano para que no lo perfore eurínomo con su soberbia y su falo soberbio el esfínter del ano para que no lo recaliente leonardo con su avaricia y su falo avaro el esfínter del ano para que no lo horade belberinto con su lujuria y su falo lujurioso el esfínter del ano para que no lo penetre adrameleck con su ira y su falo iracundo el esfínter del ano para que no lo devore nisroth con su gula y su falo guloso el esfínter del ano para que no lo maldiga asmodeo con su envidia y su falo envidioso el esfínter del ano para que no lo desprecie alastor con su pereza y su falo perezoso tú sabes llorón jeremías hijo de jeremías que nadie puede escapar a su destino ni a su sombra sobre las paredes de las casas te preguntas en voz baja y cómplice si te acuerdas de la mujer que se paseaba por el zoco envuelta en una sábana de mortaja y te respondes en voz baja y cómplice que no que de ella no guardas más recuerdo que el burgués tacto de

la vaselina la mujer que se paseaba en traje de baño por el zoco te pobló la cabeza de vanas ilusiones que se encargó después de disipar una a una y una detrás de otra todo el mundo te pregunta que qué le hiciste con tu modesta verga de jugador de cricket la mujer que se paseaba por el zoco vestida de soldado colonial te hizo pagar muy caro tu desaire quizá fuera prudente llorón jeremías hijo de jeremías que te taponases con aromática miel de abejas tus siete esfínteres con tan escaso valor defendidos con tan denodado valor ofrecidos al caminante las moscas procuran no escaso consuelo al menesteroso

992 arquímedes fue el gran traidor del cuerpo al proclamar que todo falo introducido en una vagina desaloja el justo volumen de carne que precisa para la placentera eyaculación del macho y el mantenido orgasmo de la hembra

993 lavoisier fue el gran traidor del alma al proclamar que nada se crea ni se destruye el jadeo sea mil veces bendecido del hombre y la mujer en cópula perfecta falo de asno primaveral en vulva de cervatilla golfa y virgen se crea y se destruye en muy breves instantes gloriosos

994 la presencia del anticipado suele ser evitada con política picardía es como el clavo ardiendo con el que se apuntala la nuca del indeciso que se ve obligado a saludar los demás hombres y las demás mujeres se refocilan en el hervidero de la carne y subpiensan que arquímedes y lavoisier tienen la razón pero no alcanzan a saberlo y claro es tampoco se la conceden el subpensamiento no llega a la intuición ni a la premonición ni a la adivinación pero puede representar su papel con eficacia bastante no es lo mismo subpensar que pensar porque la gracia tampoco suple la inteligencia entre una y otra actitud pueden transcurrir cien o doscientos años y tú cometiste el error de querer quemar etapas ahora ya es tarde para el arrepentimiento y la novia de tuprimo te rechaza con muy sosegada e irritante mansedumbre dentro de cien o doscientos años será habitual tu sistema que hoy todavía no rompe la religiosa y durísima cáscara mágica de los rectos principios ya sabes a qué quiero referirme aludo a algo no tan misterioso ni oculto como finges suponer no te ahorques ante testigo alguno déjalos que se mueran de inanición o de una paliza casual arquímedes y lavoisier fueron dos traidores de clase

995   el búho disecado con el que se confiesa tuprimo no delata si es macho o hembra los taxidermistas son poco respetuosos con el sexo de las aves con las que trabajan tuprimo es muy elástico y entra en el 0.2 % de los hombres que pueden perfeccionar la autofelacio su novia no le sirve más que para la humillación

996   las cabelleras que huelen a perfume de flor de jardín o a queso fresco suelen ser peinadas y condecoradas por los redactores de la historia de sus filas surgen los guías de los pueblos

997   esto que te digo es tal y como lo escuchas pero observa que los gobernantes del mundo se ensañan con quienes preconizan ideas estéticas aún por digerir otra vez el instinto de conservación volando sobre un lecho de cadáveres planos y secos igual que hojas de bacalao las ideas políticas sociales económicas morales no cuentan o cuentan menos la carroña hace presa en el ganado entrándole por los poros que se abren a las ideas estéticas son muy difíciles de guardar y más vale taponarlos con brea aromatizada con alcohol de romero y semillas de anís

998   casi no quedan palomas de color azul celeste sucumbieron aun antes que las palomas plomizas en la guerra que les declararon las palomas blancas malditas de los persas en el bar el tiburón enamorado entre botellas de licores dulces y cajas de mazapán aún se ven volar de cuando en cuando dos o tres palomas de color azul celeste y mirar huidizo

999   benjamín el recaudador de contribuciones que se pinta la boca con blanco funerario blanco de españa sabe que la sadd-el-aali la alta presa de assuan mata de hambre los peces del mediterráneo y produce terremotos pero no le importa, el progreso no debe detenerse la técnica es la técnica

1000 benjamín el recaudador de contribuciones que colecciona ungüentos y pomadas con excipiente de vergonzosas substancias sabe que la presa de kariba produce terremotos la presa de koyna produce terremotos la presa del lago mead produce terremotos pero no le importa, el progreso no debe detenerse la técnica es la técnica

1001 benjamín el recaudador de contribuciones que se laxa el vientre con parafina y delicados mucílagos sabe que los ácidos y el humo

184

diezman las especies vegetales y animales y que el hombre irá
a la muerte en seguimiento pero no le importa, el progreso no
debe detenerse la técnica es la técnica

1002   benjamín el recaudador de contribuciones que colecciona anécdotas
de astronautas yanquis y cosmonautas soviéticos sabe que cuando
el hombre cansado de viajar a la luna y otras estrellas verdaderas
y falsas funda los hielos del casquete polar las aguas de los mares
subirán de nivel y anegarán la historia de mil ciudades pero no
le importa, el progreso no debe detenerse la técnica es la técnica

1003   benjamín el recaudador de contribuciones que se masturba lubri-
ficándose el falo mísero con espuma de chocolate a temperatura
ligeramente superior a la del organismo sabe que la apertura del
segundo canal de panamá será fuente de nubes radioactivas que
devastarán centroamérica y el caribe pero no le importa, el progreso no debe detenerse la técnica es la técnica

1004   benjamín el recaudador de contribuciones que cuenta sus monedas
en el invernadero no sabe lo que hacer con el blanco funerario
blanco de españa ni con los ungüentos y pomadas de excipientes
que no se deben nombrar ni con los mucílagos reguladores la
parafina reguladora ni con las anécdotas de los tímidos viajeros
del espacio ni con la socorredora espuma de chocolate ni con la
rentable y cálida humedad del invernadero y cuando está bien
seguro de que los testigos duermen o se han muerto de hastío
olvida su herramienta sobre los mojones de la carretera para que
el sol la vaya secando hasta convertirla en polvo finísimo el progreso no debe detenerse la técnica es la técnica y benjamín el
recaudador de contribuciones que orina turbio vota por el triunfo
de la técnica porque intuye que el progreso técnico administrado
por los técnicos conduce al regreso moral y político pudiera ser
que no fuese descaminado

1005   hubo papas muy protocolarios y rituales que cuidaron el gesto de
bailarín ora litúrgico ora rabioso según la pauta del violonchelo
afinado a la octava grande de la viola ya no tan joven como para
quedar soltera

1006   besus el ahorcado estudió los dibujos que pintan los pájaros en
vuelo el relámpago de la golondrina la metralla del gorrión la

185

demoníaca majestad del buitre el bogar monótono de la gaviota el meteorito del águila cayendo sobre el gazapo y así hasta veinte o veintidós más

1007 esquela séptima. fátima la hurí que pesa diez arrobas murió de la tos ferina r.i.p. se hernió de un golpe de tos y falleció entre las estentóreas carcajadas de todos los presentes fueron tantas y tan cálidas que se llegaron a confundir con el abrasador soplido del simún los innúmeros guerreros muertos en combate cuyo premio fue el disfrute siete veces repetido de las arrobas de fátima la hurí que pesa diez arrobas abatieron sus cabezas en señal de duelo

1008 la mujer que se pinta los ojos con jaboncillo de displásico sastre caderón y atenorado no puede tolerar el espectáculo de dos perros de raza que tras hacerse el amor todavía no pudieron destrabar sus cuerpos se le forma un nudo en la garganta y vomita sobre la turbamulta de mendigos cantores a los que la neutra aséptica tropa persigue disciplinadamente sin saña ni conmiseración sólo con gases lacrimógenos y mangueras que lanzan chorros de ácido tan diluido que no se contravienen las normas del tratado de ginebra

1009 a santa teodora le mandó dar suplicio el juez aureliano tú cerraste los ojos para que nadie pudiera suponer que aplaudías al juez aureliano mientras besaba en la boca a wilibrordo el efebo bárbaro

1010 san venancio fue martirizado por orden del juez apiano tú cerraste los ojos para que nadie pudiera suponer que aplaudías al juez apiano mientras le besaba los pechos a salonia da fondi la cortesana de mantua

1011 a san macario de constantinopla lo azotaron con falsa furia eficaz los jenízaros del juez león tú cerraste los ojos para que nadie pudiera suponer que aplaudías al juez león mientras besaba los despojos mortales de prócora la pecadora de damasco adormilándose en el cunnilingus al tiempo que arfaxad de babilonia su hermano ciego le brindaba los vulgarizados deleites del coito ab ore

1012 san hugo fue condenado a la pena de soledad por todos los jueces de la sala tú abriste bien los ojos lo miraste marchar con simpatía y disparaste cohetes en su honor para que se sintiera acompañado por alguien, di en voz baja ora pro nobis ora pro nobis ora pro nobis porque el nombre del cordero del sacrificio siempre se graba en el mármol de la memoria al lado del nombre del matarife

1013 todo sucedió a los tres días de la muerte de máscula el actor cómico asesinado por el arriano genserico es como una letanía ora pro nobis ora pro nobis ora pro nobis acabas de matar una mosca y tampoco te tembló el pulso

1014 flaga iv la comadrona espiritual el hada maléfica de los escandinavos bailó un tango inacabable con el gigante ferragús y otro también inacabable con el oficial de alabarderos pablo gratarola hermano del médico guillermo gratarola que fue famoso por su buen arte para componer almanaques flaga iv tras derrotarlos sobre la fresca yerba de la pradera se mofó de los escasos arrestos de sus bailarines y sus fálicas falsas presunciones

1015 no es dogma de fe admitir que los escorpiones tienen alma sobre las murallas de la ciudad de hamps hay un escorpión de piedra maravillosa que ahuyenta los escorpiones de celuloide y veneno no es dogma de fe admitir que los escorpiones puedan salvarse o condenarse es una insidia que sopló el demonio baalberith en los supersticiosos oídos de papon lominij el boticario espiritista cuyo testimonio no debe ser creído

1016 huye de la metrópoli devoradora el leviatán insaciable toma ejemplo de ulpiano el lapidario que no baja a la ciudad si no es para pecar pregúntaselo a zenaida la mujer vestida de colombina nunca habías dicho su nombre y nunca más lo volverás a decir o a leocricia la mujer vestida de cíngara nunca habías dicho su nombre y nunca más lo volverás a decir o a hugolina la mujer vestida de hombre no muy amujerado nunca habías dicho su nombre y nunca más lo volverás a decir o a modoalda la mujer que se pinta los ojos con jaboncillo de sastre eunuco nunca habías dicho su nombre y nunca más lo volverás a decir y también a otras muchas mujeres cuya nómina no es necesaria y ni siquiera curiosa desde hace ya muy largos años ulpiano el apóstata jamás bajó a la ciudad como no fuera para cometer pecado contra dos o tres mandamientos a toda prisa y en el más breve plazo posible el ángel de la guarda no le dejaba un punto de sosiego y a él siempre le faltó valor para la desobediencia

1017   tu amigo el celador de arbitrios municipales misógino confundía los cirios de las ánimas del purgatorio con el hachón en llamas del incendiario de la santa tea a tu amigo el celador de arbitrios municipales misógino con la cabeza envuelta en su mantón de manila le sobrecogía la idea de que la muerte no arde ni siquiera rociándola con gasolina la muerte a veces puede presentarse en forma de serie de tortugas de cincuenta tortugas iguales o casi iguales salidas de un solo golpe de palanca del troquel inventado por ulpiano el lapidario la muerte propende a disfrazarse y de ahí su peligro el incendiario de la santa tea preconizaba la muerte por combustión como antídoto del pecado de pensamiento contra la castidad que es el peor de todos los pecados incluso peor que el pecado de herejía el incendiario de la santa tea era un varón sesudo que cantaba la serenata de schubert o el pour elise de beethoven o un vals o una polonesa de chopin o el ave maría de gounod con una letra monocorde que decía no fornicar no fornicar que forniquen ellos y ellos se condenarán los sesudos varones rechazan el sexo culpan al sexo de todos los males de la humanidad y en venganza silencian el sexo los sesudos varones para dar suelta a su libido estupefacta se solazan con el anecdotario del tubo digestivo haciendo muy especial hincapié en su terminal periférico el rugoso esfínter del ano siempre y cuando conserve sus pliegues y no adopte forma de embudo el ano infundibuliforme también debe arder tú repasa el diccionario de los sesudos varones y verás cuán cierto es esto que te digo la escatología es escape conservador si del griego ἔσχατος por santa y celestial si del griego σκῶρ σκατός por excrementicia el libro de horas del incendiario de la santa tea a.m.d.g. que no es la sigla del lema de los pp.jj. sino una fuga de 3/4 vocales en nombre propio amadegat que se llamaba de apellido de lourignac era l'histoire du prince pet-en-l'air et de la reine des amazones en la edición de mdcclxxvi aumentada con el tratado de l'art de péter essai théori-physique et méthodique textos ambos de mucho fundamento y provecho amadegat de lourignac a.m.d.g. el incendiario de la santa tea como la ley ya no permite quemar lujuriosos por los particulares quemaba ventosidades que según eran sus químicas así eran sus colores la gente se reía de amadegat de lourignac a.m.d.g. y lo tomaba a broma pero él sonriendo por lo bajo como un zorro se solazaba con la idea de la inevitable vuelta a los viejos y gloriosos tiempos en los que no se ponía el sol en ningún imperio ni la luna en casi ningún estómago los siete sabios de grecia cedían la derecha a amadegat de lourignac a.m.d.g. el incendiario de la santa tea y miraban humildemente para el suelo como respetuosa forma de hacerse perdonar la sabiduría fuente de tantos males la mujer vestida de cíngara con un niño colgado de cada pecho en la reunión como es lógico clandestina del comité revolucionario de intelectuales obreros campesinos y soldados propuso apagar la santa tea echándole un par de cubos de agua pero su moción fue rápidamente rechazada por considerarla demasiado peligrosa al enemigo no debe provocársele sin firme garantía de éxito se oyó decir al decano de los revolucionarios por cuya boca había hablado la voz de la prudencia claro respondieron al unísono los disciplinados miembros del comité poco faltó para que la mujer vestida de colombina fuera acusada de desviacionista en aquel país no todo el mundo tomaba a broma a amadegat de lourignac a.m.d.g. el títere incendiario de la santa tea y se reían de él algunos le tenían mucho miedo porque se lo imaginaban respaldado por el ángel exterminador y su cohorte de guardias tu amigo el celador de arbitrios municipales misógino se arrebujaba en su mantón de manila y ulpiano el lapidario seguía dándole a la palanca de su troquel que fabricaba cincuenta minúsculas tortugas todas iguales o casi iguales de un solo golpe las mujeres eran más valientes más decididas

1018 en el tráfago la soledad no tiene nombre se diluye en el gregario espejo cóncavo de la compañía que se finge más vale estar solo que solo entre los necios que pueblan las ciudades los necios pobres los necios ricos los necios fracasados los necios triunfadores los necios obedientes los necios políticos los necios haraganes los necios afanosos los necios con suerte los necios con úlcera los necios sanos los necios epilépticos los necios desgraciados los necios también desgraciados los necios

1019 refúgiate en la soledad humilde a lo mejor es la soledad soberbia eso no debe importarte mucho que no se disfraza ni de yerbajo muriendo sobre el acantilado que azota la galerna, no, no cambies un hábito por otro hábito quédate en cueros ni una bandera por otra bandera proclama tu orfandad ni un himno por otro himno di que estás sordo y que no quieres dejar de estarlo

1020   tampoco leas las ejemplares y falaces historias que se cuentan en las historias ilustradas procura explicarte el mundo cada mañana y de primera mano en los cinco pisos y la buhardilla de aquella casa de enfrente se encierra todo el misterio del universo en el primer piso nace un niño mientras el perro de sus padres cubre a la perrita de la comadrona en el segundo se muere una vieja y poco después el funerario copula con la cocinera en un descuido la despensa no es cómoda para el amor pero sirve lo que hace falta es buena voluntad en el tercero un marido descubre que es cornudo no le cuesta demasiado trabajo porque con sus mismos ojos ve a la esposa en la cama refocilándose con su primo spiro papadanopoulus agente del servicio secreto en el cuarto un hombre y una mujer se aman con prolongada violencia hay noches en que los matrimonios semejan una aventura no suelen prodigarse pero debes reconocer que cabe en lo posible en el quinto un adolescente se masturba ante la foto de una hermana de la madre en su casa mientras su marido duerme la tía del adolescente soñador se masturba ante una foto del sobrino en la buhardilla se acarician dos homosexuales hasta quedarse dormidos su amor no exige la penetración

1021   es diáfano el misterio visto desde la soledad desde la humildísima o desbocadamente soberbia soledad nada puede hacerse fuera de ella es vano el intentar nada sin saberse habitado por el consuelo de la soledad renuncia al falso premio de la compañía y amancébate con la soledad el dolor no puebla la soledad y el solitario jamás tropieza sino una sola vez y con la muerte la piedra que libra al hombre de todos los demás tropiezos

1022   a tuprimo el cuasi egiptólogo le hubiera gustado embalsamar a su novia ella no más enterarse del bello propósito de tuprimo prorrumpió en cautas exclamaciones lascivas me presto gustosa a la experiencia le dijo pero él temió las murmuraciones del vecindario y desistió del proyecto una momia aerocólpica llama demasiado la atención de los no iniciados

1023   lot el alcohólico incestuoso insultó al demonio nibas con las peores palabras eres un gran farsante le dijo un puto despreciable detrás de tu oreja veo la protuberancia del humor pendenciero jamás te entregaré a mis dos hijas que son para mí y sólo para mí la funda de mi verga el pozo artesiano de mis testículos el báculo de mi vejez apártate de mi vista gran farsante y no me obligues a ayunar durante tres días consecutivos a mandar decir varias misas a orar mucho porque con la vela bendita el día de la candelaria y la señal de la cruz pronto podré espantarte de mi presencia san cipriano acudirá en mi ayuda en lo alto de tu colodrillo veo la protuberancia del vano orgullo apártate de mi vista gran farsante burlesco y déjame a solas con mis dos hijas cuyo cuerpo es manantial de juventud vade retro en el nombre del padre del hijo y del espíritu santo amén

1024 ivón hormisdas el hereje cuya muerte en la batalla de las islas aleutinas no está comprobada tuvo una blanquísima amante finlandesa que no podía acariciarle porque le amputaron los dos brazos a consecuencia de un descarrilamiento de ferrocarril una verdadera catástrofe que no fue todavía peor gracias al aliento de cinco lobos a los que mataron las familias campesinas cuando llegó la primavera a los pocos días de llegar la primavera con su esperanza

1025 ivón hormisdas el hereje cuya muerte en la batalla de la tierra del fuego no está comprobada jamás se lamentó ante nadie de la conducta de su amante finlandesa eeva-marja-liisa haanpää manca como agripina guardada por los cinco lobos del sacrificio gunnar el infante bo el atleta jörn el tímido pentti el pescador de salmones y väinö el aventurero todos muertos por los leñadores del bosque a los pocos días de llegar la primavera cuando ya los pájaros empezaban a cantar en las ramas de los árboles vivos es siempre dolorosa la muerte de los inocentes a quienes nadie dio tiempo para prepararse a bien morir su privilegio es el olvido silencioso

1026 al huérfano con varices el huérfano color ladrillo sus amigas las monjas de clausura le regalaban cabos de vela calderilla de cobre y ornamentos de iglesia ya inservibles y descoloridos deshilachados y comidos por la polilla roídos por los ratones y con manchas de humedad que semejaban mapas y constelaciones el huérfano con varices el huérfano color salmón que era muy habilidoso aprovechaba las limosnas para fabricar transistores escapularios preservativos brújulas molinillos de moler café y otros ingenios también sabía afinar campanas enseñar a hablar en latín a los cuervos y algo de repostería

191

1027   tus artes de lucha no tienen por qué coincidir con otras quizá
        más eficaces quizá no tan eficaces las artes de lucha no se calcan
        entornando un poco los ojos la moneda es igual por el haz que
        por el envés la moneda no es verdadera hasta que se vuelve
        y enseña sus dos caras la cara y la cruz pero ni su haz ni su envés
        son media moneda papiniano greatrakes el ayudante de cátedra
        de heisenberg tomó aire para poder seguir hablando la moneda
        tampoco es el dinero es otra cosa el dinero sirve para conquistar
        fortalezas y rendir los cuerpos y las almas de quienes están dis-
        puestos a comprarlas y venderlas la moneda vale para lo mismo
        y también para ser acariciada son una idea y un objeto peligrosos
        e intoxicadores

1028   cercolas el marido de safo tenía la verga en forma de berbiquí
        los ojos pitarrosos y huidos y las orejas como de asno triste y va-
        puleado sin piedad por un esclavo beduino la poetisa de lesbos
        hubiera preferido saberlo ya cadáver en el rocoso lecho del acan-
        tilado de petinós entre gusanos de horrible silueta y carne mace-
        rada y pútrida para consolarse de su abandono y desgracia safo
        componía versos al clítoris propio reflejado en el espejo de la
        fuente y el mirar de la amada y al clítoris ajeno que se brindaba
        como una dulce uva

1029   cada cual lucha a su aire y con las armas que supone o que sabe
        de más familiar manejo la espingarda mora la daga florentina la
        insidia romana la pócima de alejandría hasta el más mísero de
        los hombres lucha por defender el sentido de su lucha sócrates
        el hijo del estatuario y la comadrona prefirió abdicar en la muerte
        despreciar la súplica de gratitud claudicadora y se llevó la cicuta
        a los labios por su propia mano nadie debe gobernar la vida de
        nadie ni decidir su muerte, con la mano que sócrates el hijo
        del estatuario y la comadrona se llevó el veneno a los labios
        también hubiera podido ordenar los doscientos prepucios que en-
        tregó david a saúl en dote de michol su hija, pero no quiso
        hacerlo

1030   hay insectos como cítolas de molino el moscardón zumba la avispa
        hostiga el gorgojo perfora sí eso es bien cierto y la mujer vestida
        de guardia colonial que luce en el pecho una condecoración mo-
        desta tampoco lo ignora el recaudador de contribuciones que se
        pinta la boca con savia de lechetrezna se llama benjamín hubiera

192

podido llamarse torpetes el favorito de nerón al que el juez satélico impuso la pena irreversible de servir de pasto a los leones
del circo tú cerraste los ojos para que nadie pudiera suponer que
aplaudías al juez satélico la bestezuela de lujuria el obediente
demonio súcubo de torpetes el valido íncubo del emperador escóndete en la monotonía y repite ora pro nobis ora pro nobis ora
pro nobis y así hasta cien veces sin respirar

1031   mademoiselle grisgris y mademoiselle bellegarde las dos hermanas
amantes del obispo roberto gruesatesta tienen la vulva grande con
un ligero desequilibrio a estribor que le da cierta gracia mademoiselle grisgris es hembra hiperepitímica y su coin fue preso por
todos los pastores que aman en langue d'oïl que no son pocos
mademoiselle bellegarde luce muy noble hipererosia y su con
fue pasto de todos los trovadores que cantan en langue d'oc que
forman legión angélica y rijosa apolodoro el joven cuenta que
mademoiselle grisgris y mademoiselle bellegarde enamoradas del
toro de poseidón y su descomunal verga que no conocía la fatiga
se alojaron en el vientre de la vaca de cobre en el que se pusieron
en la posición de la loba y de forma que su vagina sirviera de
propicio estuche para el ansioso falo de la bestia pasifae celosa
de mademoiselle grisgris y de mademoiselle bellegarde las expulsó
del reino de creta y entonces fue cuando el obispo roberto les dio
asilo en su diócesis

1032   el ingenio militar del áspid es diferente al del tigre la mujer vestida de cíngara con un hijo colgado de cada pecho saluda desde
su alto pedestal y orina en una de las ánforas etruscas del museo arqueológico la de mayor valor histórico por su antigüedad

1033   a los niños estrábicos y selváticos de las fuentes del yaracuy es
costumbre castrarlos al vapor suele emplearse el aromático chorro
de vapor que sale de las cafeteras de los cafés antiguos pero
cualquier otro puede servir a los mismos efectos lo importante
es que no pierdan ni una sola gota de sangre

1034   el ingenio político del tejón es otro que el de la golondrina fátima la hurí que pesó en vida diez arrobas saluda desde su podio
ornado de finísimas gemas y orina sobre los catafalcos de los más
solemnes faraones

1035   de la cama de las frustraciones al sofá de los homenajes no media
ni la distancia de un suspiro ambos tienen su historia y ambos
fueron testigos de múltiples acciones gloriosas y otras tantas miserables y desdichadas no serás tú quien ose enumerarlas ni clasi-
ficarlas nadie aspira a ruines imposibles sino a muy concretas
conformidades cotidianas una mujer en la ducha una mujer des-
nudándose ante la ventana abierta una mujer dormida sobre el
vellón venéreo una mujer muerta dentro de un ataúd lujoso

1036   el ingenio económico de la abeja que produce su propia fortuna
es dispar al de la hormiga que roba y atesora las fortunas ajenas
la mujer vestida de espahí saluda desde su plinto florido recamado
de hilos de plata y orina en el samovar durante la cuaresma

1037   en los prostíbulos de jerusalén miden el tiempo con un reloj de
arena del desierto de sinaí tan sólo los árabes muy ricos los judíos
muy ricos y los navieros pueden amar deleitosamente a su gruesa
mujer pública con toda lentitud y sabiduría y a espaldas del reloj
de arena que cuenta los dineros los árabes pobres los judíos pobres
y las tripulaciones se masturban en la crujidora y cómoda escalera
arropados por el aroma del semen de los poderosos acunados por
la jadeante respiración del poderoso eyaculando

1038   la mujer vestida de cíngara con un hijo colgado de cada pecho la
hurí que pesó en vida diez arrobas y hay quien dice que más la mujer vestida de soldado colonial y todas las demás mujeres se orinan
por encima y no se mudan de ropa hasta el sábado de gloria cuando voltean las campanas

1039   tu padre no pronuncies su nombre dudó siempre tanto de la mujer
de orinar incierto como de la mujer de orinar demasiado preciso
en una flauta de tres agujeros anida un espíritu intensísimo capaz
de mover la conciencia del mundo pero no cabe un cabritillo recién
nacido ivón hormisdas el hereje cuya muerte en la batalla del círculo polar ártico no está comprobada toma parte en la carrera de
relevos del monte athos el vencedor recibe el premio de la caricia
del gran pope príapo flamígero busca consuelo en el agua de las
fuentes y los atletas de falo de cochino montés acerado salomó-
nico hienden la zaga en derrota de los marcomanos heridos por
las flechas de amor de la legión fulminatriz es la guerra con su
rastro de necesidades jamás saciadas ivón hormisdas el hereje cuya

muerte en la batalla de los dardanelos no está comprobada galopa silbando como el mistral sobre las tumbas de los monjes solteros por encima de las tumbas de los monjes casados unos con otros el matrimonio se permite entre los monjes accedidos a las altas dignidades siempre y cuando la palabra mujer no se pronuncie los animales inmundos y la representación o la expresión de los conceptos inmundos deben desterrarse del ámbito de la comunidad del monte athos el archimandrita duerme rebozado en baba de caracol sobre un lecho de caracoles sin concha y se alimenta de setas alcachofas leche de cabra y miel silvestre el archimandrita está muy gordo y no tiene pelo de barba su imagen puebla la soledad de los novicios las largas horas de penitencia los largos desvelos gratuitos y de sabor dulzón de los novicios algunas noches mientras una nubecilla cruza por delante de la luna llena sobre la que se recortan los cipreses a los novicios jovencitos de ano virgen se les aparece el demonio en forma de mujer vestida de piel de pantera con un seno al aire la mujer rasga el silencio con el sonar de su cítara armoniosa y pecadora y poco antes de salir el sol se esconde en un nido de mirlos

1040   raquel iii la yegua del viejo conde de montecristo xxvi tuvo amores con ivón hormisdas el hereje cuya muerte en la batalla de las termópilas no está históricamente comprobada aunque la tradición oral lo asegure raquel iii no ganó tres veces consecutivas el derby de epsom como esther ii sino tan sólo dos alternas y con dificultad por corta cabeza y tras un esfuerzo sobrequino de yegua de vientre lleva una vida tranquila amando pariendo paciendo rumiando trotando a su antojo y con las crines al viento al clavel blanco con pezón rosa que crece entre los setos le gusta ver la estampa de raquel iii la yegua del viejo conde de montecristo xxvi dibujándose sobre su verde y húmedo paisaje flanqueado por álamos airosos

1041   la ley prohíbe que en tu testamento dispongas: con el solomillo de mi cadáver se hará roast-beef para mis hijos y nietos deberá quedar dorado por fuera y sangrante por dentro y servirse con patatas hervidas al vapor y salsa bearnesa las chuletas serán ofrecidas a la plancha muy crudas y con patatas fritas muchas patatas fritas a mis hijos naturales no todos son de buena raza por sus madres y precisan alimentos reconstituyentes con la falda se hará ragout para mis hijas y nietas no les gusta pero deberá instárseles

a que lo coman porque están flacas como espárragos vestidas no
se sabe si son hombres mujeres avutardas o espíritus puros el redondo échese al cocido de la tropa al puchero de la gente de escaleras abajo la cocinera las dos doncellas el mozo de cuadra el jardinero el capellán la barragana y demás morralla incivil con el
rabo se hará sopa para las madres lactantes del caserío los despojos serán fritos o guisados para los pordioseros gafos los arrieros y
los afiladores y la cordilla se arrojará a los perros sin amo y a los
gatos blancos y negros del tejado los huesos se incinerarán sin
sacarles el tuétano se reducirán a polvo finísimo y éste será arrojado a la mar de finisterre en una noche de galerna lego mis ojos
a un ciego que los precise lego mi corazón a un cardíaco a quien
pueda servirle y eximo a mi esposa helena y a mis cinco amantes
vivas raquel paula nunilona irene y susana de fagocitar mi cadáver y comer mi carne quizá pudiera producirles repugnancia tres
de ellas tienen los senos grandes que usan las mujeres en tiempo de guerra y las otras tres los tienen de tamaño mediano es posible que tú lleves un guerrero dentro tu familia es bárbara guerrera
y montaraz cuando se incorporaron a la civilización industrial
afinaron sus ademanes y robustecieron su violencia, la ley prohíbe
casi todo incluso que pretendas no entregar tu cadáver a los gusanos de la tierra sino a los hijos de la sangre

1042   ah flauta de los tres agujeros al norte al sur y al sudoeste
6   de los tres únicos agujeros al norte al sur y al sudoeste
1039   b666b666c3 es el demonio haciendo gestos obscenos
bis   tú ya no mueves la ciudad de dublin
  poblada de mujeres pelirrojas que dan vivas a la libertad de derry
  ni el barrio marino de la ciudad de amsterdam
  donde las prostitutas indonesias copulan con la adversidad
  y los jóvenes guardias persiguen hippies desenfundando el falo de
     su reglamentaria vaina de guisante
  b666b666c3b333 es el demonio haciendo ademanes obscenos
  porci et socration duae sinistrae
  pisonis scabies famesque mundi
  uos veraniolo meo et fabulo
  uerpus praeposuit priapus ille?
  vino la comadreja pariendo por la boca
  y el conde furfur con el rabo en llamas
  vino también oseas con su libro
  perjuran mienten asesinan roban adulteran

oprimen las sangres se suceden a las sangres
b667b667c1 es el demonio haciendo muecas obscenas
dulcísimo espantable gran pope rebozado en baba de caracol
en tu ano refulge la santidad
tú sabes que la mujer vestida de piel de pantera con un seno al
    aire es el falo de curcio el hijo del gladiador
el eco repite en tus oídos
            falo
           falo
         falo
        falo
       falo
      falo
     falo
siete veces
b667b667c1b667 es el demonio haciendo guiños obscenos
hablo para mayor escarnio de todos y nada me importa no ser
    escuchado
obstetrix uirginis cuiusdam integritatem manu uelut explorans siue
maleuolentia siue inscitia siue casu dum inspicit perdidit
ése no es tu caso gran pope bardaje
dancemos en honor de baco
pregonemos la desgracia de penteo el descendiente del dragón
que vestido de mujer recibió al hermoso tirso
y tuvo un toro negro como lazarillo de su ruina
b666a31 es el demonio haciendo higas obscenas
he sufrido ya demasiado
y prefiero una gran vagina cómoda no intacta
a una medalla de oro
es la guerra con su rastro de necesidades de necedades
el falo cítara se refugia al amanecer en el ano nido de golondrinas
    de los novicios jovencitos aún vírgenes

1043   la voz de la mujer que sueña en alto está perdiendo eficacia ya no
es tan sonora y matemática como lo fuera en otro tiempo todavía
no distante kitagawa utamaro pintó la mujer y el mono que se
resiste a la incitación la mujer que sueña en alto fue estrangulada por el mono reacio el juez ordenó que recibiese la misma
muerte y el mono casto fue estrangulado en la plaza pública por
la madre de tuprimo que gozó mucho y tuvo que ser socorrida
por el más apuesto garañón de la parada imperial

1044   el verdugo no comentó la usurpación de su derecho tan sólo rogó
a la madre de tuprimo que no se lavase hasta la mañana siguiente
el verdugo sabe que la credencial del funcionario no es una pa-
tente de corso y jamás hace mal uso de sus privilegios

1045   el niño lepórido carecía de glándulas de secreción interna estaba
hecho de albúmina y sus derivados y no obstante haber nacido en
poitiers de padre y madre franceses ignoraba el alfabeto latino y
todas las lenguas europeas aunque por intuición hablase y escri-
biese correctamente el mongol y el tibetano el niño lepórido jugaba a la pelota con maestría y daba tales saltos que cazaba golondrinas al vuelo a veces le quedaban algunas plumas negras en la
boca y el maestro le llamaba la atención inútilmente los seminaristas de vergonzosa mansedumbre se reían de él y el niño lepórido les sacaba la lengua y al más gordito de todos le llamaba
äkä uruq äkä uruq de möngkä äbür y le escupía en la boca

1046   tú ignoras cómo se dice kirieleisón en tibetano kirieleisón con el
que pedir misericordia para las cenizas de tu padre no pronuncies
su nombre y el niño lepórido aunque le ofreciste dejarle mirar
por el calidoscopio de tu abuelita se negó a decírtelo el niño lepórido era muy obstinado en realidad a ti nada te importa saber o
no saber cómo se dice kirieleisón en tibetano kirieleisón con el
que pedir misericordia para las cenizas de tu padre no pronuncies
su nombre quizá no se diga de ninguna manera

1047   esquela octava. el barón de la conjuntivitis y el lunar color naranja apareció muerto en el bar de camareras el tiburón enamorado con una aguja de hacer calceta clavada entre la segunda y
la tercera vértebra cervical r.i.p. el médico forense certificó que
había muerto de muerte natural cédulas hipotecarias a 98 b 99 c
80 exentas 111 enher 205 sevillanas 306 campsa 507 muy natural absolutamente natural aunque hables para mayor escarnio de
todos no puedes evitar que alguien te escuche

1048   el piadoso don iluminado con su raído abriguito de algodón y su
gorra de visera a cuadros verdes y rojos ejercita la piedad sobre
los cantos rodados que esconden los sordos en la boca igual que
el lobo de caperucita la niña de la sonora vulva ingenua que pintó
johann heinrich füssli en las guardas de un ejemplar del álbum
zutique la actitud de don iluminado no siempre fue entendida

por sus zafios feligreses por sus envidiosos y palurdos feligreses
de escroto colgante conciencia colgante se puede uno guarecer en
la soledad sin caer en la desesperanza en el exlibris que te dibujó
picasso se lee escrito con tu letra un libro y toda la soledad también es cierto que la soledad no precisa ni del libro tú sabes que
la soledad y el sentimiento anidan en madrigueras diferentes la
una está habitada por conejos blancos y la otra por conejos negros
también ambas pudieran estar vacías y rociadas con ácido y veneno el ántrax y el carbunclo también la tiña la sarna la lepra y
otras enfermedades de la piel laten en el vellocino del cordero
muerto quizá fuera una oveja muerta sobre el que duerme la
despreciable novia de tuprimo al pie de la cama de las frustraciones tiene mucho valor y nada le importa el peligro solitario
ella sabe que siempre encontrará refugio contra el rayo y el trueno en el piadoso corazón de don iluminado con su raído pantalón
de terciopelo y su camisa de pastor de cabras de color verde botella

1049   el niño lepórido tiene el ano helicoidal o en forma de erizo los
días de fiesta adopta silueta de hipocampo y es profundamente
triste y lascivo las vecinas se divierten llenándole el ano de cucarachas pardas poco nutridas escarabajos dorados y grillos negros
el niño lepórido aúlla de dolor y las vecinas se ríen y le tiran
piedras boñigas y pan duro ulpiano el lapidario antes de la matanza del día de inocentes solía socorrerle con su consuelo y agua
de azahar cuando holofernes atacó betulia el niño lepórido fue
amparado por los príncipes de esaú y los jefes militares de moab
el filtro de amor de pudentilla la amante que se murió en el primer orgasmo pierde su eficacia en las guerras y en los terremotos
no sirve sino para la paz el rizado pelo del bidet es signo caba-
lístico difícil de descifrar esto fue en todo caso lo que se des-
prendía del informe a la unesco

1050   en el libro de job no se habla de zabulón ni de neftalí los dos
esquiladores de caballerías menores que tuvieron acceso carnal con
gazardiel el ángel encargado de recordar a los amantes las delicias
del coito mañanero cuando el sol apunta ya en el horizonte zabulón era siciliano y neftalí granadino el ángel gazardiel no tenía
nación y hablaba todas las lenguas aunque no expresó jamás una
sola idea el ángel gazardiel se alimentaba de palomas vivas que
se le iban muriendo en la boca o en el estómago y de leche cua-
jada de leche de camella puesta a dormir al relente en una fuente

199

honda con cuajo de carnero el ángel gazardiel guardaba un traidor en el corazón los dos esquiladores de caballerías menores no lo ignoraban pero nadie logró sacarlos jamás de su calculado mutismo marcelo el obispo de ancira no escuchó el consejo de raimunda su barragana delgadita y fue excomulgado por hablar de lo que no debía

1051 el barón de la conjuntivitis y el lunar color naranja pronunció unas raras palabras al morir dijo zer berri degu? y se respondió zuzengabekeri después lo remató la aguja de hacer calceta su ilberritxartela se publicó en todos los periódicos pero en su tumba no se puso illartitzak alguno la lluvia fue borrando poco a poco las flautas del dolor erótico y funerario y la insignia del gallo ave de la mañana que el barón de la conjuntivitis y el lunar color naranja se entretuvo durante años y años en pintar con tiza por las paredes

1052 dicen que napoleón bonaparte fue ciclán tú no puedes saberlo y tampoco debes dar pábulo a habladurías en todo caso napoleón bonaparte fue un caudillo de muy curiosa mecánica erótica que procedió siempre por constelaciones ulpiano el lapidario disfrazado de josefina de beauharnais la bizca o de maría luisa de austria la bizca consiguió los favores y las caricias del emperador pero el secreto de su experiencia le acompañó al sepulcro fue degollado tú lo sabes con los santos inocentes

1053 el barón de la conjuntivitis y el lunar color naranja que había tenido amores con cándida recedioyen en el archipiélago de las nuevas hébridas poco antes de morir en el bar de alegres camareras bretonas el tiburón enamorado además de las raras palabras pronunció otras menos raras pero que no fueron escuchadas por nadie absolutamente por nadie hijos míos dijo con su vocecita de soltero agonizante que representa su papel con pulcritud no hace falta que sobornéis o que engañéis a los jueces para que me declaren pródigo y podáis quedaros con lo que es mío y algún día habría de ser vuestro yo me gané la vida de otra manera y me disgusta ir en contra de la tradición oídme si os acucia la avaricia o el deseo de ser más poderosos que alguien yo os facilito la solución me pego un tiro en la sien o me clavo una aguja de hacer calceta entre la segunda y la tercera vértebra cervical y os resuelvo todos vuestros ridículos agobios económicos lo que me

200

molesta es el mal olor de los juzgados lo demás nada me importa hijos míos yo ya hice todo lo que tenía que hacer y mis horas están en sus últimas cuentas podéis sentiros bien en paz en vuestro oficio dramático no se precisa la conciencia en el oficio de hijo la conciencia es un estorbo una rémora yo también lo supe aunque después lo haya ido olvidando

1054   desde los más altos miradores de la ciudad mientras ulpiano el lapidario se disfraza de josefina la bizca se ven las manchas de los enanos afanosos y sus automóviles el ministro de instrucción pública y bellas artes de bunga el albañil benedícite beliche el carpintero alejo simeón el panadero adriano el embajador plinio gaffarel a quien llamaban el simple porque era hueco como una nuez silvestre el electricista godo walfrido capius el maestro de escuela daroudji que aprovechaba las vacaciones para coser camisas de necesidad el funcionario dusaulx andarín el abogado tadeo el académico y astrólogo mateo laensberg el fontanero de corte de carlos v el médico paimón y sus dos anestesistas bebal y abalam el ingeniero paulino pertinax a quien asesinaron sus capataces el enterrador simón yfrotes que cantaba con mucho sentimiento el cura relapso nn a quien el obispo retiró todas las licencias el herrero de forja artística jerecides asirio el cocinero marcomarcio el conductor de autobuses james naylor que se fingió cuáquero y acabaron marcándolo al fuego en la lengua y en la frente el artesano de madera de olivo josepet cuyo padre era un ángel y cuya madre ejerció la prostitución en los siete lupanares de algeciras el escribiente del registro civil nefulino ometes un loco que comía carne cruda el fumista de corte de carlos v el deshollinador de corte de carlos v el militar abul assan cuya joven esposa le engañaba con los vampiros goleo beenban y pericles perro el reparador de aparatos de radio hugo que había sido capellán de almerico el sastre gofridi a quien quemaron vivo por terco y cabezón el confitero del fruto vedado etcétera son todos muy tristes y miserables algunos juegan al tenis antes de ir al trabajo son pocos y en general están mal vistos otros hacen vida de hogar y de familia que tanto embrutece y cuando llega la estación calurosa salen de excursión los sábados y domingos se bañan en los pantanos entre horribles mujeres gordas propias y ajenas se ríen mucho en voz alta y fingen alegría son falsos como judas cuando se ahoga algún niño se pasan tiempo y tiempo haciéndole la respiración artificial para que los espectadores se entretengan desde las más altas galerías de la ciudad la contemplación de los enanos afanosos produce mucha congoja

1055   parábola del juego de sociedad llamado de la gallina ciega o fábula de la triste aventura de gerásima y evelardo. tú te enfrentas con la vida y optas por la muerte tú sales a cantarle una serenata a maría muñón a cambio de que te deje gozar incluso con miseria y acabas matando palomas a pedradas tú te enfrentas con la muerte y optas por la vida tú sales a perseguir las rameras baratas de la alta noche cuando ya el precio de la mercancía está al alcance de los más horros bolsillos a cambio de que te dejen gozar casi con orgullo de príncipe y acabas matando palomas a pedradas las palomas se quedan ciegas por la noche y es fácil matarlas a palos a pedradas o doblándoles el pico hacia arriba en el juego de la gallina ciega pasa lo mismo pero al final la gallina vuelve a ver y huye del gallinero se echa al monte con nicolás el gallo del alba el anticuario de los mínimos lentes de metal se encuentra en el camino del cementerio civil con el gallo y la gallina les pregunta que dónde está el sepulcro de tu padre no pronuncies su nombre porque quiere llevarle un ramo de nauseabundas amapolas el gallo y la gallina salen escapando corriendo o volando con muy torpe aleteo y terminan perdiéndose el uno del otro como no pueden cantar para no ser descubiertos y presos quizá asesinados por los gendarmes tardan en encontrarse fueron momentos de gran tensión que terminaron alegremente el gallo montó a la gallina tantas veces que volvió a dejarla ciega ya no me sirves para nada le dijo tú que no ves apártate de mi vista la gallina gerásima se murió de tristeza y el gallo evelardo al que algunos llamaban nicolás fue castigado por los ángeles vengadores y se convirtió en capón de cresta deleznable filemón tardío con el mayor y más ostentoso descaro se bebió dos grandes sorbos de licor de cerezas

1056   ulpiano el lapidario por el carnaval se disfrazaba de josefina y josefina durante las largas ausencias de napoleón se vestía de segunda hija de verdugo y se sentaba a la puerta de escape de la fábrica de neumáticos la que da al campo abierto a observar con mucho deleite cómo los niños brindaban sus más ingenuos homenajes fálicos a las cabras alimentadas de periódicos y a los homosexuales que regalaban monedas caramelos avellanas y otros propiciamientos ilusionadores todo esto y muchas más cosas te las contó roberto fattorello el corso del urolito de jade fabricante de zapatillas ortopé-

dicas de fieltro que adoraba inútilmente a la moza del falso himen
hiperbólico albertina von hagendorf la virtuosa encargada de la
sección de aprendizas vírgenes de su taller albertina von hagendorf no era virgen, el maestro en cirugía estética mario enguerran-
do le había hecho ya más de seis zurcidos japoneses, sino celadora
de vírgenes su primera virginidad se la había molido con el rabo
el demonio bayemón en la habitación modern style número 7 del
molino de naceas el armenio el proxeneta al servicio de los nobles
al que siempre había protegido la policía albertina von hagendorf
era bruja de estudios y ejercitaba las artes mágicas con gran decoro
en la pared de su oficina estaba pintado el triángulo equilátero
con la base de oeste a este y un ángulo orientado al sur de la voz
de la panacea para sanar la calentura

a b r a c a d a b r a
a b r a c a d a b r
a b r a c a d a b
a b r a c a d a
a b r a c a d
a b r a c a
a b r a c
a b r a
a b r
a b
a

1057   noticia de actualidad en el día que se escribe. ulpiano el lapidario
ulpiano el apóstata ulpiano el medievalista oyó por radio la noticia de la muerte de picasso el pintor español el pintor francés el
pintor chino el pintor de las cuevas de altamira el pintor y se
bebió un cubo entero de agua para poder entender lo que sucedía
lo que acababa de suceder lo que estaba sucediendo después blas-
femó se sentó en el suelo y se puso a cavilar con mucha lentitud
l e o n a r d o   d a   v i n c i   h a   m u e r t o mientras tú andabas por la península ibérica tristemente enterrando a
otros seres casi anónimos a los que también querías, los merca-
chifles se frotan las manos se lavan las manos y mandan a la
imprenta los catálogos con las nuevas cotizaciones los redactores
de artículos necrológicos se frotan las manos se lavan las manos
y recogen su honesta renta funeraria bardomianito batscumbasa
el incendiario de la santa tea enciende una vela a dios y otra al
diablo bendito sea dios que dispone las cosas sabiamente bendi-

to sea el diablo que obedece sabiamente los dictados vivos y los dictados mortales ha sonado la hora sin peligro de las alabanzas el incendiario de la santa tea salta a la comba de alegría por los parterres del jardín municipal picasso ha muerto ya era hora picasso ha muerto ya era hora picasso ha muerto ya era hora de que pudiéramos dormir en paz y con la conciencia tranquila picasso ha muerto ya era hora sea mil veces maldito porque nos ha privado del goce de poder fusilarlo algún día ulpiano el lapidario ulpiano el apóstata ulpiano el medievalista llamó por teléfono a su amigo camilo y le ofreció un cubo entero de agua y otro cubo entero de agua en el que poder ahogar su dolor de niño pequeño atónito la mujer de traje sastre mandaba la instrucción como un sargento de caballería y los reclutas sublevados se dejaron crecer el pelo y daban vivas a la libertad l e o n a r d o d a   v i n c i   h a   m u e r t o bardomianito batsacumba enseñó el falo a la multitud desde el balcón del ayuntamiento picasso es el gran culpable dadme también a mí un cubo entero de agua para ahogar su cadáver leonardo da vinci fue un vicioso que dibujaba anatomías levantemos nuestras copas por el triunfo de la muerte todos estamos muertos pero picasso también está muerto esto no es verdad pero más de uno se creerá que es verdad el guernica es un cuadro infamante levantemos nuestras copas para que el guernica no venga jamás a españa podemos guardar silencio durante unos días ha sonado la hora sin peligro de las alabanzas pero después destruyamos el guernica al igual que nuestros leales amigos destruyeron guernica a balmes tampoco le gustaba la hedionda pintura de picasso seamos decentes abominemos de lo abominable embadurnemos con nuestra abundante mierda los engañados espíritus a nosotros no nos engaña nadie a nosotros no nos engaña picasso embadurnemos con nuestra caca untuosa los engañadores escaparates de las librerías y las salas de arte donde se exhibe el pecado levantemos nuestras copas por la muerte levantemos nuestras copas por el triunfo de la muerte ése es el lema la calavera y las dos tibias cruzadas r.i.p. que debemos grabar con letras de fuego en las espaldas de todos para mejor lección de algunos levantemos nuestras copas sobre nuestros orgullosos cuernos triunfadores bardomianito batsacumba el incendiario de la tea tranca i.t.t. cuando terminó de glorificar la tiniebla se quedó dormido con la infinita paz de los bienaventurados ulpiano el lapidario ulpiano el apóstata ulpiano el medievalista y su amigo camilo se pasaron la noche sentados en el suelo blasfemando como si fueran santos desgraciados y cavilando como si fueran tontos desgraciados animula vagula blandula hospes comesque corporis quae nunc abibis in loca?

1058   la mujer del corpiño de campesina alsaciana dormía en el corazón del nibelungo crisomallón el carnero del vellocino de oro y la jarretera del rubí obscuro que volaba como un águila nadaba como una trucha corría como un ciervo y hablaba como demóstenes la mujer del corpiño de campesina croata sentía mucho respeto y gratitud hacia el carnero de los cuernos lamidos en el seno se había tatuado su insignia y con ella obraba milagros desusados y sorprendentes más de media población resultó beneficiada y con su nombre bautizaron la fuente de agua hirviendo que producía peces cocidos el hombre vestido de pierrot lavaba sus camisas en la fuente de la mujer del corpiño de campesina aragonesa ése fue uno de los delitos de que le acusó el fiscal el rinoceronte al que asqueaba el amor

1059   las mujeres de los ajusticiados aceptan agradecidamente el dejarse palpar por el verdugo palpar los pechos las nalgas y otros rincones subsumidos la mano que palpa fue la última mano que palpó el cuerpo del amado muerto del amado que perdió la facultad de palpar los nobles indios no palpan con mayor sabiduría ni delicadeza non de l'ellos fue muy feliz con el inglés que coleccionaba clítoris de loza

1060   el duque de borgoña amenazó de muerte al catropomante angelo catho si su espejo no le encontraba el cuerpo en cueros de elais la mujer del corpiño de campesina galesa que convertía en aceite cuanto tocaba arreglaos como queráis pero en ello os va la cabeza necesito el cuerpo en cueros de la mujer vestida de campesina provenzal para poder vengar en ella mi frialdad enfermiza no me gustaría verme en la obligación de ahorcaros como a un salteador de caminos bruñid vuestro espejo y ordenadle que no mienta ni yerre

1061   tu abuelita enlutada desde los pies a la cabeza disciplinó a la fratría de hambrientos obligándoles a masturbarse sin descanso ante la gárgola de la catedral de freiburgo que representa a simona douarlet la gyeng sanma flamenca de trasero receptivo la fratría se fue consumiendo poco a poco toda ella murió en la lenta guerra de la pera fatigadora mientras tu obscena abuelita con los senos

exentos y tocando el tambor gozó del falo entusiástico de gran
parte de los artesanos del reino a tu abuelita como a las palomas
para la ovulación le bastaba con mirarse al espejo con ella el
catropomante angelo catho que como es lógico murió en la horca
no hubiera fallado nunca y el bufón de la ajada pluma de pavo
real conforme con la aforística del tabaco en polvo el rapé del
papa león xiii seguiría aún saltando de pavor

1062   la osa de atalanta se dejó poseer por leonardo fioravanti el físico
que pegaba narices despegadas y parió a hipómenes ii calco punto
menos que incestuoso de hipómenes i el vencedor de la leona que
tira del carro de cibeles la diosa venus también lo castigó se presentan cien barcos de guerra en la bahía y los prostíbulos pintan
de blanco a las prostitutas y voltean las campanas el alcalde envió
a dos guardias el guardia crisanto y el guardia enrique a mantener el orden en la cola impaciente ambos murieron lapidados por
la marinería y sus cadáveres fueron arrojados al mar lejos de las
aguas jurisdiccionales la osa de atalanta que era gran nadadora
los rescató de la voracidad de los peces la escena la pintó clovis
trouille en tres de sus cuadros casque d'or con tres rameras dos
monjas esparrancadas y un sombrero de copa le palais des mer-
veilles con un perro de aguas un galán muy bien vestido y nueve
mujeres todas menos una con los pechos al aire y chez la prin-
cesse en 1900

1063   san hugo el solitario rechazó el asedio del hombre vestido de
pierrot y sus insinuaciones de doble sentido no me apartéis de mi
soledad le dijo con el mirar clavado en el suelo dejadme a solas
con mis carnes que no desean la contemplación de otras carnes
ni el trueque por otras carnes os ruego que no toméis a desaten-
ción mi actitud os aseguro que no es preciso mirar para amar
en fin dejadme vuestras señas por si los ángeles me sugieren que
busque compañía no es probable pero sí admisible el hombre
vestido de pierrot no le dejó sus señas

1064   el joven profesor cornelius von hagendorf hermano de albertina
la celadora de vírgenes de la manufactura de zapatillas ortopé-
dicas y edecán del viejo maestro se acercó a la pizarra tomó la
tiza con suma delicadeza se puso de puntillas porque era más
bien bajito y con su voz más escrupulosa = religiosa (religens contrario de negligens) expresó los cinco resultados de la noción

206

relativista especial: a) la velocidad de la luz es constante y la
máxima en el universo b) la masa aumenta con la velocidad c) la
energía es igual a la masa multiplicada por el cuadrado de la velocidad de la luz d) el tiempo disminuye con la velocidad e) el
tiempo es representable en un sistema de cuatro coordenadas una
para el tiempo y tres para el espacio, como no admitía interpe-
laciones el joven profesor no prestó oídos a cassirer el neokantiano
cuando éste intentó decir que no veía diferencia epistemológica
alguna entre lo que se pensó en königsberg y en ulm-zürich-berna-
zürich-praga-zürich-berlín-princeton el joven profesor cornelius von
hagendorf borró la pizarra con la manga de la chaqueta se arregló
un poco el nudo de la corbata sonrió al alumnado y se fue a pasar
la tarde con su prima elena pastora lübeck-dräseke cuyo marido
estaba de cacería en la selva negra elena pastora lübeck-dräseke
sentía gran predilección por el ciruja tango muñeca brava tango
la canchera milonga biaba milonga y taconeando salió tango la
toalla mojada milonga y otras canciones porteñas de edmundo
rivero elena pastora lübeck-dräseke amaba de forma muy dramática y pendenciera poniendo mucha desgracia y entusiasmo en el
preámbulo el acto en sí y el epílogo ni su marido ni ninguno
de sus amantes ni nadie tuvieron jamás la menor queja de su
conducta euler el del teorema miró siempre con envidia a los
favorecidos hombres-objeto del capricho de elena pastora

1065   san macario el desterrado rechazó el asedio de elena pastora lübeck-
dräseke y sus insinuaciones de un único sentido se la encontró
dentro de un bloque de hielo en la estación invernal de garmisch-
partenkirchen llevaba un siglo en hibernación y cuando recobró
el uso de sus facultades y la elasticidad de sus miembros empezó
a cantar en lunfardo yo a la mina le bato paica feba catriela
percanta cosa piba budín o percantina chata bestia garaba peor
es nada o fémina cucifai adorada chirusa nami o grela y a perseguir santos desterrados no me apartéis de la voluntad de dios
le dijo san macario mirándola a hurtadillas no quiero la compañía
de nadie la conversación de nadie dios me ordena que sea un
desterrado consciente apartaos de mi presencia id a ofrecer vuestra recuperada hermosura a otros hombres menos comprometidos
que yo

1066   la archidiablesa proserpina confundió a fray anselmo de turmeda
con san macario el desterrado cosa inexplicable y también quiso

apartarlo de su destierro fray anselmo la espantó diciéndole vade
retro del mal que hom té por d'aquell mateix mor recuerda
maldita proserpina que as mulheres onde estão sobejam e onde
não estão faltam yo tengo bastante con la virgen santísima nuestra
madre

1067   en la posición a1a2a3 murió heroicamente el marido de tu abuelita
defendiendo los más nobles y tradicionales postulados a saber:
modus ponendo ponens, cuando afirmo digo que sí ¡viva el imperio bizantino! (y ninguno más) modus tollendo tollens, cuando
niego digo que no ¡muera el imperio bizantino! (y ninguno más)
modus tollendo ponens, cuando afirmo digo que no ¡no te amó
nadie como yo te amo!⚹te amo como no amé a nadie modus
ponendo tollens, cuando niego digo que sí ¡cualquiera te amó
como yo te odio!⚹te amo menos de lo que te odio el taxidermista florián piel de conejo ex alumno de los jesuitas veía las
cosas más claras en la cabeza que en el papel algunas personas
son capaces de pensar una sinfonía entera lo que no pueden es
silbarla el taxidermista florián piel de conejo antes de que la
novia de tuprimo hubiera exterminado las benditas ánimas del
purgatorio sabía con exactitud cuántas benditas ánimas poblaban
el purgatorio de dónde eran qué color tenían cuál era su estado
civil cuántos años de pena habían cumplido y cuántos les faltaban
por cumplir etcétera después se produjo el caos porque purang el
primer hombre japonés salió de un limón madurado por el aliento
de un toro y caiumarat el primer hombre de los persas vivió mil
años y reinó más de quinientos algunos suponen que no fue el
primer hombre sino el segundo, adán el primer hombre soñó que
abrazaba a eva y de aquel coito onírico eva parió una flor que
se convirtió en caiumarat al taxidermista florián piel de conejo
no le habían enseñado tales cosas en los jesuitas

1068   bogumil jasinowski terminó diciendo el arte precede axiológica-
mente a la filosofía y ésta a la ciencia olivia la silvestre la más
joven de las tres hijas del verdugo también la más temperamental
y venusíaca aplaudió con fervor muy comentado al conferenciante y le permitió mamar de sus próvidos pechos como fuentes
hermes trimegistos hermes tres veces grande terminó diciendo toda
mi sabiduría la aprendí de thoth el egipcio y se mueve como el
péndulo entre la mística ya sabéis intelectual y la magia ya sabéis
naturalista menodora la silvestre la menor de las tres hijas del

verdugo también la más pródiga y amorosa aplaudió hasta hacerse
sangre en las manos y al conferenciante le suplicó que le mamase
los pechos y se los vaciase para siempre asimismo le permitió
hendir sus nalgas u otro rincón de carne escindible con cualquier
herramienta viva después sentada en cueros y exhausta a los pies
de la cama de las frustraciones de tuprimo argumentó de la
siguiente manera si ningún poeta lírico es valeroso ni alto y algunos cabos de infantería son valerosos y altos entonces algunos
cabos de infantería no son poetas líricos después se durmió hasta
el alba en sueños fue poseída por casi todos los conferenciantes
de la ciudad la despertaron las falaces cucarachas que intentaban
dormir al tibio cobijo de sus axilas ella al principio supuso que
eran conferenciantes y les dejaba hacer ildefonsa la silvestre la
última de las tres hijas del verdugo y la más iracunda mató cerca
de cien cucarachas con el tacón de su zapato y se fue a desayunar
a la más madrugadora de las chocolaterías que también estaba
llena de cucarachas

1069   lucrecia la lela monitora de cultura física del sindicato de escribientes llevaba más de un mes muy estreñida debe ser el cambio
de estación pensaba cuando las lombrices mudan de demonio familiar como las culebras cambian la camisa y andan desorienta-
das los demonios familiares no son malos sino buenos y agrade-
cidos el barón de regensberg puede atestiguarlo las lombrices son
molestas sí pero tampoco malas sino buenas y leales muy leales
catalina de médicis reina de francia puede atestiguarlo cuando la
estación sienta y las lombrices se acomodan el estreñimiento desa-
parece gabriela de stress la coima de enrique iv puede atestiguarlo lucrecia la lela monitora de cultura física del sindicato de escribientes criaba grasa en el cerebro y en la vagina pero no en el
intestino ni en el ano a veces es difícil encontrar testimonio de
la evidencia

1070   el maestro de esgrima florentino e hijo y nieto de florentinos que
se bañaba en laxantes cocimientos era aún mejor vehículo de
lujuria que el pescado crudo la merluza robusta el atún fiero como
un cazador la sardina ramera el lenguado obediente y tantos y
tantos otros más el silencio es la primer arma del hombre no la
segunda οὐ λέγειν δεινός ἀλλὰ σιγᾶν ἀδύνατος epicarmo supo lo que
decía y lo que callaba y the rest is silence dagoberto luciano ramírez el maestro de esgrima florentino e hijo y nieto de florentinos

pensaba que el pez es el huso que hila el ciclo de la vida según el
zodíaco lunar es un fecundo falo autónomo espiritual el pez espada es hermano del unicornio y con el último signo aparece el pez
con cabeza de golondrina que anuncia el fin de todo lo creado los
sacerdotes para mantener sus castidades no deben comer y ni siquiera tocar el pez del agua el hombre tiende a la zooerastia anfi-
bia y no debe luchar contra su inclinación la pesca es una forma
poética de bestialidad y la zoofilia del tacto es su versión dramática la bella se fatiga en el ejercicio de la corycobolia con su
punching ball lleno de calamares que mueren y se reblandecen a
golpes el maestro de esgrima florentino e hijo y nieto de florentinos evacúa el vientre para sentirse más ligero la bella rompe a
sudar y los jatraliptes le enjugan el sudor con dos pieles de cisne
y todas sus plumas con la misma toalla el maestro de esgrima
florentino e hijo y nieto de florentinos se limpia el ano jamás con
excesiva decencia los unctores perfuman el cuerpo de la bella y
los fricatores le frotan le limpian y dan tersura al pellejo el maestro de esgrima florentino e hijo y nieto de florentinos se lava en
agua de rocío y se orea en un prado de verde yerba la bella recibe
entonces a las tractatrices que le dan masaje y a las dropacistas que
le secan los granos y le liman las durezas el maestro de esgrima florentino e hijo y nieto de florentinos se desprende el esmegma de
la bellota y el prepucio con un ramo de romero y no con agua los
alipilaris depilan a la bella los niños paratiltres le cuidan y asean
la vulva y las picatrices le peinan el monte de venus todo está
dispuesto para el amor culto la bella se tiende sobre el lecho envuelta en ricas sedas de oriente los criados se ausentan de la sala
suena una delicada música de arpa quizá de cítara forman los
eunucos el disciplinado cuadro de la contemplación dos ciegos
abren las puertas de par en par y entra el maestro de esgrima
florentino e hijo y nieto de florentinos desnudo y hermosísimo con
el falo enhiesto y el mirar llameante la bella le dice observa amor
y señor mío la temblorosa corintiana de mi vulva tuya es haz de
ella el más vil uso que desees observa amor y señor mío mi lengua que anhela calsidiasarte los testículos felatrizarte la madura
bellota tuya soy y para ti he sumado belleza a mi belleza el maestro de esgrima florentino e hijo y nieto de florentinos apagó los
tres pebeteros orinándoles encima y defecó en la bandeja de oro
de las arras nupciales se conoce que con anterioridad no había
defecado lo suficiente después se introdujo un besugo vivo por
el ano y se echó a llorar con desconsuelo al final del rito la bella

210

le pidió el besugo prestado no estaba aún muerto pero sí moribundo y copuló con sus restos dagoberto luciano ramírez el maestro de esgrima florentino e hijo y nieto de florentinos se masturbó ante el dulcísimo espectáculo de la bella limpia y el besugo sucio mientras los solemnes y disciplinados eunucos contemplaban la escena sin excesivo interés con muy fingido y respetuoso interés

1071 tu abuelita llora el sacrificio ajeno pero también se deleita con el sacrificio ajeno el pez es el falo en libertad el falo en constante huida de su libertad el falo que aspira siempre a morir en la clausura de otro cuerpo vivo y más grande el pez está lleno de escrúpulos religiosos y adoptando hechuras fálicas hábitos fálicos ensaya permanentemente gestos autopunitivos

1072 es demasiado cómodo ser derrotado a los veinticinco años lo difícil es vivir rodeado de viejos que no abdican que tiran piedras y no perdonan de jóvenes que empujan que tiran piedras y no perdonan todos tienen razón quizá también tengas tú la tuya las instituciones tiemblan a tu alrededor y tú te sientes cada vez más solo y desvalido no podrías jurar que no estás mintiendo la verdad no precisa ser verdadera le basta con parecerlo quieres acertar y te equivocas no te queda sino la resignación el arma que te niegas a utilizar haces testamento y después lo rompes te amenazas a ti mismo con el suicidio y después te da la risa juras amor eterno a una mujer y de repente se te borra del corazón ¿no te acuerdas de mí? no, perdóname no me acuerdo de ti ¿no te acuerdas de nuestras noches de amor en curaçao? no, perdóname no me acuerdo de nuestras noches de amor en curaçao el hombre es bestia de muy raros instintos que tan sólo tiene veinticinco años durante unos instantes el hombre es la lombricilla efímera y casi siempre pirómana que a veces se cree prometeo sueña con cerrar la caja de pandora y lucha por la sabiduría o tieste y quiere yacer con la hija o anfitrión y se disfraza de marido o caín en lucha con abel u orestes neurótico que brinda al otro el objeto de sus celos o edipo habitual y lleno de ternura es demasiado cómoda la precoz derrota con la que todos los jóvenes nutren su ilusión es demasiado cómodo no ver la primera cana en la cabeza no lamer con la punta de la lengua la primera caries de la dentadura no contemplar con ira avergonzada la primera inhibición de la verga no es producto de la gazmoñería sino que por desgracia bebe en

211

aguas más profundas no merece la pena que te desnudes todo a tu
alrededor se tambalea y amenaza con la más estrepitosa ruina
apaga la luz para poder seguir diciendo que no a todo nada hay
tan espantoso como un cadáver iluminado a lo mejor llevas ya
muerto mucho tiempo y no lo sabes un gallo canta en el pajar
y la gallina pone un huevo de gratitud una mujer cruza de ace-
ra da dos o tres pasos rápidos huyendo de los automóviles y
tú crees (durante dos o tres respiraciones) que sigues vivo no
es verdad tú llevas ya muchos años muerto y no lo sabes esa polvareda que se levanta a tu paso la produce el alegre pisar de
tu cortejo mortuorio el hombre es más permanente que las instituciones pero el hombre y las instituciones se sobreviven con
terquedad

1073   a orillas de un lago remoto el ras korissa le dijo a su hermana
mathilda farta tengo el corazón tocado de amor quiero yacer contigo mathilda farta se soltó la mata de pelo y habló de esta manera no es posible y jamás será posible que tú y yo hagamos el
amor yo no estoy enamorada de ti y no debo entregarte mi cuerpo ni permitirte que me caves la vulva tampoco quiero verte sufrir como un esclavo rijoso yo te preparo con la mano y con la
lengua y tú terminas ayudado por una hoja de áloe de jugo amargo debes saber que la hoja de áloe de jugo amargo es la réplica
de la vagina de la hermana que la costumbre permite mathilda
farta se desnudó para el hermano mathilda farta sonrió al hermano mathilda farta acarició la verga del hermano hasta lograrle
descomunales proporciones mathilda farta recogió el violento semen de la eyaculación del hermano en una hoja de áloe partida
por la mitad el ras korissa regaló un brazalete de oro a mathilda
farta su respetuosa e inteligente hermana

1074   mathilda farta murió joven y hermosa y su cadáver no fue entregado a los embalsamadores mathilda farta sin vida no debe ser
gozada ni profanada por los impíos embalsamadores con su jamás
débil necrofilia pensó su hermano el del corazón tocado de amor
edgar allan poe hubiera sido otra cosa quien saciará en ella su
apetito seré yo su hermano el ras korissa estoy bien cierto de que
la encontraré casi tan gustosa como la hoja de áloe de jugo amargo cuando el cadáver de mathilda farta se arruinó su hermano el
ras korissa llamó a los tres cocodrilos por su nombre saclas ne-
broel samael terminad vosotros

212

1075   tuprimo no se inclina hacia ninguna de las partes en el pleito
entre aquiles y pentesilea a él no le importa la solución final sino
las conductas observadas por ambos en la lucha tuprimo tampoco
le da la razón a john keats do not all charms fly at the mere touch
of cold philosophy? tuprimo tiene otros refugios más seguros y
armoniosos cuando los pecadores el día del juicio final cieguen el
resplandor del sol tuprimo marchará a tientas por la tiniebla y
catuxa la silvestre la más grácil de las tres hijas del verdugo le
dará la mano para que no se golpee al morir los demonios médicos forenses tardarán miles de años luz en hacer la autopsia al
género humano y los ángeles mientras el tiempo pasa distraerán
sus ocios revoloteando entre las flores y de flor en flor tuprimo no
cree en la justicia de los hombres ni en la justicia de dios la una
y la otra terminan en burocracia que se nutre de sí misma que se
perfecciona en sí misma ya no quedan gendarmes por las playas
porque esto es el fin del mundo

1076   el toro apis nació de una vaca virgen milagrosamente fecundada
por un rayo de luna el toro de europa el cisne de leda y la paloma
de maría son símbolos más rudimentarios y concretos acteón le
voyeur que desfloró a artemisa con la mirada acabó comido por
los perros pero los uranistas gloriosos zeus y ganímedes hércules
e hilas apolo y hyacinto sófocles y demofón aquiles y patroclo
vivieron felices y rodeados de respeto no obstante su ano delator
por encima de la chimenea de la fábrica de neumáticos vuelan
los espíritus de friné y de aspasia de mileto vestidas como viudas
inconsolables (la gente las confunde con cuervos) y cantando los
versos de aristófanes si nos paseamos desnudas con el monte de
venus bien afeitado nuestros maridos se ilusionarán y vendrán a
copular con nosotras

1077   los ancianos ciegos daneses en visita a los museos de italia sonríen
llenos de nostalgia al escuchar el batir de alas de friné y de aspasia de mileto los dos cuervos propicios que sobrevuelan la chimenea de la fábrica de neumáticos y el tálamo de los aburridos no-
vios de mesopotamia entre el éufrates y el tigris del paraíso terrenal el paraíso perdido de adán y eva y la manzana del árbol de
la ciencia del bien y del mal y el pavo y la serpiente gauguin pintó
a eva de espaldas rousseau de perfil y léger de frente y con una
mano sobre la cabeza ninguno de estos cuadros están en italia y
los ancianos ciegos daneses en visita a los museos de italia no

pueden olerlos los pintores y los escultores se olvidaron siempre del pavo tú conoces 221 pinturas o esculturas sobre el tema y en ninguna de ellas aparece no obstante ser tan hermoso y estúpido y decorativo

1078 la mujer vestida de colombina estrangula pavos con verdadera fruición todo su dinero se lo gasta en pavos para estrangular y cuando los pavos se le terminan se prostituye con frailes y arrieros para poder seguir comprando pavos los guarda en el armario de su alcoba y los alimenta con maíz y salvado así se conservan gordos y poderosos y exigen más esfuerzo en la muerte la mujer vestida de colombina se remanga las faldas se deja caer las medias hasta más abajo de la rodilla se quita las bragas sujeta el pavo entre los muslos y lo estrangula doblándole la cabeza hacia atrás cuando el pavo le alcanza el clítoris con el pico con el extremo inferior del pico el pavo muere la mujer vestida de colombina no abre los muslos hasta que el pavo está completamente frío y lacio el pavo muerto no puede suplir del todo al niño muerto para el caldo del sábado pero casi lo representa con dignidad: yo he bebido tympanón de niño muerto (pavo muerto) hervido carne de ahorcado hervida mijo negro y ranas con sus tripas ya soy maestro en brujería mirad cómo beso el trasero del gran cabrón que me llevará por los aires

1079 atrévete a confesarlo ya es tarde estás llegando a viejo y todavía no has conocido lo que los técnicos llaman el amor noble para ello quizá sea necesario creer en algo y tú no crees sino en muy inmediatas evidencias un avión derribado los asimétricos pezones de una mujer el sol poniéndose sobre el horizonte de la llanura la poesía de goethe la guerra ensañándose con el hombre una ermita románica etcétera tú ni has amado ni has sido amado quizá sea más comprensible el primer supuesto que el segundo no debes quejarte de lo mucho que las mujeres te dieron más que tú a ellas sin duda no desestimes la lógica probabilidad de que seas un hombre adorable y odioso al tiempo no lo sabes ni te importa los demás tampoco lo saben y sí les importa

1080 no mates a nadie con la ley en la mano y menos aún con razón la muerte no elige la víctima cualquiera sirve no debes ser vengativo ni matar a quien te humilló tú haz como los jueces mata un pájaro en vuelo un insecto en vuelo dos perros amándose una

214

mujer preñada cuyo nombre ignoras también los jueces lo ignoran y que incluso te sonrió al pasar también sonrió al pasar ante
los jueces sobre su huella deja caer unas lilas cinco o seis lilas,
no, tú no mates a nadie con la ley en la mano y menos aún con
razón jamás hay razón ni sinrazón para la muerte cuando el amor
todavía se puede fingir tápate los oídos a las falaces prédicas de
la resignación ni tú ni nadie tiene por qué resignarse a nada deja
que los funcionarios se repartan el mundo que jamás serán capaces de hacer sonreír como sonríe la mujer preñada que pasa por
el sendero que le lleva a la muerte tú tienes otros caminos menos
trillados que recorrer riega cada mañana el arbusto que da las
lilas delicadas y observa el peludo vientre glorioso del abejorro
de oro la vida rebosa minúsculos premios cotidianos

1081   esquela novena. el bajo cantante en decadencia de nombre orlando está peor de salud se está muriendo él ni lo sospecha siquiera
pero le quedan no más de cuarenta y ocho horas de vida aún tiene
tiempo de beber los últimos sorbos de whisky de garrafa de fumar sus últimos cigarrillos de serrín con olor a colofonia y resina
de pegar a su mujer los últimos zurriagazos habituales rituales
de cantar cada vez con menos voz y oído der fliegende höllander y
rienzi der letzte der tribunen e incluso der ring des nibelungen
y das rheingold al bajo cantante en decadencia de nombre orlando siempre le reconfortó la idea de tener un entierro solemne con
una carroza de empenachado tronco de caballos negros y servidores ataviados a la federica muchas coronas de flores las autoridades presidiendo la comitiva funeraria y la banda del estado in-
terpretando götterdämmerung por fortuna para el bajo cantante
en decadencia de nombre orlando él no asistió a su entierro casi
nadie asistió a su entierro y sus huesos fueron a dar a la fosa
común r.i.p.

1082   la profesora de psicología aplicada que fue amante de tu padre
no pronuncies su nombre parte de la psicología cientificopositiva
y rechaza cualquier teoría total incluyendo el behaviorismo la
profesora de psicología aplicada que no tiene nariz tampoco lo
jures se llama hulina la perra y aunque tenía por costumbre desayunar con infusión de leucofino jamás dejó de ser infiel a tu padre
no pronuncies su nombre en el buque naglefaro que está cons-
truido con uñas de muerto navegan los espíritus de los últimos
reflexólogos aquellos que se curan el mal de muslos pronunciando

las palabras sista pista rista xista y ya está hulina la perra hizo muy feliz a tu padre no pronuncies su nombre recitándole el arte de amar de ovidio y explicándole mientras lo contemplaba en trance ensimismado lambendo lingua genitalia aquel hermoso pasaje conoces bien a safo ¿qué hay más lascivo que ella? los cuernos son un adorno no metafísicamente innecesario satanás dio a nuestra madre eva el par de cuernos de su oficio y eva en prenda de amor se los regaló a adán a tu padre no pronuncies su nombre le daba mucha risa esta teoría tu padre no pronuncies su nombre no era supersticioso

1083   el boicot y la huelga son artes civiles y políticas el sabotaje la guerrilla el secuestro son artes militares inventadas por los civiles en su lucha política contra los militares kao-bang-lu la joven revolucionaria vietnamita te sirvió otra taza de té un ejército puede derrotar a otro ejército ambos proceden según estrategias convencionales estudiadas con mayor o menor talento o provecho kao-bang-lu la joven revolucionaria vietnamita te preguntó si querías más azúcar pero la estrategia mil veces trillada y comentada de un ejército no puede con la táctica del débil del entusiasta del barato porque ésta se va inventando sobre la marcha y al dictado del corazón kao-bang-lu la joven revolucionaria vietnamita te rogó que le contestases a la pregunta del azúcar sí gracias le respondiste un poco más la última guerra civil al estilo clásico fue la española de 1936-1939 empezó en lucha del pueblo contra el ejército pero aquel pueblo se hizo ejército ése fue su error y al final un ejército venció y el otro fue vencido kao-bang-lu la joven revolucionaria vietnamita sonrió la que ustedes llaman guerra de la independencia tuvo un planteamiento más moderno más eficaz kao-bang-lu la joven revolucionaria vietnamita volvió a sonreír el mundo está sembrado de guerras civiles que la gente ignora de guerras civiles sordas secretas a las que se consigue no dar una publicidad excesiva kao-bang-lu la joven revolucionaria vietnamita te revolvió la taza de té guerra civil es concepto que tiene o debiera tener dos acepciones: guerra entre clases sociales (y políticas) connacionales y las ayudas foráneas que cada bando pueda recibir la de ustedes y la nuestra por ejemplo pero nosotros tuvimos al vietcong hostilizando al enemigo en su propia casa y (2.ª acep.) guerra del paisanaje en forma de guerrilla campesina o urbana según topografías y psicologías contra el ejército tú te bebiste la taza de té estaba bueno quizá le sobrara algo de azúcar las lindes de esta última acepción no son nítidas sino cambiantes fluidas porque el paisanaje en armas deviene en ejército y ése es el peligro que puede llevarle a la ineficacia kao-bang-lu la joven revolucionaria vietnamita retiró el servicio de té y sacó una lata de galletas norteamericanas tomadas al enemigo dijo no se disculpe nada le había preguntado si se precipita la mutación el pueblo pierde la guerra si se deja madurar como un higo que se toma su tiempo entonces la gana si no se disuelve a raíz del triunfo nace la nueva dictadura y hay que volver a empezar siempre a la izquierda de donde se había quedado es claro que lenin dejó dicho que la revolución es imposible sin el apoyo del ejército lo que hay que revolucionar es el ejército kao-bang-lu la joven revolucionaria vietnamita te miró a los ojos la entrevista había terminado y tú te despediste con cierto sentimiento de culpabilidad

1084   las tres amantes de tuprimo la afgana la piamontesa la gascona no es así la afgana la portuguesa la hondureña tampoco es así la afgana la boliviana la guayanesa ahora o la albana melusina y las parcas clotho y laquesis también fueron amantes de tu padre no pronuncies su nombre las seis fueron apagándose en brazos de tu padre no pronuncies su nombre y las seis acabaron en yerbas del camino holladas por las botas de los soldados los perros del soldado que va de camino huelen la yerba extraviadora del castillo de melusina la yerba levantagallos del panamá y alzan la pata en señal de homenaje todas las yerbas se fueron secando poco a poco quemadas por el ácido úrico

1085   esteban hubner el resucitado de bohemia el primo de tuprimo se confesó ante el espejo del mago de coimbra te creen rico y eres pobre lo mismo le sucedió a gabriel capius el autor del mundo de los cornudos y el infierno de los desagradecidos te creen feliz y eres desdichado lo mismo le aconteció a la señorita de lenormand sibila que decía la buena ventura estudiando la huella del bagazo del café te creen joven y eres viejo lo mismo le pasó a polícrito el gobernador que devoró a su hijo hermafrodita ante el terror del populacho te creen alto y eres enano o casi enano lo mismo le acaeció a juan bautista gofridi el mago que seducía casadas y doncellas tan sólo soplándoles en la cara te creen bello y eres horrible lo mismo le ocurrió a bodo de labour la bruja que en la misa del sábado consagraba una hostia negra de forma triangular esteban hubner el resucitado de bohemia el primo de tuprimo tras confesarse ante el espejo portugués sintió un gran alivio en el alma y se murió de nuevo y definitivamente

1086   nadie sabe cómo se pronuncia una palabra en inglés hasta que oye esa palabra en inglés nadie sabe cómo es una vaca hasta que ve una vaca nadie sabe cómo canta un pájaro hasta que escucha el canto de ese pájaro nadie sabe cómo el gusano de seda teje su capullo hasta que ve un gusano de seda tejiendo su capullo nadie sabe nada de la luna hasta que ve la luna navegando en la noche y estudia todas sus fases y se las sabe de memoria nadie sabe los rumbos de la rosa de los vientos hasta que se los explican con la rosa de los vientos en la mano las excepciones a esta regla general son escasas muy escasas los profetas menores no tienen rigor ni fundamento son poco de fiar y más vale no hacerles caso alguno

1087   la hija menor de lot para mimar la paidofilia de su padre dejó crecer sus trenzas y se paseaba de uniforme azul y chalina de lunares blancos con una cartera de colegial llena de lápices y cuadernos colgada en bandolera mientras era poseída por su violentísimo padre se entretuvo en pensar: la hermosa verga de mi padre hundiéndose casi entera en mi vulva todavía no muy habituada a las penetraciones brilla con los siete rayos del sol desgarrando la mañana sólo yahvé sabe si estoy iluminada por dentro después se quedó dormida al lado de su padre en posición no del todo correcta padre mío si os queda una gota de semen dádmela también

1088   la mujer vestida de harapos de oro llegó al equipo quirúrgico desangrándose le prestaremos auxilio pero tenemos la obligación de dar parte a la policía esas sospechosas desgarraduras en el vientre y en las nalgas no nos autorizan a no cumplir el trámite legal la mujer vestida de harapos de oro salió huyendo y dejó un reguero de sangre sobre el adoquinado de la ciudad la policía y los perros policías la encontraron en el cementerio civil desmayada sobre la tumba de tu padre no pronuncies su nombre cuya calavera sonreía en su ataúd de tabla innoble en su ataúd de solitario abandono en el hospital a la mujer vestida de harapos de oro le hicieron varias transfusiones de sangre y mejoró algo un perro policía le arrancó de un mordisco una oreja pero en el hospital pudieron pegársela de nuevo debes reconocer que le quedó bien pegada aunque quizás un poco torcida

1089 la novia de tuprimo a espaldas de la bruja dominguina maletuna trata de amaestrar a nabucodonosor el ciempiés de los mil juegos eróticos que aova donde puede digamos a la sombra de los dieciséis pezones herméticos de la novia de tuprimo que tanto repugnan a tuprimo dos en los calcañares dos en las corvas dos en la rabadilla dos en su sitio otros dos casi pegados a los anteriores dos en el uno y el otro codo dos en los párpados y dos en el colodrillo de la meningitis con un ramito de milenrama y otro de ortigas puestos a macerar en la savia de siete raíces de malvavisco pelopea la pestilente suicida pescaba truchas a mano mientras rezaba entre dientes el infalible conjuro de alberto el grande ananizapta dei miserere mei malatrón caladatón corobán uriel sabahot eloine tuprimo no creía en ensalmos cualquier ocasión es buena para tundir a su novia a zapatazos

1090 al enfermo que camina apoyado en el báculo de la esperanza no le queda mejor consuelo que emborracharse con la caridad de los alegres lagares el dogo berecillo se duerme en la ceguera mientras ulpiano el lapidario de acuerdo con la piadosa policía sobornable inunda la ciudad de marihuana y la novia de tuprimo bebe licor de cerezas chupando por la goma de lavativa tras escalar la fachada al término del confuso ritual (no has enunciado innúmeras etapas intermedias) se duerme sobre el seboso vellón con una paz infinita reflejándosele en el semblante tuprimo está desvelado y se entretiene en componer fábulas ejemplares: la yerba de oro o yerba de baaras se cría en el camino de damasco en la ladera del monte líbano por el mes de mayo cuando ya las nieves se derriten por las noches semeja un enjambre de luciérnagas y por el día se borra convierte en oro cualquier metal desbarata los hechizos y espanta los demonios y las almas condenadas no se puede coger si no es regándola con sangre de menstruo en la noche del justo plenilunio de lo contrario mata a quien la toca y malhiere y enferma a quien la mira

1091 el galés raposo que no descansa el galeote que llegó a caballero cuenta por santos mártires según el sistema novenal puesto que el decimal es blasfemo san primo i mártir en el helesponto fue compañero de viaje del caballo bayardo que se estiraba para que cupieran sobre sus lomos los cuatro hijos de aymón es todo confuso ora pro nobis ora pro nobis y los doctores de la santa madre iglesia palidecen cuando son preguntados por el suceso san primo ii mártir en lemela sabe que pruflas el busántropo sigue uncido al carro de la muerte es todo confuso ora pro nobis ora pro nobis y los doctores de la santa madre iglesia palidecen cuando son preguntados por el suceso san primo iii mártir en nomento de los sabinos reza por pierre aupetit el cura brujo al que quemaron vivo para escarmiento de toda la parroquia es todo confuso ora pro nobis ora pro nobis y los doctores de la santa madre iglesia palidecen cuando son preguntados por el suceso san primo iv mártir en antioquía jamás temió a humma el dios cafre que gobierna el frío y el calor es todo confuso ora pro nobis ora pro nobis y los doctores de la santa madre iglesia palidecen cuando son preguntados por el suceso san segundo i mártir en áfrica fue tentado por una hurí de azafrán musgo ámbar e incienso y resistió con muy firme modestia a la tentación es todo confuso ora pro nobis ora pro nobis y los doctores de la santa madre iglesia palidecen cuando son preguntados por el suceso san segundo ii mártir en la mauritania no fue engañado por el rabí josué ben leví es todo confuso ora pro nobis ora pro nobis y los doctores de la santa madre iglesia palidecen cuando son preguntados por el suceso a san segundo iii mártir en asti se lo llevó el mágico lexilis por los aires es todo confuso ora pro nobis ora pro nobis y los doctores de la santa madre iglesia palidecen cuando son preguntados por el suceso san segundo iv mártir en alejandría curaba los sortilegios comiendo picoverde asado con sal bendita es todo confuso ora pro nobis ora pro nobis y los doctores de la santa madre iglesia palidecen cuando son preguntados por el suceso san segundo v mártir en ameria de umbría curaba el mal de piedra con tres granos de pirlitero y un sorbo de vino blanco es todo confuso ora pro nobis ora pro nobis y los doctores de la santa madre iglesia palidecen cuando son preguntados por el suceso san segundo vi mártir en sínada de frigia pacaciana mandó tirar al mar las dos momias que había comprado el príncipe radzivil es todo confuso ora pro nobis ora pro nobis y los doctores de la santa madre iglesia palidecen cuando son preguntados por el suceso san segundo vii mártir en como llevaba colgado del cuello un dije de jacinto es todo confuso ora pro nobis ora pro nobis y los doctores de la santa madre iglesia palidecen cuando son preguntados por el suceso san segundo viii mártir en ventimiglia enderezó el espi-

nazo del soldado que llevaba la cabeza entre las piernas es todo
confuso ora pro nobis ora pro nobis y los doctores de la santa
madre iglesia palidecen cuando son preguntados por el suceso san
segundo ix otro mártir en áfrica bebió el agua del lago de la vida
y nada más deseó es todo confuso ora pro nobis ora pro nobis y
los doctores de la santa madre iglesia palidecen cuando son preguntados por el suceso san segundo x mártir en nicea de bitinia
trató de llevar al buen camino al disoluto rey dagoberto es todo
confuso ora pro nobis ora pro nobis y los doctores de la santa
madre iglesia palidecen cuando son preguntados por el suceso san
segundo xi otro mártir más en áfrica venció al grifo valentín poniéndole un enema de carburo santo es todo confuso ora pro nobis
ora pro nobis y los doctores de la santa madre iglesia palidecen
cuando son preguntados por el suceso san tercio mártir en áfrica
pobló de peces comestibles el lago de la muerte y espantó al
demonio kobal que no volvió ni a reír ni a morder es todo confuso ora pro nobis ora pro nobis y los doctores de la santa madre
iglesia palidecen cuando son preguntados por el suceso san cuarto i mártir en roma al tiempo de san quinto iii evitó que juliano
el apóstata robara a la vieja otras tres vasijas de oro es todo confuso ora pro nobis ora pro nobis y los doctores de la santa madre
iglesia palidecen cuando son preguntados por el suceso san cuarto ii mártir en áfrica al tiempo de san quinto iv quitó de las manos de agripa los desviadores escritos de picatrix el moro es todo
confuso ora pro nobis ora pro nobis y los doctores de la santa
madre iglesia palidecen cuando son preguntados por el suceso san
quinto i mártir en áfrica libró del sortilegio de la taciturnidad es
todo confuso ora pro nobis ora pro nobis y los doctores de la santa
madre iglesia palidecen cuando son preguntados por el suceso
san quinto ii mártir en sorrento ayudó a federico ii a borrar los
versos que el abad tritemo pintaba por las paredes es todo confuso ora pro nobis ora pro nobis y los doctores de la santa madre
iglesia palidecen cuando son preguntados por el suceso san quinto iii mártir en roma al tiempo de san cuarto i descubrió que
magdalena babán la tornera del convento asistía a los aquelarres
es todo confuso ora pro nobis ora pro nobis y los doctores de la
santa madre iglesia palidecen cuando son preguntados por el suceso san quinto iv otro mártir en áfrica éste al tiempo de san
cuarto ii sorprendió a la sílfide hehugasta copulando como una
perra con el emperador augusto es todo confuso ora pro nobis
ora pro nobis y los doctores de la santa madre iglesia palidecen

cuando son preguntados por el suceso san sexto mártir en palestina entregó la diablesa hécate a la salacidad de la policía de los caminos es todo confuso ora pro nobis ora pro nobis y los doctores de la santa madre iglesia palidecen cuando son preguntados por el suceso san séptimo i mártir en cartago hizo la señal de la cruz al fauno gimino es todo confuso ora pro nobis ora pro nobis y los doctores de la santa madre iglesia palidecen cuando son preguntados por el suceso san séptimo ii mártir en venosa de la pulla hizo la señal de la higa a cheriour el ángel terrible es todo confuso ora pro nobis ora pro nobis y los doctores de la santa madre iglesia palidecen cuando son preguntados por el suceso san octavio mártir en turín mantuvo a raya a bayemón el diablo de occidente con los consejos que recibió del papa honorio es todo confuso ora pro nobis ora pro nobis y los doctores de la santa madre iglesia palidecen cuando son preguntados por el suceso san nono mártir en ímola de emilia azotó en las nalgas al melancólico que hizo imprimir la falsa profecía del conde bombasto es todo confuso ora pro nobis ora pro nobis y los doctores de la santa madre iglesia palidecen cuando son preguntados por el suceso cualquiera de los santos del mismo nombre vale respectivamente por los números que van del 1 al 9 el galés raposo que no descansa el galeote que llegó a caballero no revelaba a nadie o a casi nadie su manera de contar porque temía ser perseguido por la inquisición el juez loco e inhumano que duerme mejor dicho que durmió sobre las tres mujeres gordas desnudas y muertas marta micaela y mauricia lo tenía ya muy acorralado estaba sumergido en las profundas aguas del golfo pérsico y con el vientre lleno de peces venenosos pero no obstante lo tenía ya muy acorralado el galés raposo que no descansa el galeote que llegó a caballero le pidió auxilio a ulpiano el lapidario para huir a ultramar quizá el navío naufrague antes de llegar a puerto eso sería mi salvación las mantecas de san décimo talio mártir en el peloponeso fueron vendidas al ángel negro munkir para el banquete de bodas de su hija maría balcoin la bruja de los descarados pechos pasto de la tropa que se alimentaba de orejas de niño es todo confuso ora pro nobis ora pro nobis y los doctores de la santa madre iglesia palidecen y tiemblan como varitas de junco cuando son preguntados por el suceso décimo talio fue mártir cierto pero santo dudoso el lance de las mantecas también es cierto en el libro de san cipriano se lee que era el demonio disfrazado de califa una vez se le apareció en sueños a la mujer vestida de harapos de oro y yació con ella y con su hermana la bruja crisanta bartolín de southcot que parecía la hembra del ave fong-on-hang de los chinos y que también se ataviaba con una túnica hecha de harapos de oro con un hilo de añil para distinguirse de todas las demás mujeres a crisanta la quemaron en burgos al amanecer del día de la preciosísima sangre del año de las bulas alejandrinas tras hacer cuartos de su carne mortal ahora su espíritu condenado duerme a las tapias del monasterio trapense de san pedro cardeña debajo de una zarza descomunal la mujer vestida con una túnica hecha de harapos de oro con un hilo de añil para distinguirse se le aparece desnuda sonrosada y rolliza al fraile pepe el asno ascético que sucumbe al campanazo de la carne el galés raposo que no descansa el galeote que llegó a caballero no arribó a las playas de ultramar

1092 bestiario amoroso de algunas especies con interpolación de varios argumentos cornutos para el mejor gobierno de la verga del hombre. dos mantis religiosas haciendo el amor como dos ingenios mecánicos perfectos o dos libélulas copulando como espíritus el álgebra pura huye de la carne pero la carne se reconforta y vuelve a su vigor servicial comiendo poco antes de amanecer cinco alfóncigos macerados en miel de abejas y aceite de oliva el alquimista allan hull walton lo leyó en el libro de las erecciones cuasi constantes de catón el censor y lo ensayó con éxito observando la conducta del despreciable cartílago de fabián el maestro de ceremonias de la corte del enano rey de baviera las ranas se aman según pauta geométrica y los machos viejos se friccionan la fláccida esperanza con la hiel de chacal contenida en una vasija de plata sobre la que ventosearon tres frailes corpulentos tú no tienes por qué obedecer a nadie tú no eres libre pero no renuncies al espejismo de creerte libre el caracol es dédalo de erotismo gimnástico blando y duro baboso y seco a la vez un vaso de baba de caracol con veinticuatro almendras verdes y ciento cuarenta y cuatro piñones purga el testículo de semen y convierte a la verga en manantial por el que las mujeres se matan para ahogar la cruel sed de sus vulvas el pulpo es una de las siete bestias amorosas perfectas los próceres de los tiempos antiguos guardaban en sus alcobas un diáfano recipiente de cristal con dos pulpos dentro los mantenían a obscuras y al hacerse la luz los dos pulpos iniciaban sus juegos de amor no es preciso que sean de sexo contrapuesto ya que el pulpo como todos los octópodos es cuerpo vivo ambivalente los próceres de los tiempos antiguos contempla-

ban el coito o el pseudocoito de los pulpos para entrar en sazón
y aún antes de dar las dos palmadas de aviso a la concubina se
restregaban el bajo vientre con una pomada de rizoma de jengi-
bre y leche de lilas todo bien majado baalberith adrameleck y
behemoth los tres halcones siempre miraron con envidia a los
próceres de los tiempos antiguos contra los que jamás nada pudieron las moscas se aman en vuelo como poetas no son los únicos animalitos que lo consiguen las niñas vestidas de primera
comunión gozan matando al vuelo moscas amantes imelda la de
los pechos acariciados desempolva el olisbo y le exige un entusiasmo lírico isolina la óptima desempolva el olisbo y le suplica un
comportamiento dramático la comadreja jezabel ii desempolva el
olisbo le da un poco de húmedo aliento y se conforma con la
precisión que quiera ofrecerle no obstante la detenida observa-
ción de la hacendosa cópula de la hormiga el alquimista guy de
cusemburgo que huyó antes de fabricar oro de encargo necesita
darse baños de asiento de leche de burra para poder sentir el
latido de sus partes pudendas mientras no renuncies a la monotonía no serás habitado por la paz el amor del hipocampo induce
a la risa y su visión no es aconsejable sino para hombres y mujeres púberes no así el del sapo que es heroico y monstruoso como
el de los avaros en su anual francachela prostibularia el taxidermista florián piel de conejo ex alumno de los jesuitas ama al estilo de las salamandras esto es con ademanes elementales y bravos
si bien almuerza durante varios días lengua de loro cocida en
leche de camella con ajo cardamomo pimienta y nuez moscada
gurmo el perro del infierno celta posee a todas las mujeres que
se lo piden gurmo tiene la habilidad de demorar el orgasmo hasta
lindes extremas y lejanísimas para ello se embadurna el falo con
el ungüento de othon el especulario que se prepara en la cámara
obscura y con los ingredientes y proporciones que se expresan
testosterona 5.8 granos tintura de capsisi 1 grano extracto de mil-
hojas 0.2 granos bálsamo de benjuí 3.6 granos opio 0.4 granos excipiente de vaselina 189 granos (1 grano = 49.902317 mg.) su olor es
nauseabundo pero no por ello se retraen las mujeres en necesidad

1093   la ramera busca un pedazo de pan la casada va en pos de una
vida preciosa, proverbios vi 26

1094   y vi entre los simples un joven... falto de juicio que pasaba por
la calle... le sale al encuentro una mujer... sus pies no sabían

224

estarse en casa... lo asió y le besó... tenía que ofrecer un sacrificio... por eso he salido a tu encuentro... ven embriaguémonos de amor... mi marido no está en casa... y no volverá hasta el plenilunio, proverbios vii 7 8 10 11 13 al 15 18 al 20

1095 el verdugo está cabizbajo sumido en muy profundas especulaciones el taxidermista florián piel de conejo ex alumno de los jesuitas leyó en voz alta una de las conclusiones del informe estadístico del departamento de biometría del instituto de la salud mental para los ee.uu. el adúltero que vive con su esposa está menos propenso a necesitar tratamiento clínico psiquiátrico que el adúltero que vive solo y no tiene quien le seque la espalda al salir de la ducha el hombre es animal muy delicado y frágil y la mujer se obstina en idealizarlo es una velada forma de homicidio

1096 diógenes no convocó a los atenienses para masturbarse ante ellos el proceso fue inverso aunque los historiadores lo silencien diógenes se masturbó cuantas veces quiso por las calles de atenas cuantas veces pudo exprimir sus compañones y los atenienses le rodeaban para contemplarlo y comentar las perfecciones o imperfecciones de su estilo el proceso también fue irreversible el falo de diógenes llegó a pertenecer al acervo de la ciudad de atenas y las damas de las más altas clases sociales le regalaban bruñidos espejos para que pudiera auxiliarse contemplándose el misterioso rafe y el negruzco laberinto del ano diógenes de sínope fue impudente anticonvencional egoísta constante parco y de conducta moral intachable de ahí su puro hábito masturbatorio de ahí la realidad visible tangible e irrebatible diógenes despreció la música y la geometría no obstante ser la masturbación arte rítmico y garabato representable en el espacio con diógenes se masturbaban en corro sus discípulos mónimo filisco onesicrito crates todos antimegáricos y antierísticos diógenes fue testigo de la muerte de sócrates del apogeo de platón del mito de la atlántida y del auge de la filosofía de aristóteles también se masturbaron igual que monos etiópicos aunque es posible que con menor convencimiento diógenes de apolonia el presocrático cónsul del aire diógenes de oinoanda el epicúreo que no temía a la muerte ni a los dioses y quizá el tardío diógenes laercio quien pensó que no sólo la filosofía sino también la raza humana nacieron con los griegos aquí apunta el soberbio primer síntoma de todas las decadencias el rito masturbatorio de sus epígonos fue muy rudimen-

225

tario o muy esotérico en todo caso muy antinatural e ilógico el monje ambrosius traversarius camalduensis su traductor latino se masturbaba a la brava y monacal manera esto es rugiendo y coceando cosme de médicis el mecenas de la edición se masturbaba cerrando los ojos e imaginándose a juana de arco en camisa aldus manucius romanus su impresor se masturbaba entintándose el glande según el uso del oficio y así sucesivamente ni la maja desnuda ni la maja vestida ni magdalena la ceremoniosa habían oído hablar jamás de tales y tantos actos deshonestos la falta de información mantiene puros los espíritus conduce a la decencia o no deja salir al hombre masturbador ni a la mujer masturbadora de la decencia esto que queda dicho es mentira pero parece verdad en todo caso es una mentira que múltiples hombres y mujeres que se masturban creen que es verdad otra vez el instinto de conservación la maja desnuda gran masturbadora lee a claude guillermet de bérigar gran masturbador el paladín del nuevo epicureísmo pero nadie lo sabe ni el pintor goya gran masturbador lo sabe la maja vestida gran masturbadora no hay sino que observar su nariz afilada y su sonrisa cómplice lee a gregorio de rimini mediano masturbador el doctor authenticus representante del nominalismo occamista pero nadie lo sabe ni el pintor goya gran masturbador ya se dijo lo sabe magdalena la ceremoniosa gran masturbadora lee a karl jaspers careces de información inmediata sobre sus usos eróticos el de la lógica filosófica existencial pero nadie lo sabe ni la novia de tuprimo gran masturbadora lo sabe no obstante haber concelebrado una y mil veces la liturgia obscena el mundo es un hondo pozo de ignorancias diógenes no convocó a los atenienses fueron los atenienses quienes se reunieron en torno suyo

1097 la mujer vestida de coronel prusiano en vacaciones en una pensión modesta de la isla de ibiza la yerma esposa del rapado dalai lama el sumo pontífice tibetano que salió huyendo primero monte arriba y después monte abajo medita ante un vaso de ron: hay un oficio elíptico un oficio esférico un oficio helicoidal (también un oficio parabólico) un oficio de gula lujuria y compañía (o soledad) un oficio desbocado que ignoro un oficio decidor (también un oficio contenido y sordo) un oficio de salvación por la huida (quizá también un oficio de signo contrario) un oficio para comer hasta el hartazgo y beber hasta el límite del equilibrio la lista de los oficios no tiene ni principio ni fin a la violenta ruptura de todas las fronteras de los oficios se le llama oficio de tinieblas en él se reúnen los solitarios los viciosos los virtuosos solitarios hubiera sido mejor saberse en el infierno con alguien alrededor una prostituta que no encontró su neosalvarsán de cada día un aburrido enfermo que en su vida no hizo nada más que estar enfermo para mayor irrisión del cruel vecindario un soldado raso muerto sin pena ni gloria en el campo de batalla que estercoló con su cadáver un niño al que la madre mató estrellándolo contra la pared porque no le dejaba dormir todo hay que comprenderlo un gladiador del circo al que le falta un brazo un hombre al que se le escapó la mujer con la querida etcétera el antifaz de la calavera de hueso color hueso es preferible al cónclave sordomudo de los solitarios sin remisión posible sí del oficio de tinieblas no hay escape es la magia al servicio del mal luchando contra el hombre tú has tocado con tu mano quien se llegó a fugar de un campo de exterminio del oficio de tinieblas nadie consiguió huir jamás sus altos muros están hechos con el enmarañado y gruesísimo tafetán que tejieron los funcionarios durante siglos y siglos dentro habita la insolidaridad y el pavor todos saben que es inútil querer abrir los ojos que ya no ven el hombre de barba poblada denota buen natural el hombre de barba mal dispuesta tiene más de mujer que de hombre el hombre al que no crece la barba no es hombre en el abismo se ignoran las barbas ni se ven ni tampoco nadie quiere mirarlas si comes un huevo rompe después la cáscara en pedazos menudos si se te cae un trozo de pan sobre la tierra recógelo y bésalo si un mendigo te pide limosna por amor de dios dásela poniéndole una mano sobre el hombro para mayor y más precisa humillación de ambos si una mujer te hace gozar más que ninguna otra mátala mientras duerme al incubón hay que atraparlo por el sombrero para que diga dónde guarda el oro estas habilidades no rigen en el oficio de tinieblas el corral a obscuras de los solitarios

1098 el capellán de la cárcel en cuyo patio fue ejecutado la otra madrugada el condenado a muerte magnus hirschfeld el otro se negó a hacer declaraciones a la prensa no, no es motivo de comentario no tengo nada que decirles a ustedes después se encerró en su habitación y lloró sin que nadie lo viese le daba vergüenza mucha vergüenza pertenecer a la especie humana el argumento de que la esposa del ajusticiado tenía amores con su máquina de coser le parecía ahora poco consistente al capellán de la cárcel en cuyo patio fue decapitado magnus hirschfeld el otro se llamaba walter kaltwebrunemen el reverendo y era pelirrojo y muy alto y robusto a walter kaltwebrunemen el reverendo le sobraba imaginación para tener dotes de mando walter kaltwebrunemen el reverendo veía la solución de un problema y la formulaba jamás se le oyó comentario alguno era algo que le producía un aburrimiento metafísico no supino pero sí intolerable walter kaltwebrunemen el reverendo era hombre de entendimiento claro pero carente de picardía a magnus hirschfeld el otro el condenado a muerte que obligó al verdugo a trabajar tenía muy análogas características los grandes caudillos históricos jamás pasaron de pícaros el talento hubiera sido una tara para su misión pública para su apasionante aventura personal el talento no tiene un valor en cambio inmediato la viuda del condenado a muerte ya decapitado por el hábil verdugo y anatomizado por los toscos estudiantes de medicina siguió cosiendo a máquina y levantando cada vez más las piernas

1099 exael el ángel décimo enseñó a los hombres a trabajar el oro y la plata a tallar diamantes a preparar afeites y cosméticos para las mujeres y a fabricar catapultas y culebrinas y otras máquinas con las que hacer la guerra a los extranjeros boca humeante el indio sioux que ganaba a un caballo a la carrera aprendió la ciencia de exael y profesó en la northwestern university quaecumque sunt vera deo gratias por encima de chicago boca humeante aprovechó el año sabático para viajar a la india y escribir un grueso volumen sobre la interpretación filosófica de las saludables cochinadas en piedra de los templos de khajuraho siglo x y konarak siglos xi y xii su esposa tórtola del alba cuando boca humeante publicó su libro the university of wisconsin press madison and milwaukee 1972 pidió el divorcio alegando tres circunstancias crueldad mental crueldad sexual y hartura boca humeante en un ataque de ira asesinó con su puñal al predicador sexófobo gamele bentameleón el circunciso según los agoreros el indio sioux boca humeante acabará sus días comido por la sarna

1100 el niño lepórido fue el séptimo hijo de agripa la gimnasta y de medaro copérnico el himenólatra hermano del astrónomo condenado por los inquisidores romanos por decir que la tierra giraba alrededor del sol un siglo más tarde a galileo le pasó lo mismo por atreverse a repetir la herejía el argumento de la inquisición era irrebatible josué paró el sol luego la tierra es inmóvil acabad vuestros días en la mazmorra el niño lepórido no obstante su tierna edad remienda virgos como un consumado maestro a raimunda la del mochuelo joven montenegrina que había accedido once veces a la cópula con varón le restauró el himen bañándole sus partes naturales con agua de mirto y un dedal de aguardiente de orujo a candelaria camuz joven manchega que había recibido ciento once veces el homenaje del hombre la volvió como intacta remojándole idénticos parajes con un cocimiento de consuelda silvestre a flavia da mani joven calabresa que había hecho el amor mil ciento once veces la dejó nueva y diríase que verdadera aplicándole en la parte herida una pomada de litargirio de oro cerusa cuerno de ciervo quemado y mucílago de simiente de membrillo rebajado con agua de plata a florence de les baux joven provenzal que había pecado gozosamente once mil ciento once veces la llevó a su ser pretérito con un mejunje de vapor de vinagre de buen vino excitado con un hierro al rojo y mezclado con agua de lluvia en la que hirvieron durante siete horas siete ciruelas montesinas siete manojos de mirto siete agallas de ciprés y siete crestas de gallo de pelea si se abusa de cualquiera de estos cuatro remedios y la estrechez que se produce es excesiva puede compensarse empapando el candado venéreo con caldo de pie de cabra y raíz de malvavisco el niño lepórido también usaba procedimientos quirúrgicos más vulgares que no merece la pena ni enumerar los conocen en cualquier prostíbulo y en cualquier hospital de pueblo el niño lepórido sueña con ser banquero pero no duda en socorrer al prójimo para después poder perseguirlo con obedientes y feroces perros dobermann el niño lepórido a nadie ha dicho jamás que tiene el ano estrellado

1101 safo el limaco que ignora la fatiga y friné la avutarda que todo lo vio siempre del color del oro jugaban a la pelota con las cabezas de las amantes de tu padre no pronuncies su nombre unas caían y sangraban en un campo y otras caían pero no sangraban en el otro

1102 esquela décima. el protésico dental que había padecido paperas amaneció el viernes de la otra semana ahorcado del montante de la puerta de la cocina r.i.p. su cadáver se balanceaba con elegancia porque en la casa se producían corrientes de aire al menor descuido su mujer la indigna cerda que le daba un hijo cada año

y dos los años bisiestos descubrió el cadáver cuando empezó a
pitar la válvula de la olla exprés los acompañantes del entierro
del protésico dental que había padecido paperas se morían de
risa y se contaban chanzas y dimes y diretes del peor gusto los
unos a los otros

1103   el maorí que ganaba por olfato a los perros le dijo a la mujer
vestida de harapos de oro tapad vuestras miserias vuestro monte
de venus delincuente estoy harto de que no mudéis la piel de
vuestros senos rugosos basta con que en el mundo cuya órbita
moral no entendemos se eslabonen la razón y la sinrazón para
que debamos pensar que la razón puede llegar a hacerse poderosa la mujer vestida de harapos de oro se cubrió sus carnes y
exclamó maorí despreciable que ganáis por olfato a los perros
sabed que lo único que ahora ocupa mis días es hallar la fórmula
que explique la realización técnica de los procesos en que se trans-
forma la libido según su memoria su involución o su anhelo después la mujer vestida de harapos de oro levantó un poco la posadera derecha y expelió una prolongada ventosidad tú ignoras si
fue palabra o música la que fluyó del ano de la mujer vestida de
harapos de oro la debilidad y la duda son signos de dignidad, su
lejano pariente el galés que ganaba por aguda vista a los linces
le dijo a la mujer vestida de cíngara con un hijo colgando de
cada pecho fregad con lejía vuestra matriz y vuestra sucia conciencia estoy harto de vuestra vulgaridad carnal de vuestra monotonía reconozco que soy hombre y no dios y que debo pensar
como hombre y no como dios la mujer vestida de cíngara con un
alacrán o un nido de golondrinas colgando de cada pecho se
fregó con lejía la matriz y la turbia conciencia y exclamó galés
borracho que ganáis por aguda vista a los linces viudos sabed que
ahora no busco sino aprenderme de memoria el textkritik de paul
maas cuarta edición leipzig 1960 el método clásico de lachmann
consta de tres peldaños la recensio la examinatio y la divinatio
yo ya voy por el quinto y nada podéis enseñarme entonces la
mujer vestida de cíngara con una pella de musgo colgando de
cada pecho levantó un poco la posadera derecha y expelió una
prolongada ventosidad de tono decreciente tú ignoras si fue
idea o máscara lo que fluyó del ano de la mujer vestida de
cíngara con un pecado venial colgado de cada pecho la evolución de la visión científica del mundo acaece de forma inexorable

siéntate delante de la negra pared de tu ataúd dentro de tu enlutado falso féretro donde noche tras noche día tras día te flagelas
y gozas de súbitas erecciones y te confiesas y escucha lo que vas
a decirte procura mantener inmóviles los músculos de la cara
recuerda que el hieratismo es la educación o haz todo lo contrario no escuches porque tu proceso es irreversible tiembla si
quieres y cuanto quieras a nadie ha de importarle un ápice : te
asquea tu tiempo y el tiempo pasado tu país y los demás países
tu familia y las otras familias el paternalismo y el filialismo te
asquean las leyes y las instituciones también el orden de la naturaleza y el sucio caos de los minerales te asquean las comidas y
las bebidas el tabaco y el opio los hombres y los animales herbívoros o carniceros las piedras que fingen esculturas los árboles
que simulan amigos o parientes y la yerba tímida humildísima te
asquean las facciones avejentadas que ves en el espejo y tu nombre miles de veces escuchado tu propósito es ilusionador pero
inviable nadie pudo empezar jamás de nuevo sería hermoso que
te llamases benjamín pezón conde de liweinstein y no fueras sino
una sombra huidiza que juega al juego de la oca con los muertos
a quienes los vivos escupen en la cara con los muertos a quienes
los inmediatos moribundos aplauden a cambio de unas briznas
de misericordia nadie podrá sacarte del hondo pozo en el que
agonizas por culpa tuya y sólo por culpa tuya has aceptado las
reglas del deporte y has caído en sus redes tupidas ahora no eres
más cosa que un mísero pez puesto a secar al sol un mísero pez
anónimo y de respiración jadeante los toltecas sudan en el temas-
cal y los finlandeses sudan en la sauna pero ni unos ni otros co-
nocían los hábitos ajenos tú estás señalado con la impronta de
la muerte con el hierro de la ganadería de la muerte alguien te
envenenará la comida sonriendo y el coro de todas las horribles
mujeres a quienes amaste la cohorte de golfas laceradas conser-
vará tu cadáver en un enorme recipiente lleno de orina ahí tenéis
al triunfador dirán desnudas o tan sólo vestidas con túnicas trans-
parentes mirad en qué paró su arrogancia mirad qué estúpidas y
suplicantes actitudes adopta no nos imaginamos cómo pudimos
yacer con él los aztecas destruían sus enseres domésticos cada
cincuenta y dos años hemos tenido demasiada paciencia con el
triunfador vedlo ahora devorado por la mosca del vino flotando
como un pelele en el recipiente nauseabundo su alma ya no lo
habita y su cuerpo semeja una tarántula ajusticiada con muy tosca
técnica reíos del triunfador mujeres jóvenes que habéis perdido la

virginidad sin saber con quién mofaos del cadáver del triunfador escarnecedle y mantened siempre correcto el nivel de la orina ya nada puede haceros nada temáis la muerte lo amansó de forma ejemplar y definitiva para escarmiento de todos los que fueron menos que él pero no se negaron a sonreír al capataz no debe importaros que le guarden luto las academias mantened siempre correcto el nivel de la orina

1105   entre las almas de los condenados que se atropellan por las esquinas de la ciudad huyendo despavoridamente de los gendarmes de la ducha no está el alma a franjas como una cebra del niño lepórido su madre lo vistió de querubín y le quemó el cuerpo y el alma con azufre

1106   el barón de la conjuntivitis y el lunar color naranja se pasea entre las dulces lágrimas de la novia de tuprimo con la aguja de hacer calceta clavada en la nuca no todos pueden enseñar una banderilla de lujo en su propio cuerpo suele decir mientras sonríe no es el órgano de la constancia ni el de la firmeza es una banderilla de lujo como os aclaro y me enorgullece veros tan atónitos por ahora no hace milagros pero no pasará demasiado tiempo sin que los haga jamás me tropecé con un capuchino yendo de caza y siempre cobré piezas muy estimadas jabalíes venados corzos el abad de voisenon también tuvo suerte el mago van stein con su silbido maneja pájaros monos culebras y autómatas chinos que le obedecen a ciegas a mí me lo dijo apolidonio el caballero amante de la hermosísima grimanesa y mi deber es creerle

1107   la mujer del corpiño de campesina valona ignoraba lo que copérnico y galileo sabían y purgaron el rey mares acertó a elegir con prudencia su correo que isolda propugnase la infidelidad metódica es problema diferente tristán no pasó de ser un conejillo de indias

1108   la mujer vestida de colombina disfruta como el cordero de la degollación féretro del condenado a morir entre alacranes ora pro nobis piedra del fuego de san germán ora pro nobis cuchillero de los ángeles desobedientes ora pro nobis candelero del velatorio de los infantes ora pro nobis alondrilla de la deyección ácida ora pro nobis la mujer vestida de colombina bebe como un perro el licor de cerezas del lavabo y sonríe llena de gratitud cuando le azotas las nalgas con nueve u once latigazos con trece o quince flagelaciones violentas pero no iracundas la mujer vestida de colombina está hecha de muy amorosos y quebradizos materiales la mujer vestida de colombina jamás cayó en el error de safo la vanidosa rugidora el hombre no es más que un desvalido insecto nonóculo que brinda sus nueve ojos a la inclemencia al vicio y a la caridad

1109   entre las ruinas de çatal hüyük tú hablas de hace noventa siglos la ciudad anatólica en la que las diosas parían sentadas y entre leopardos no se halló resto ni recuerdo alguno de la gioconda la grasienta casada infiel de doméstica sonrisa cantada por los poetas más hipotónicos y delgaditos el alma de la gioconda se fuga todos los lunes del río del dolor algunos le llaman el aqueronte escondida entre el plumaje de cavadrio el pájaro inmundo cuya mirada cura la ictericia y va de cementerio en cementerio tapando las nueve madrigueras de los poetas muertos cada una con la rosa que se nombra: el ojo derecho con la rosa tristeza de color lila el ojo izquierdo con la rosa rendez vous de color amaranto el oído derecho con la rosa fígaro de color sangre de toro el oído izquierdo con la rosa arminda de color coral el orificio derecho de la nariz con la rosa cascabel de color carmín el orificio izquierdo de la nariz con la rosa cocotte de color salmón la boca con la rosa colibrí de color gualda el ano con la rosa bárbara de color cobre el meato urinario con la rosa sabrina de color pajizo huelen a rosa fresca los cadáveres de los poetas que cantaron la sonrisa de la gioconda ése es su premio

1110   la dilatación de los cuerpos por el calor e hipótesis del evacuatorio de los silogismos comprende hasta la mónada 1126. te acuestas solo y en tu imaginación nace una mujer que se mete en la cama contigo se llama trébol tres escaleras francisca y poco a poco va engordando hasta que llega el momento en que te aplasta y no te deja sitio para dormir ni para respirar los cuerpos se dilatan por el calor unos más y otros menos trébol tres escaleras francisca te empuja y caes sobre las baldosas armando un gran estruendo la actitud de trébol tres escaleras francisca te enfurece hasta el límite y tú haciendo un signo mágico convocas a tus quince amigos malditos y les suplicas que purguen a trébol tres escaleras francisca para que se contraiga y escarmiente con sus razonamientos tus quince amigos malditos le producen a trébol tres escaleras francisca una descomposición de vientre que

233

la retiene durante quince días en el evacuatorio con lo que tú puedes dormir tranquilo y a tus anchas sintiéndote amo de lo que es tuyo tu sueño tu cama tu paz he aquí el nombre de cada amigo maldito y lo que pronunció:

1111   louis fons vitae el de estrasburgo concertista de óboe si todas las mujeres que se dilatan en la cama son incontinentes y todas las milanesas se dilatan en la cama entonces todas las milanesas son incontinentes

1112   celsus kurt criador de pájaros si ninguna mujer que se dilata en la cama vive en el casquete polar y todas las mujeres que hablan lenguas románicas se dilatan en la cama entonces ninguna mujer que hable lenguas románicas vive en el casquete polar

1113   marsilio willrodt cultivador de tulipanes si todas las mujeres que se dilatan en la cama tienen los pechos turgentes con el pezón rosado y algunas numísmatas se dilatan en la cama entonces algunas numísmatas tienen los pechos turgentes con el pezón rosado

1114   david telauges comadrón si ninguna mujer que se dilata en la cama es hacendosa y alguna japonesa se dilata en la cama entonces alguna japonesa no es hacendosa

1115   tobías oliveira albéitar especializado en mulas de labranza si ninguna mujer que se dilata en la cama es de color verde y todas las briznas de yerba son de color verde entonces ninguna brizna de yerba es una mujer que se dilata en la cama

1116   john cecil wisdom-trylbeck caballerizo y antes preceptor de eunucos si todas las mujeres que se dilatan en la cama obedecen a una determinada ley física y ningún ánima del purgatorio obedece a esa determinada ley física entonces ningún ánima del purgatorio se dilata en la cama

1117   carlos simonetto embalsamador diplomado si ninguna mujer que se dilata en la cama es trigueña y algunas granadinas son trigueñas entonces alguna granadina no se dilata en la cama

1118   edmundo kergomard alias el viejo zorro profesor de gimnasia si todas las mujeres que se dilatan en la cama son nocivas para la salud y algunas rameras bruselenses no son nocivas para la salud entonces algunas rameras bruselenses no se dilatan en la cama

1119 siríaco sommerville coronel de cosacos si todas las mujeres que se dilatan en la cama son frívolas y algunas mujeres que se dilatan en la cama son espirituales entonces algunas entidades espirituales son frívolas

1120 fidelio abbagnano guarda nocturno de la fábrica de neumáticos y en tiempos campeón de europa de boxeo (peso welter) si ninguna mujer que se dilata en la cama es pelirroja y algunas mujeres que se dilatan en la cama son agresivas entonces algunos seres agresivos no son pelirrojos

1121 nemesio de alejandría teólogo de la corte del rey de nápoles y confesor de la reina si algunas mujeres que se dilatan en la cama son falsas vírgenes y todas las mujeres que se dilatan en la cama son bien educadas entonces algunas mujeres bien educadas son falsas vírgenes

1122 martin strümpell alias barba azul castrador de puercos si algunas mujeres que se dilatan en la cama no son de gran tamaño y todas las mujeres que se dilatan en la cama son incómodas entonces algunas cosas incómodas no son de gran tamaño

1123 gautama de kapilavastu fundador de religiones si todas las mujeres que se dilatan en la cama son elegantes y ninguna mujer elegante es zafia entonces ninguna mujer zafia se dilata en la cama tú estás muy lejos de compartir esta idea de gautama y rechazas de plano este silogismo de la cuarta figura tal como él lo plantea es cierto que pudieras aceptarlo previa una elemental trasposición si todas las mujeres que se dilatan en la cama son zafias y ninguna mujer zafia es elegante entonces ninguna mujer elegante se dilata en la cama (pase lo que pase)

1124 nathaniel lópez el anticuario londinense de origen sefardí si ninguna mujer que se dilata en la cama es estreñida y algunos estreñidos padecen astigmatismo entonces algunos astigmatas no son mujeres que se dilatan en la cama

235

1125   leucipo de rodas filósofo itálico si algunas mujeres que se dilatan
en la cama son económicamente poderosas y todas las mujeres
económicamente poderosas son propietarias de una cuadra de caballos de carreras y de un yate entonces algunas mujeres propietarias de una cuadra de caballos de carreras y de un yate se dilatan
en la cama

1126   cuando tus quince amigos malditos y pecadores louis fons vitae
barbara celsus kurt celarent marsilio willrodt darii david teulages
ferio tobías oliveira cesare john cecil wisdom-trylbeck camestres
carlos simonetto festino edmundo kergomard alias el viejo zorro
baroco siríaco sommerville datisi fidelio abbagnano ferison nemesio de alejandría disamis martin strümpell alias barba azul bocar-
do gautama de kapilavastu calemes nathaniel lópez fresison y
leucipo de rodas dimatis terminaron los discursos de sus modos
la odiosa mujer trébol tres escaleras francisca abandonó el evacuatorio se metió en tu cama y volvió a dilatarse con el calor tú
con cautela suma la encelaste con muy tiernas caricias pronun-
ciaste en sus oídos melodiosas palabras de amor recorriste con tus
más adiestrados dedos el índice el anular y el meñique los rincones de su cuerpo jamás negados a la gratitud y cuando la obser-
vaste ya transida y abandonada al deleite le diste un bebedizo de
salfumán y esencia de menta falleció a las pocas horas y entre
alaridos y a ti te fue posible por fin conciliar tu sueño en tu
cama y arropado por tu paz infinita y reconfortadora

1127   la mujer con un alza de veinte centímetros en el pie derecho se
suicidó con veronal la cosa no tuvo mayor importancia y el médico forense se aburrió mucho durante la autopsia su ayudante el
enterrador fray danielito de san guenolé se bebió una palangana
entera de alcohol y tuvieron que sujetarlo entre cinco hombres
fuertes porque quería poseer por conducto natural a la muerta
y por conducto indebido al médico forense la mujer con un alza
de veinte centímetros en el pie izquierdo murió en un campo de
concentración nadie le hizo la autopsia y ni la enterraron siquiera el sodomita lujoso de la pata de palo santo y el ano de oro y
pedrería tuvo amores con el enterrador y los comentaba con muy
soez vocabulario con las dos mujeres ¿y cómo hacía? pues hacía
así zas zas ¿y cómo suspiraba? pues suspiraba así ay ay ¿y qué
te llamaba? me llamaba palomita y amor hay dos versiones sobre
la muerte del hombre vestido de pierrot la mujer con un alza de

veinte centímetros en el pie derecho y su hermana la mujer con un alza de veinte centímetros en el pie izquierdo dicen que murió incinerado la novia de tuprimo le cerró los ojos el enterrador fray danielito de san guenolé y el sodomita lujoso de la pata de palo santo y el ano de oro y pedrería dicen que se pegó un tiro en la boca la cabra amaestrada adopta posturas inverosímiles manteniéndose en equilibrio con las cuatro pezuñas sobre una moneda el enterrador fray danielito de san guenolé se despojó del hábito llamó aparte al sodomita lujoso de la pata de palo santo y el ano de oro y pedrería y le habló de esta manera a nadie digas lo que voy a decirte pero tú sigue mi consejo an uere fama su-surrat grandia te medii tenta uorare uiri? ciérrate en banda ver-gonzoso uranista niégate a saludar a los moribundos débil marica a dar de comer al hambriento a dar de beber al sediento cambia la brújula por el revólver y llévalo siempre dispuesto al rápido alcance de la mano quid moraris emori? fuera de estas cuatro angostas paredes negras nada sucede es mentira el aullido que escuchas puto de matadero quien aúlla es el perro del diablo androalphus que acabará embreándote el prepucio es mentira la máquina que produce semejante estruendo lo que chirría es el gozne de la tapadera del infierno que cerrará tras de ti el demo-nio grasialobolas para que purgues tus pecados y te estremezcas de pavor es mentira la voz de la niña que canta torpe bujarrón es también mentira quien gime con tan melodioso acento es la bruja elais vestida de milano cojo ardiendo en la hoguera puri-ficadora debes saber que dentro de estas cuatro herméticas tablas negras tampoco nada sucede recuerda los versos del poeta her-mano mellitos oculos tuos iuuenti siquis me sinat usque basiare usque ad milia basiem trecenta nec umquam uidear satur futurus non si densior aridis aristis sit nostrae seges osculationis la foca amaestrada hace juegos inverosímiles de una honda tristeza con el globo elástico te quedas muerto de repente sobre el papel tam-poco nada sucede sodomita lujoso de la pata de palo santo y el ano de oro y pedrería la costumbre es escribir con tinta negra sobre papel blanco los muertos escriben idénticas necedades con tinta blanca sobre papel negro al sodomita lujoso de la pata de palo santo y el ano de oro y pedrería lo detuvieron los guardias y el juez lo metió en la cárcel por expresar ideas licenciosas uti-lizando palabras atroces en su conversación y en sus escritos el juez le habló así tú puedes escuchar esas ideas y esas palabras siempre con moderación y evitando el escándalo pero no puedes decirlas sin delinquir comprende que no sería justo que la ley fuera igual para todos tú puedes ser receptor receptáculo pero no emisor ni emisario de los turpia dictu los pobres debéis regiros por las piadosas reglas del hüllwort repara en que los pobres ni pagáis el impuesto especial ni habéis jurado lealtad a los principios fundamentales admite que es difícil que yo como juez me apiade de ti lo razonable es que mueras en presidio

1128   fray danielito de san guenolé continuó su arenga el hombre oh sucio nefandario se niega a las tres evidencias la sabiduría (que no es exactamente la fenomenología del saber) una hembra o un macho desnudos y con la vulva suplicante y el falo izado (o una hembra y un macho desnudos etcétera) y la salud el hombre oh mimoso bardaje se detiene ante lo disfrutable adjetivo: el ulterior destino del hombre su mera anécdota idealizadora la arquitectura y otros escapes próximos, tú huye siempre cuanto más lejos mejor ahora estamos en semana santa y se ven penitentes encapuchados arrastrando cadenas y masturbándose bajo la túnica de áspero sayal lo mismo pudiéramos no estar en semana santa y no ver penitentes encapuchados etcétera tú sodomita lujoso de la pata de palo santo y ano de oro y pedrería tienes pregonada la cabeza ya se encargará belcebú de cobrar el premio el único fraude que se comete es el de fingir la vida no el amor que se vive el dolor que se vive todas las medidas están ya tomadas para el gran sacrificio y su mejor boato los músicos componen marchas nupciales marchas militares marchas fúnebres y los poetas se embellecen se dan brillantina en el cabello mandan el traje al tinte y ensayan una y otra vez su más suplicante sonrisa ante el espejo todo sea a la mayor gloria del emperador heliogábalo el orden es el orden y todos debemos coadyuvar al orden en el reino animal reina el orden del sexo y todos sus matices admitidos o repudiados según los usos de cada tiempo en el reino vegetal reina el orden del estómago en equilibrio no en exceso en el reino mineral reina el orden público ¡viva el rey! tú habla con recogimiento con los cadáveres más próximos tú habla de temas intrascendentes oh súcubo de la piedad para no producirles ni estupor ni fatiga los árabes y los hebreos valoran el himen de la doncella con arreglo a diferente tabla que los vikingos y los celtas es posible que también el amor y el dolor se finjan reconforta sentirse respaldados por la propia y ajena necedad no puedes recordar la cara de la primera mujer desnuda a la que juraste amor eterno esto no reza contigo maricón la bolsa sube pero en su alza no hay pacto es consecuencia de una decisión unilateral la bolsa baja el origen de su postura es paralelo sí puedes recordar el acre olor de la primera mujer desnuda a la que juraste amar hasta la muerte esto no reza contigo maricón más de medio mundo pasa hambre es asunto que no importa está ya previsto los funcionarios de las naciones unidas cumplen con redactar informes dentro de su órbita marcada por el reglamento también puedes recordar los enormes pechos de la primera mujer desnuda a la que juraste amar por encima de todas las cosas esto no reza contigo maricón un obispo muere y nombran otro obispo es la contradanza que la gente sigue con el interés pintado en la cara el día que se laven la cara se les borrará la tiza y el carboncillo de ese interés y todo seguirá marchando con fluida indiferencia también puedes recordar la gran vulva de yegua de la primera mujer desnuda que te preguntó ¿me quieres? y tú le respondiste más que a nadie los dos estabais mintiendo pero los dos fuisteis muy felices esto no reza contigo maricón con la pata de palo del sodomita lujoso de la pata de palo santo y el ano de oro y pedrería el incendiario de la santa tea hizo una tea santa y expiatoria fray danielito de san guenolé terminó de beberse la palangana de alcohol y tuvieron que sujetarlo entre seis hombres fuertes después se quedó dormido y en cuanto se despertó se retiró a la montaña a hacer penitencia siempre que había autopsia repetía los mismos pasos uno a uno

1129   la novia de tuprimo con las cabelleras rubias o pelirrojas que fue escalpando de un seco tajo certero a los ancianos ciegos daneses en visita a los museos de italia confeccionó unos pantalones de invierno para peleusia del negroponto su secreto amor ajústame bien la culera vida mía para que los hombres al ver mis ajustadas restallantes nalgas sufran de envidia sin consuelo posible y se destrocen unos a otros en los invernaderos de los más sórdidos lupanares

1130   a los seis amantes y a la amante de tu madre, ¿de qué les valió para el gran negocio de la salvación del alma que sus nombres comenzaran con la primera letra del alfabeto? de bien poco si hemos de creer lo dicho bajo juramento por luisa de mareau la esposa del gran preboste que persiguió sañudamente a los franciscanos de orleáns el mágico aarón al que cortaron la lengua y

239

quemaron el paladar no volvió a percibir el gusto del burrajo de burro con que se alimentaba ahora arde en los infiernos lo vigila el demonio agasés maestro de lenguas vivas y muertas no es cierto que el sacerdote abaris el aviador viviera sin comer ni beber al sacerdote abaris el aviador se le llenó la boca de bubas malignas y le sabía lo mismo el pan del pobre que la exquisita palomina de la paloma de semíramis ahora arde en los infiernos lo cuida el demonio cimeries maestro de poética y retórica el falsario achabisio al que majaron los testículos en un almirez de jade cambió la voz y las preferencias y ya no devora con fruición la boñiga del buey de moisés los hombres faltarán a las mieses antes que las mieses a los hombres ahora arde en los infiernos lo guarda el demonio caym maestro en dialéctica y conocedor del lenguaje de los animales el bígamo abelardo perdió el discernimiento con tanto mal de amores ya no merienda potaje de sirle del gran macho cabrío ahora arde en los infiernos lo lleva incluso con dureza el demonio paymón maestro en las siete artes liberales al sonámbulo acmeto el moro el viento le barrió el sentido de la coprofagia da pena verlo deambular indiferente a todo incluso al cuscús de harina y miel y tullidura de ave de cetrería ahora arde en los infiernos lo atiende el demonio abigor maestro de táctica y estrategia adamancio el médico hebreo conocedor de los hombres por la fisonomía está ya muy anciano y no distingue la bosta del caballo entero del guano del ave migratoria ahora arde en los infiernos lo tiene preso de un pie el demonio amduscias maestro de solfa la única que libró un poco mejor fue la gentil agaberta a quien el demonio alocer maestro de astronomía que es su ayo infernal permite que los lunes se harte de cagajón de yegua cubierta por el semental bayardo el demonio alocer que conserva ciertas normas de urbanidad se lo sirve en un vaso de noche floreado de porcelana china dinastía ming última época hay otro igual en el residenzmuseum de munich tu madre se siente muy desgraciada en su orfandad

1131   a la madre de tuprimo un pez del lago de tiberíades no expulsado a tiempo le desovó en la tráquea y desde entonces por el invierno cuando tiene bronquitis y tose llena todo de pececillos minúsculos que se guarecen en los sitios más recónditos e insospechados debajo del armario en el dobladillo de los pantalones de los visitantes que van a dar el pésame a alguien en cuya familia no se ha muerto nadie entre el pelo de la novia decente de froton rey danés a quien corneó una vaca dentro de la compotera donde se guarda la jalea de membrillo en la caries dentaria de coco enlutado el rocín de las aguas muertas y en otros rincones de aún más difícil acceso

1132 en el tocador de tu madre hay una rinconera de ébano con incrustaciones de marfil que tiene siete anaqueles de mármol rosa, en cada uno se exhibe un orinal artístico que guarda la golosina preferida de los habituales coprófagos de la tertulia valentín cabades el anciano avaro dagoberto cosingo alias mochuelo sayón sedentario torcuato tasso humerico lafin el hereje hugo rondulfo el aristócrata calvo jeremías mercusalis el hepático lutgarda bragdini alias matrona la poetisa hermética en los tapones esmerilados se leen las iniciales de los senadores he aquí la nómina de los vasos de noche con sus letras:

1133 v.c. porcelana de sajonia primera mitad del siglo xviii, v. mónadas 291 y 786

1134 d.c. porcelana de sajonia pintura de höroldt, v. mónadas 293 y 787

1135 t.t. frankenthal segunda mitad del siglo xviii, v. mónadas 295 y 788

1136 h.l. buen retiro primera época, v. mónadas 297 y 789

1137 h.r. sargadelos fines del siglo xviii, v. mónadas 299 y 790

1138 j.m. porcelana checa del modernismo, v. mónadas 301 y 791

1139 l.b. porcelana china dinastía ming última época, v. mónadas 303 y 792, la gentil agaberta utilizó un recipiente muy parecido también decorado con aves de oro

1140 esquela undécima. a consecuencias de haber ingerido un helado de flor de aguija en malas condiciones anoche falleció en la sala de próceres del hospital provincial nuestro querido convecino el canónigo don iluminado r.i.p. sus últimas palabras fueron lamento no morir en la plaza (ley de identidad) no es mía la culpa (ley de contradicción) pido a todos perdón por tan imprevisto desenlace (ley de tercio excluso) la conducción del cadáver a su última morada (ley de asociación significante) tendrá lugar mañana miércoles a las 11.30 (ley de morgan) no se reparten esquelas (ley de la conciencia de la realidad o ley de lukács) no se admiten coronas (diagrama de venn) las autoridades han anunciado su asistencia al sepelio y a las honras fúnebres (ley de la negación de la negación)

1141   no es el amor sino el manantial del amor menipo sabe pero no dice que el agua y la fuente son la misma cosa el amor y el manantial del amor son como los ojos de las estrellas aldebarán sirio arturo los ojos de los insectos el camoatí la hormiga león el ciervo volante los ojos del hombre zacarías zaqueo zósimo el resucitado todo es algo confuso pero también adivinable la mujer vestida de harapos de oro subió a las altas montañas y buscó para tu padre no pronuncies su nombre la flor de edelweiss que el verdugo le había negado tu padre no pronuncies su nombre se lo agradeció desde su tumba del cementerio civil con una sonrisa cortesana no le saludó con la mano porque el ataúd le venía algo estrecho

1142   cura merino xxvii el clérigo-torero-guerrillero en cuyo amor se refugió tu padre no pronuncies su nombre cuando se le escapó la infanta se dio polvos de arroz en la nariz y ayudándose con una trompetilla de azófar dorado se habló a sí mismo de esta manera elocuente: tú te acuestas desnudo sobre la piel de guanaco patagón guanaco andino bajo la piel de guanaco depende de la temperatura de la fatiga también de otros factores la digestión el rijo por el verano mientras los tigres vuelan detrás de las lechuzas y la mosca del sueño tú te echas a dormir en el chinchorro llanero que cuelgas entre dos árboles o de un solo árbol tú tienes dos chinchorros uno fino de palma curagua y otro más basto de palma moriche los animales y los vegetales rebosan vagos imprecisos viejos recuerdos amorosos la memoria erótica no tiene muy firme consistencia cierras los ojos aprietas bien los ojos piensas en una mujer por ti conocida cualquier ramera del viejo testamento y poco a poco se va transformando en otra mujer por ti desconocida quizá por todos desconocida no pocas rameras del viejo testamento o de las novelitas amorosas del siglo xix con héroes sifilíticos heroínas tuberculosas e hijos naturales muy inteligentes y de inclinaciones artísticas a este pensamiento piadoso sucede otro pensamiento ajeno y asimismo piadoso un indio cordillerano cargado con un haz de leña una bigotuda criada portuguesa muy respetuosa llena de humildad suplicante los difuntos oliveira salazar y monseñor cerejeira conocen las causas dolorinhas también es una mujer que tiene su corazón sus pechos pujantes su hermoso y bien poblado monte de venus pero se niega a tirar por la borda la humildad es su defensa es la defensa del indio cordillerano que va cargado con un haz de leña que nació y que morirá cargado con un haz de leña sobre la piel de guanaco patagón guanaco andino bajo la piel de guanaco tú duermes desnudo pero con el cinturón puesto y en el cinturón el revólver smith and wesson en el chinchorro duermes vestido para defenderte de la picadura del jején la mujer cuando llega a cobrar realidad en tu pensamiento cuando es ya una mujer con su peso su tamaño su olor duerme en el suelo sobre una tabla sobre tu ropa y la suya la mujer es bestia de establo o de pastizal está muy acostumbrada a dormir en el suelo sobre una tabla sobre tu ropa y la suya cuando quieres le haces una seña y viene cuando ya no quieres le haces otra seña y se va se lee en la escritura como una oveja llevada al matadero como un cordero ante el esquilador enmudece y no abre la boca porque su vida ha sido arrebatada a la tierra zenón de elea el cruel fundó la dialéctica y engels supuso que era la mejor herramienta y el arma más buida debe ser cómodo esto de ser mujer se dejan el pelo largo y con eso cumplen canturrean habaneras y con eso cumplen se dejan hacer el amor y con eso cumplen se dejan pegar unos latigazos y con eso cumplen paren o no paren un hijo y con eso cumplen mitte bracchiolum teres praetextate puellulae iam cubile adeat uiri o bien and let him learn to know when maidens sue men give like gods o bien dov'è una donna il povero non patisce esto es más estúpido el trópico es muy educativo los misioneros bautizan a los indígenas con ron y cuando están borrachos los visten de yanquis mendigos y los ponen a trabajar en las carreteras bajo el sol y entre apisonadoras y calderos de hirviente chapapote como tú eres blanco tienes 1.80 m. de estatura sabes leer y escribir y has comido caliente toda tu vida lo encuentras absolutamente natural lo más natural a los venados es fácil asesinarlos por la noche deslumbrándolos con los faros del jeep se quedan atónitos y tú sin bajarte del jeep los fusilas les metes una bala de rifle entre los ojos color de miel si quieres conservar la calavera es muy bonita debes pegarle detrás del codillo la bala va derecha al corazón dolorinhas aunque no lo usa más que para llorar también tiene corazón monseñor cerejeira llegó a dudarlo a la mañana siguiente los peones recogen los venados muertos algunos se asan en la parrilla según los hombres los mondongos se los comen los perros y los indios la osamenta la limpian los zamuros y le sacan brillo las hormigas es la violenta ley de la naturaleza where man is not nature is barren en todo caso no va contra las sabias seculares leyes de la ecología que los soberbios hombres de la ciudad no respetan cura merino xxvii el clérigo-torero-guerrillero que fue confidente de tu padre no pronuncies su nombre sonrió como una hiena con calentura ha llegado el momento de hacer una nueva seña a la mujer que duerme en el suelo sobre una tabla sobre tu ropa y su ropa es muy joven y los domingos cuando va al baile que está a ocho leguas se baja los pechos con un sostén usado regalo de la señora que se lo ceñía para levantárselos ¿subo? sí sube

1143   cura santa cruz xxiv clérigo-torero-guerrillero hermano de cura merino xxvii dio mala vida muy mala vida con sus exigencias y sus desplantes gratuitos a zósima wilgefortis radegunda infanta de castilla con la que tuvo un hijo natural colasito el funesto que murió en la horca a zósima wilgefortis uldarica infanta de ribagorza con la que tuvo un hijo natural edelino el idólatra que murió ahogado en una alberca llena de hiel de sapo y a zósima wilgefortis tárbula infanta de aragón o de navarra no se sabe a ciencia cierta con la que tuvo un hijo natural axaphat el judío errante que murió estrangulado por el impostor mancanas cura santa cruz xxiv tenía el vino peleador y se curaba las borracheras echando pulsos con grillo ruin el sacristán leproso o corriéndolo a patadas por las losas del atrio

1144   el día 3 de julio en cesarea de capadocia san tuprimo palaciego víctima de las intrigas de la corte las vírgenes escapan al desierto para librarse de la lujuria de los paladines las tres infantas de las que vienes hablando remolonearon en su huida y fueron alcanzadas por cura santa cruz xxiv que las preñó a las tres en menos que canta un gallo tres veces copula un gallo tres veces o defeca un gallo tres veces después dio tres saltos mortales y se fue por el camino adelante hinchando el pecho y muerto de risa grillo ruin el sacristán leproso le aplacó el falo todavía bravío con baba de búho macho que es muy emoliente y le restañó la escocedura rezando el credo con un ojo cerrado cura santa cruz xxiv le dio

244

una coz terciada para divertirse y un real para que se divirtiera con cualquier vicio propio de sacristanes gaseosa zarzaparrilla rapé o algún otro producto similar grillo ruin besó la mano a cura santa cruz xxiv en señal de acatamiento mientras entre dos nubes pudieron adivinarse las sombras de los caballeros lombardos aldon y granson a quienes el demonio vestido de mosca coja les denunció el propósito del rey guneberto de darles muerte a traición los caballeros aldon y granson se hicieron a la mar y aún hoy siguen navegando entre tempestades

1145 corolarios al dodecálogo de la ley de venus expresado por el bufón, v. mónada 803

i) el hombre no copula para perpetuar la especie aunque ésta sea la idea mantenida por embungala el gran mago que silba mejor que nadie

ii) la cópula del hombre y la mujer es como la estela que deja la nave tras de sí

ii a) no cuando la mar está en calma o longinos o la píldora no yerran nótese que por razón de principio no hay cópula casta aunque sí pueda haber cópula aburrida y consuetudinaria

ii b) horrible cuando se presenta la galerna y longinos o la píldora yerran la sabiduría doméstica no es la sabiduría erótica y como la estrategia tiene sus fallos es inconsistente la idea de richard cobbe de que nos encontramos ante una ciencia matemática

ii c) sorteable previa invocación a onán y seguimiento de su ejemplo si bien no todas las mujeres son viudas de hermano

iii) la procreación puede anhelarse según la pauta de

iii a) el niño de tubo de ensayo de la maternal lesbiana tu tía clarita power-lotze puede ser ejemplo suficiente

iii b) el niño de la cama redonda inventada hace nueve o diez mil años en la ciudad de gabkar

iv) la cópula no se piensa sino que se ejercita para

iv a) deleitarse en la contemplación del orgasmo ajeno hidraot el benemérito amante

iv b) aplacar la elástica libido propia heroncio el marido que no va más que de casa a la oficina y de la oficina a casa

hay dos clases de hombres aquellos a quienes gusta lavar platos y aquellos a quienes gusta secar platos son más frecuentes los primeros y más raros y por ende más requeridos los segundos

v) la lista de las actitudes sexuales estériles no tiene fin y el olisbo y el kabutodama prolongan la fisiología

vi) la cópula es un mundo cerrado que se perfecciona en la eyaculación y el orgasmo aunque la doctora stockham ensalce la carezza

vii) la no eyaculación y el no orgasmo o la eyaculación triste y el orgasmo triste conducen a la clínica del psiquiatra generoso y lozano o a

vii a) buscarlo donde pudiere aparecer la plaza pública el páramo de kalahari el confesionario el burdel la lonja de esclavos garañones

vii b) la aberración del amor platónico, v. mónada 806 ii), no ya la cópula ii a) tampoco el amor es casto

viii) al margen de que sea deseado o no el hijo no se busca, se encuentra en el arte acontece idéntico fenómeno

viii a) el camino del hallazgo no coincide con el de la satisfacción sexual de la conducta de las hijas de lot no tenemos sino referencias indirectas

viii b) el estado futuro será una vasta inclusa sin fronteras quizá coincida con el valle de josafat el reverso del edén

ix) la naturaleza se equilibra en sí misma y es desgobernada por el hombre el demonio decarabia lleva siglos clamando en el desierto

ix a) el hijo es el premio o puede ser el premio del acto erótico no el premio a la natalidad que no pasa de ser un concepto administrativo

ix b) también es el engaño que acarrea el acto erótico el brujo miagoro espantador de moscas fue mal recibido por sus padres sabieno el calabrés y jesusa de turena la nieta del buen samaritano

x) el instinto sexual carallo teso non cree en deus se oye decir en fisterra

x a) ninguna mujer salvo tara psicopiadosa deja de copular o de deleitar y recibir deleite con arreglo a técnica erótica durante el embarazo nerón tuvo que descabalgarse de

x a') agripina su madre

x a") octavia su esposa

x a''') popea su amante, para que pudiesen parir

x b) ningún hombre ninguna mujer deja de copular o de deleitar y recibir deleite con arreglo a técnica erótica por impe-

dimento ajeno a su voluntad nelson y lady hamilton entre millones y millones de parejas que se avienen en la cama

    x c) cambian los signos aparentes las eficacias aparentes pero
la libido se prolonga con la persona hasta el ceremonioso instante de su entierro entre los condenados al fuego de la caldera
de belcebú la libido sobrevive al cuerpo y se agazapa en el alma
xi) los toreros antiguos amaban duquesas como toreaban toros
cinqueños y cornalones goya pintó ambos testimonios
xii) el pecador arrepentido o quien se finge pecador arrepentido
se refugia en la mansedumbre cierta o falsa recuérdese el epitafio
de juan de mañara el gran funámbulo glorioso

1146   no, nunca estarás bastante a solas para aprender la lección de la
muerte quizá la soledad absoluta no exista ni antes ni después
de la muerte sino tan sólo en el breve instante de la muerte son
necesarias las incitaciones inmediatas para que la muerte cobre
sentido inteligible y pueda obtenerse provecho de la soledad ulpiano el lapidario piensa que no es feliz más que quien acierta a
esconderse desde que nace subido en la más alta torre del ágora
escupe con iracundia sobre la multitud que aplaude el limpio trabajo del verdugo la multitud la forman innúmeras moléculas de
carne de horca que no se rigen por ley armoniosa alguna mañana
o pasado cualquiera de ellos subirá al patíbulo temblando de pavor y pondrá la cabeza con muy inelegante y abyecta mansedumbre sobre el tajo ya mil veces caliente los cerdos del matadero
beben entre gozosos gruñidos la sangre del hermano que les ante-
cede en la puñalada del jifero el hombre vestido de pierrot lo
había visto lo llevaba apuntado en su cuadernito de direcciones
entre salmos del cantar de los cantares y teléfonos de viejas prostitutas económicas el egoísta no es el solitario es el envés del solitario la mujer vestida de coronel prusiano en vacaciones en una
modesta pensión corsa soñó durante tres noches seguidas que hacía
el amor en la playa con napoleón bonaparte que le hablaba de la
luna y le ofrecía naranjas su compañera de aventura la mujer vestida de oficial de la guardia montada se lo oyó comentar varias
veces a la hora del desayuno la pena jamás habita la soledad es
siempre producto foráneo que nace y crece y revolotea y muere
lejos del solitario ivón hormisdas el hereje que murió en la cama
rendido por el amor de los tártaros de crimea hubiera preferido
no estar acompañado por nadie el hábito de la soledad crea una
segunda naturaleza más fuerte en el solitario fátima la hurí que

pesaba diez arrobas no murió de la tos ferina sino del peso de tanto y tanto guerrero victorioso al que tuvo que premiar produce mucho dolor el pensamiento de que únicamente en la soledad habita la salud el bajo cantante en decadencia de nombre orlando olvidó la maniobra de la masturbación y se murió rodeado del desprecio de los suyos y sin soledad

1147   la mujer vestida de torero antiguo amante de duquesas temperamentales quiso que el enano barrabás la llevara al teatro a ver una obra de molière ella no puede recordar cuál obra de molière y dice una obra de molière son todas suficientes el enano barrabás le dijo que no que al teatro no la llevaba pero sí a cenar a bailar y a hacer el amor por este orden ortodoxo la mujer vestida de torero antiguo amante de duquesas temperamentales no aceptó el orden y propuso la opción entre cinco nuevos órdenes distintos con variantes adjetivas:
a)   cenar con champagne hacer el amor en la posición de la yegua bailar valses vieneses
b)   bailar tres polonesas cenar caza mayor (jabalí ciervo corzo) y helado de chocolate hacer el amor en la posición del helicóptero
c)   bailar sambas hacer el amor en la posición de las tenazas cenar sandwichs ligeros
d)   hacer el amor en la posición del rey bayaceto (se requiere la presencia de una esclava) cenar legumbres flatulentas (alubias garbanzos lentejas) con chorizo y vino tinto bailar pasodobles y boleros
e)   hacer el amor en la posición del ahogado bailar tangos cenar cordero
el enano barrabás optó por la solución e) sin duda la menos deslucida para su talla y la mujer vestida de torero antiguo amante de duquesas temperamentales fue muy feliz aquella noche aunque por poco ahoga al enano barrabás lo que le hubiera causado muy enojosos problemas el enano barrabás lo comentó en la tertulia del casino adoptando displicentes gestos de hombre de mundo pero nadie le creyó ni una palabra de cuanto dijo

1148   antoine gaznier el pederasta présbita coleccionaba lombrices de color rosa pálido actitud que desataba la ira de su ex amigo karl kautsky quien le alude con no disimulado desprecio en dos de sus obras die agrarfrage páginas 113-114 y ethik und materialistische geschichtsauffassung página 31 antoine gaznier el pederasta miope adiestra sus lombrices de color rosa pálido para que trepen pacientes y disimuladoras hasta las ingles de las niñas dormidas en busca del olvido y al amparo de los remordimientos las lombrices de color rosa pálido se alimentan de sopa de yerbas mágicas difíciles de encontrar antoine gaznier el pederasta astígmata las trae desde muy remotas latitudes la isla mauricio bosnia y herzegovina el barranco ginungagap la aldea tibetana de thok-daurakpa etcétera al profesor karl kautsky le sacaba de quicio la colección de lombrices de color rosa pálido de antoine gaznier el pederasta con un ojo de cristal verde esperanza

1149 la noche en blanco. (la soledad la soledad) la amante afgana de tuprimo expresó sobre el pentágrama la fuga del aliento del amor (la soledad la soledad) la amante boliviana de tuprimo escribió sobre el papel pautado la fuga del alimento del amor (la soledad la soledad) la amante guayanesa de tuprimo es sorda no sabe solfeo tampoco sintió la soledad jamás es como una banda de pueblo que interpreta marchas y pasacalles de oído (la soledad la soledad) te quedas solo apagas la luz y empieza a crujirte la cabeza a crujirte el pecho empiezan a crujirte los huesos de las piernas la novia de tuprimo huele a ropa de niño pequeño usada tú recuerdas muy bien su olor a azafrán de cocina no a azafrán de campo también crujen los muebles la madera el papel empieza a picarte la espalda a picarte el vientre empiezan a picarte los brazos tocas la cal de la pared y eso te trae un gran consuelo la madre de tuprimo huele como los animales que comen yerba y sudan en la cuadra tú recuerdas muy bien su olor a cabra de desmonte has comido de régimen es una cotidiana forma de crueldad admisible y tienes hambre te cantan las tripas porque tienes hambre te has acostado a muy altas horas y aún has leído algunas páginas de aztecs of mexico de vaillant un librillo de divulgación interesante en tu casa cenaron tres viudas y una divorciada (la soledad la soledad) las cuatro bellas y las cuatro más jóvenes que tú están alegres porque han descubierto la libertad y la soledad la gente lucha por la libertad y la soledad a ti te hubiera gustado ser el poeta medieval de la macabra danza de la muerte aquel himno anarquista y católico ¿qué se fizieron los emperadores papas e reyes grandes perlados duques e condes cavalleros famados...? pero tú no eres el poeta medieval de la danza de la muerte tú eres otro y ruegas a tu mujer que no te desee la muerte que haga lo que le dé la gana (la soledad la soledad) que se tome la libertad por su mano sin lucha y sin derrota de nadie (la soledad la soledad) que proceda como quiera (la soledad la soledad) menos pensando que su felicidad su libertad su soledad funcionan en torno al trance de tu muerte a lo mejor es cierto pero tú te resistes a admitirlo de nuevo el instinto de conservación (la soledad la soledad) no, tú no quieres morir tienes hambre ya lo dijiste tu casa es grande (la soledad la soledad) san agustín no fue el único hombre que nació entre orina y heces fecales en la primera planta viven el jardinero y la cocinera (la soledad la soledad) en la segunda vive tu mujer (la soledad la soledad) garibaldi fue un botarate escandaloso en la tercera y la cuarta vives tú (la soledad la soledad) entre libros y objetos a los que guardas cariño navajas conchas marinas mariposas disecadas bandejas del modernismo catalán mapas cartas de amigos muertos porcelanas de stafford platos y mambrús de sargadelos cajas de hojalata de terciopelo de cristal cuadros tu mascarilla en escayola y más papeles maría teresa sabe que la castidad es una rémora (la soledad la soledad) se lo dijo con buenas palabras el doctor van swieten médico de la corte de viena (la soledad la soledad) sí, tú tienes hambre lo que no tienes es ánimo para bajar hasta la cocina encendiendo luces ni abrir la nevera o bucear en la misteriosa despensa bebes agua del grifo del lavabo y eso también te produce un gran consuelo ya van dos grandes consuelos la madre abadesa tiene ideas claras sobre el amor (la soledad la soledad) mesalina supone que no falta quien confunda la honestidad con la ficción la máscara de la lascivia con la virtud (la soledad la soledad) no puedes dormir trabajas demasiado trabajas sin parar apuntando palabras una detrás de otra los caminantes te preguntan que para qué y tú no tienes respuesta (la soledad la soledad) quienes entienden la vida son los escritores que trabajan de tal a tal hora y después asisten a actos culturales exposiciones conferencias coloquios conciertos y se instruyen meriendan murmuran eso tampoco es verdad les falta tiempo para la gran venganza a malthus le preocupó siempre la fructificadora y torpe incontinencia de los indios los chinos los católicos (la soledad la soledad) margarita sanger estudió las motivaciones de la prostitución neoyorquina margarita sanger deduce que las tres más notorias son la falta de trabajo la inclinación y la seducción sus conclusiones no las tienes por muy sagaces (la soledad la soledad) tu sistema nervioso es clínicamente correcto pero está alte-

rado nada te irrita, antes te irritaba casi todo, pero de todo te
desentiendes, antes no te desentendías de casi nada, eso tampoco
es síntoma de equilibrio quizá te haya devorado la familia ese
monstruo de permanente y lento masticar y tú lo ignoras te acuerdas de séneca y te da risa acordarte de séneca (la soledad la soledad) te acaricias el falo y el rugoso escroto y eso te trae un
gran consuelo beniciana kabina rabino hembra no sabe que la
cuenta del talmud es demasiado pobre el hombre joven rico y
fuerte debe copular cinco veces al día (la soledad la soledad) el
campesino debe hacer el amor al amanecer y al anochecer (la
soledad la soledad) al guía del desierto jamás le falta una esclava
una camella (la soledad la soledad) al marino jamás le falta un
marinero jamás le falla la mano jamás le huye la mujer de cada
puerto (la soledad la soledad) enciendes un cigarrillo y quemas
la colcha te das cuenta porque huele a quemado la intentas apagar con un dedo pero no basta llenas de agua el vaso de lavarte
los dientes lo vacías sobre la hoguera que creció con prisa insos-
pechada y tampoco basta (la soledad la soledad ardiendo) al final
metes la colcha en la ducha el lance te aburre y vuelves a acos-
tarte (la soledad la soledad) suenan las campanadas de dos relojes uno da las cuatro y el otro las nueve y media ahora no son
las cuatro ni las nueve y media deben ser las cinco sobre poco
más o menos (la soledad la soledad) la cama está húmeda tú piensas que puede ser que se seque con el calor del cuerpo (la soledad la soledad) la ducha no quedó bien cerrada y gotea (la soledad la soledad) pero no con ritmo sosegador el fraile luterano
es déspota sí pero menos déspota que el rabino hembra (la soledad la soledad) la ducha mal cerrada gotea con fe ahora cae la
gota pero ahora no cae la gota (la soledad la soledad) ahora no
cae la gota pero ahora cae la gota que retumba como un tambor
esto no hay dios que lo resista calma calma (la soledad la soledad)
vuelves a levantarte y cierras el grifo bien cerrado (la soledad
la soledad) alí-babá seguía la norma de las suras te acuestas de
nuevo apagas la luz y empieza a crujirte la cabeza a crujirte el
pecho empiezan a crujirte los huesos de las piernas zarathustra
fue un moralista sexófobo también crujen los muebles la madera el papel (la soledad la soledad) empieza a picarte la espalda
a picarte el vientre empiezan a picarte los brazos (la soledad la
soledad) solón fue un cuáquero despreciable tocas la cal de la
pared y eso te trae un gran consuelo ya llevas cuatro grandes consuelos moisés tenía más sentido común (la soledad la soledad) es

lástima que no se te ocurra volverte a acariciar el falo y el rugoso escroto es actitud que suele traer mucho consuelo a los insomnes (la soledad la soledad) piensas en el bufón haciendo cosquillas con su pluma de pavo real en vulvas y vergas y sonríes (la soledad la soledad) quizá necesites la mano de alguien para dormir pero no quieres decirlo (la soledad la soledad) falta poco para que amanezca sobre el horizonte se pinta ya una rayita roja y eso te trae un gran consuelo no es verdad pero te lo repites una y otra vez para ver si llega a ser verdad salomón fue una morsa deforme (la soledad la soledad) como los franceses condenados a muerte cuando amanezca te quedarás dormido incluso profundamente dormido

1150   a la puerta de los sanatorios antituberculosos siempre hay un avestruz vestido de pierrot que tose escupe sangre y se masturba sirve de adorno y de reclamo los turistas le sacan fotografías y le dan tornillos tuercas llaves inglesas pasadas de rosca su alimento natural el avestruz vestido de pierrot del sanatorio de bekenried se masturba por patriotismo nadie le preguntó jamás por qué pero él lo dice él no quiere trato alguno con las camareras del bar el tiburón enamorado él desprecia el fácil amor mercenario lo considera incestuoso y poco deportivo no obstante ser tan sosegador para la conciencia tan placentero para el cuerpo y tan resbaladizo para el alma $c : a = c'$ los historiadores del cantón suponen que en el avestruz masturbatorio está encarnado el espíritu de guiberto spranger el hombre que adoptaba forma de búho para que los montañeses le llamaran monseñor jean-jacques de terreneuve de tim-goyonde el benemérito los historiadores del cantón han hablado ya con el capitán de médicos forenses y esperan que la autopsia corrobore el supuesto al avestruz masturbatorio le han marcado unos plazos prudentes si no muere dentro de ellos le harán la autopsia vivo a él no le importa el avestruz vestido de pierrot no es supersticioso

1151   la novia de tuprimo tiene los muslos ásperos algunos miembros del club de jubilados ya se lo han dicho en son de queja no basta con jugar al parchís y dejarse sobar la cara anteroposterior del muslo bajo las faldas de la mesa de camilla hay que cuidarse la piel para hacerla menos buida para que el tacto sea más resbalador y circunspecto las cremas de lanolina suelen ser eficaces también están indicadas las cataplasmas de cualquier leguminosa papilionácea del género lupinus el altramuz por ejemplo la novia de tuprimo prometió avergonzadamente dar mayor tersura a la ordinaria piel de sus muslos

1152 al marinero polychros kalayzis en el fondo del mar se le mudó el cambiante tatuaje del prepucio donde hubo un ancla hay un ánfora fenicia donde hubo dos perros haciéndose el amor hay un cedro del líbano donde hubo la cabellera de berenice hay una tiara persa de los tiempos de ciro el poeta de los marineros hubiera preferido que nada cambiase en el prepucio del marinero polychros kalayzis el inconstante

1153 el verdugo ya no llora flores dulzonas sino adelfas amargas sobre el hombro de ulpiano el lapidario muerto por las huestes de herodes en la orgiástica degollación de los santos inocentes el poeta de los verdugos hubiera preferido que no cambiase el llanto del mudadizo verdugo

1154 el armadillo que sahumaba colegiales andróginos en el pebetero donde arde la yerba ya cede el paso reverenciosa sumisa disciplinadamente a los golfos mansos que en la alta noche se visten con los retales de las guerras el poeta de los armadillos y otras mínimas bestias atroces hubiera preferido que la costumbre jamás cediera el paso a la novedad penélope tejió su túnica con infinitos y eternos hilos de renunciación quizá por eso buscó siempre refugio en los fuertes brazos de los guerreros con macrogenitosomía más acusada frey el escandinavo de la verga rampante príapo el griego de la verga de equino cabreado mutunus el romano de la verga de gavilán con los testículos membrados y tantos más entre los que jamás estuvo bien es cierto luis napoleón bonaparte el impotente de las más tristes leyendas penélope se sintió culpable y se pasó el resto de sus días lavándose y lavándose habitada por el espíritu de macbeth penélope se apoyaba en el gusto y el tacto lamía y acariciaba sin cansarse de lamer y acariciar sus guerreros por el contrario se escudaban en la vista y el olfato acechaban y olían sin darse un punto de sosiego

1155 cuando al barón de la conjuntivitis y el lunar color naranja lo asesinaron clavándole una aguja de hacer calceta entre dos vértebras cervicales su esposa la gallina moderadamente corpulenta pero fácil de sujetar en el tálamo buscó acomodo en el corazón del brujo dameto d'éboli el mago que devoró el vientre de un niño mudo y a quien los dioses en justo castigo convirtieron en lobo estepario durante dos lustros al cabo de los cuales volvió a su forma antigua y ganó el premio de lucha en los juegos olímpicos su amante estrella de dullineu la gallina moderadamente corpulenta pero fácil de manejar en el tálamo le fue siempre fiel al brujo dameto d'éboli y en todas sus formas varias su fidelidad la llevó hasta el trance extremo de la pepitoria en que acabaron sus días

1156 la mujer del ingeniero de ascensores que montaba a caballo desnuda y jamás se desolló los muslos cantada por asclepiades cuando terminó su conferencia sobre los seis sistemas ortodoxos de la filosofía india que de alguna forma aceptan el testimonio del veda se dirigió al bar el tiburón enamorado y preguntó por k.s. murty el de la evolution of philosophy in india hoy no ha venido le respondió enguira radakrishnan la encargada de los sifones ¿y k.c. bhattacharyya? tampoco ¿y a.k. coomaraswamy? tampoco ¿y v.k. subrahmanya? tampoco ¿qué le pasó a los indios? lo ignoro señorita tenemos orden del patrón quiero decir de la patrona de no hacer comentarios sobre los clientes la mujer del ingeniero de ascensores que montaba a caballo desnuda y jamás se desolló los muslos cantada por asclepiades se marchó muy entristecida y cabizbaja por el camino se cruzó con la mujer con un alza de veinte centímetros en el pie derecho persiguiendo a palos al bufón de la pluma de pavo real ¡da gracias a tu dios de que me frena la usura títere maldito falsario blasfemo repugnante enano! me gustaría no estar muerta para matarte como a un sapo pisándote con la recia suela de mi bota iba muy irritada la mujer con un alza de veinte centímetros en el pie derecho iba echando repugnante espuma blanquecina por la boca y repugnante espuma verdosa por el ano

1157 rechaza con un gesto obsceno la limosna que pudiera sacarte de apuros si bien lo piensas ni merece la pena salir de un apuro para entrar en otro norma leocadia caltanissetta la calabresa medio hereje de hondo mirar y hábitos eróticos no narrables desprecia a tuprimo y lo trata mal e irrespetuosamente tuprimo le corresponde adorándola y brindándole todo cuanto le pertenece norma leocadia caltanissetta la sarda erasmista de mirar ígneo y hábitos eróticos apestosos cuando se encuentra con la mujer del verdugo desnuda a la orilla del río en el monasterio deshabitado o a la salida de la fábrica de neumáticos se ríe de ella y de sus grandes negros pezones rugosos y le insufla aire por el trasero con una pajita adecuada una sufre pero la otra se ríe en todo caso rechaza con gesto altivo la limosna

1158 la mujer vestida de colombina recita de memoria dos catecismos el del padre astete y el del padre ripalda también sabe escupir por el colmillo e injuriar a voces a los forasteros e incluso a los habituales del tiburón enamorado a quienes llama reptiles al servicio de la policía que sean otras las que os prodiguen sonrisas yo ya cumplo con llevar mi cadáver a cuestas de un lecho hasta otro lecho si me quisiera morir ya me hubiera muerto pero no es éste mi caso yo prefiero vivir e iros enterrando a todos en fila india

1159 en los más insospechados rincones de los camerinos debajo de un foco que vio representar la traviata hace ya más de cincuenta años o de un montón de túnicas griegas de finalidad ignorada eurípides sófocles anacreonte aparecieron rígidos como momias y no poblados por los gusanos de los muertos los diecinueve cadáveres de las diecisiete escandalosas amigas de otto kopp dos de ellas ermelinda gödel la felatriz de los vinateros húngaros y susana moszkowski la flageladora de las monjas de la abadía del decrépito anciano aboutalib el jinete de la burra blanca al-borak tenían dos cadáveres cada una, grabadas al fuego todas ellas menos dos llevaban una inicial en cada nalga una o en la cacha izquierda y una k en la derecha maría ralde la joven y linda bruja del antifaz y mariacha de molières la hermosa bruja cuarentona de las altas botas de becerro en vez de una o y una k llevaban una l y otra l porque ambas habían sido coimas de lucky luciano el gentil los diecinueve cadáveres de las diecisiete bullidoras amigas de otto kapp fueron disueltos en agua regia por orden del cónclave de cardenales

1160 la poetisa clítoris de iridio gozó mucho con el espectáculo de la disolución sobre la pleamar de musas en almíbar clítoris de iridio la victoriosa ordenó dar una paga doble a todas las empleadas de sus salas de fiesta sus prostíbulos y sus funerarias se gastó un verdadero dineral pero todas puestas de rodillas le besaron el clítoris de iridio en muestra de acatamiento unas decían en dragón

255

te trocarás y cualquiera de tus concubinas se convertirá en serpiente otras decían desgraciada verdad ¡qué a destiempo llegas! otras decían cuando comprendas lo que has hecho sufrirás con dolor horrible y en cambio si por siempre sigues como estás ahora aun sin ser feliz no parecerás desgraciada todas se sabían de memoria el texto de las bacantes

1161 no sólo el día de difuntos sino también el viernes de dolores la madre de tuprimo escucha con sumo recogimiento la cinta magnetofónica en la que tu padre no pronuncies su nombre registró el canto de los caballerosos y bien vestidos amantes muertos con quienes tu madre lo engañó la embriaguez no resta un ápice del sumo recogimiento que invade el alma ya irremisiblemente condenada de la madre de tuprimo

1162 en el lago de tiberíades no hay ranas que canten en la noche y los galileos los zurrados los hostigados palestinos que no pueden cansarse de caminar porque la muerte sigue pisándoles los talones ignoran la forma y el color de las ranas el sonido del cauto croar de las ranas que no viven en el lago de tiberíades donde tampoco se crían la jibia y el calamar viciosos

1163 amaos los unos a los otros en la sala de calderas de la fábrica de neumáticos después del crepúsculo de la tarde cuando ya los obreros se han ido a la taberna: los perros a los mendigos que piden limosna por amor de dios los perros a los otros perros con gonorrea que es mal de perros las culebras del canchal del paraíso a los perros esqueléticos los perros a los gatos que hurgan en los cubos de la basura y a los transeúntes pobres que caminan descuidadamente tú y los perros los mendigos las culebras los gatos los transeúntes el guarda borracho como una cuba a la mujer y a las tres hijas del verdugo amaos los unos a los otros puesto que habréis de morir en breves plazos

1164 se habla muy defectuosamente mientras se huye las palabras sortean el bazo y las palabras que no pasan por el bazo no son significantes un hombre y una mujer en cópula perfecta no prestan atención a r.b. braithwaite una teoría científica (el kamaloka de los deseos el rupaloka de las formas puras el a-rupaloka absoluto) es un sistema deductivo (la cópula número mil arrastra un lastre de sabiduría y de placentera comodidad que se niega a la cópula

número uno) en el cual ciertas consecuencias observables (la eyaculación el orgasmo) se siguen de la conjunción de hechos obser-
vados (la historia de las cópulas) con la serie de las hipótesis fundamentales del sistema (los sexos de signo contrario se atraen los
sexos del mismo signo también se atraen) aunque algunos auto-
res estén en desacuerdo con el enunciado es obvio que la teoría
llega hasta lindes negadas a la hipótesis también es obvio que
un hombre y una mujer en cópula perfecta esto es sin obligar a
la palabra a recorrer el espiral del bazo se limitan a representar
el ananga ranga poniendo en ello toda su atención

1165   en el monasterio abandonado las momias muy sobriamente vestidas juzgan conductas y fallan sentencias por lo común el tribunal
de momias del monasterio abandonado es muy misericordioso y
generoso aunque a veces tenga que condenar a pena de látigo al
reincidente casi todos los reos que comparecen ante el tribunal
de momias del monasterio abandonado son reincidentes algunas
momias en los momentos de agobio llegan a pensar que la ley
no sirve para nada hubo momias que recibieron incitaciones equívocas por parte del reo que juzgaban

1166   las rameras desheredadas del catre del lupanar las criadas que
abortan en los evacuatorios públicos y los soldados del ejército
victorioso que hartos de tanta gloria prefieren convertirse en hara-
pientos mendigos juegan al escondite entre los autobuses de la
cochera y salmodian aburridas canciones de catequesis para espan-
tar el hambre y la derrota poco antes de amanecer huyen despavoridos y procuran borrar las huellas de la orgía

1167   domingo calcetín el apuesto carabinero algo cojo destinado en la
brigada de arbitrios sobre el hambre venérea y otras hambres lleva
dentro el espíritu de flavia veneria vesa la fantasma que murió
de pavor en un orgasmo con[tra] caldeo como tienen las horas
encontradas cuando uno duerme el otro vela y así se guardan
mejor domingo calcetín da de comer al hambriento pero también
cuida de que no se corrompa la disciplina

1168   la novia de tuprimo calzada con espuelas de guaso chileno cabalga
a domingo calcetín sin entusiasmo pero con crueldad domingo
calcetín suele terminar el coito con la sangre manándole a chorro
de los ijares

257

esquela duodécima. domingo calcetín el apuesto carabinero un sí es no es cojo fue preso por los lansquenetes del emperador y entregado a los celadores de la santa hermandad del santo oficio he aquí lo que declaró ante los encapuchados: hablo de mí y por mí y me confieso en voz alta para que todos se enteren y escarmienten: tú crees, tú soy yo mismo, tú crees a ciegas y ésa es tu ruina mortal que dios se apiade de tu alma amén en los cuatro elementos la tierra el agua el aire el fuego que son como cuatro dioses que no pueden vivir exentos sino colegiados tú sabes que el tetrateísmo es pecado mortal y pides que así conste en el acta de la tierra salen el hombre el pan y la sabiduría por el agua marcha de un lado para otro el comercio del hombre el pan y la sabiduría el planeta es redondo y gira para que el agua pueda resbalar mejor en el aire flotan los pájaros las ideas y las almas de los antepasados y en las nubes se pintan sus siluetas y sus consejos el aire es como un papel en blanco que no se llena jamás de escritura en el fuego arden la pereza la soberbia y la guerra no la lujuria ni la gula y en todos de una forma u otra reside el amor todos los demás usos que se hagan de los cuatro elementos son blasfema herejía y pecado contra natura su técnica es salirse de madre y anegar los campos de la virtud tú crees también a ciegas en las dos constelaciones boreales la osa mayor la osa menor y las dos constelaciones australes el navío de argos y el pez austral las primeras esconden al norte y las segundas al sur los demás puntos de la rosa se deducen por el pensamiento la fórmula del universo por tanto no es difícil de expresar $4 = 12 = 1$, los encapuchados celadores de la santa hermandad del santo oficio condenaron al carabinero domingo calcetín a morir en la hoguera de leña verde como el carabinero domingo calcetín usando de sus artes mágicas era incombustible no ardió se murió pero no ardió en la autopsia pudo verse que el carabinero domingo calcetín había muerto de asco y de desprecio el carabinero domingo calcetín tenía el corazón retorcido como el sarmiento de la vid de abraham una araña velocísima salió huyendo de debajo de la corteza daba voces agudas e ininteligibles quizá fueran gritos subversivos expresados en gaélico r.i.p.

1170 esquela decimatercia. a las golondrinas del club de viudas de valentino que son más de cuatro mil las lleva a punta de látigo el necrófilo verzeni que obnubilado por el afán de mando ignora que es supersticiosa y muy sentidamente virtuoso igual que una

ramera que duerme en el depósito de cadáveres de una pequeña
ciudad agrícola las hay marroquíes argelinas tunecinas maurita-
nas senegalesas dahomeyanas también alguna española del sur
alguna italiana del sur alguna griega del archipiélago en el timeo
de platón el sexo es autónomo e individuo en sí mismo y al margen de su usuario el sexo quizá sea como un esclavo no siempre
es como un esclavo tampoco un amo pero el esclavo no es su
amo aunque le pertenezca la flauta es un falo hierático y funerario en cuya obscuridad habita una virgen desgraciada que a
veces canta goethe no llamaba flauta sino a la flauta emitiendo
sonidos lo que está dentro está también fuera para el necrófilo
verzeni lector del libro de los muertos la palabra no valía sino
como sonido quizá como fonema o tribu de fonemas y jamás ex-
presaba sino que sugería idea alguna que fuera útil al pensamiento pausías jeremías malaquías devoran con sus fauces la tierra
terra terr que a veces tiembla sobre el trueno la r de roma la rr
de rroma la rrr de rrroma que anuncia el fin del mundo el finn
del mundo el finnn a los discípulos de mithra las almas de los
fieles servidores de la república pueblan la vía láctea toda prudencia es poca y contra el somnium scipionis se rebela la máquina
de escribir cuyo orden alfabético ronda el caos de los tres santos
capadocios primera línea san basilio el grande 123456789-ç ` y
encima ½"/()&_ ¿?!$ ^ segunda línea san gregorio de nisa
qwertyuiop" y encima de los lugares penúltimo y último £·· tercera línea san gregorio nacianceno asdfghjkl° y encima del lugar
último ª cuarta línea su glosador h. weiss zxcvbnm,.: y encima
de los lugares antepenúltimo penúltimo y último ; = % el necrófilo verzeni murió en olor de santidad la muerte le sorprendió
cuando trataba de hallar la clave de san gregorio de nisa r.i.p.
queso querubín quejido el necrófilo verzeni salta buscando los
orígenes del tiempo la matriz del tiempo y mientras saltaba falleció le lloraron las siguientes almas compasivas: q) las cuatro
mil hembras del club de viudas de valentino entre las que había
menos mujeres frígidas de las que kinsey recuenta w) valentino
el ídolo de verga infantil que jamás dio el mínimo calibre exigido
en las cajas de reclutamiento e) el carnero del vellocino de oro
y sus tres chancros r) domingo calcetín el apuesto carabinero algo
cojo destinado en la brigada de arbitrios sobre el hambre venérea
y otras hambres t) el poeta ciego djalal-ad-din-ruomi que se res-
tregaba el falo con las doradas hojas del otoño y) la señorita de
ledoux con sus cuatro colas de merluza y sus cuatro vulvas mági-

cas u) el cardenal juan serafino maury arzobispo de parís que pegaba grandes bofetadas y por su propia mano a los falsarios i) ocrisia la esclava a la que cubrió vulcano con tal arte que la hizo madre de rey o) cástor y pólux aquiles y patroclo y otros transvestistas pedicadores p) maría de na, y el necróf verz fall su espíritu flota en la mandorla el lugar en forma de huevo reforzado puesto de pie donde se encuentran el cielo y la tierra

1171 maría pipí la alcahueta que armaba su nasa de pescar pecadores pobres en el retrete del bar el tiburón enamorado enseñó al bufón de la pluma de pavo real el provecho de la mano de gloria mira le dijo tú le cortas la mano a un hombre muerto en la horca una mujer no sirve la cubres con un retal de mortaja y la exprimes bien exprimida para que suelte la sangre que le quede si es que le queda alguna que a veces ya no le queda la metes durante media luna un poco más en un puchero con sal gorda y pimienta molida después la pones a secar al sol y la terminas de resecar en un horno calentado con verbena que para los bretones los irlandeses y los gallegos es una planta santa ya tienes la mano de gloria aparte haces un cirio con el unto del ahorcado cera virgen y zumo de laponia y cuando está ya duro usas la mano como candelabro y cada dedo como candelero con su cabo de vela quien ve esta luz no muere pero se queda como muerto y dispones de él como quieras sólo puede hacerse fracasar restregando las puertas con una pomada de hiel de gato padre negro grasa de gallina madre blanca y sangre de mochuelo padre atónito preparada bajo el signo del león y sin respirar ni una sola vez en todo el tiempo el bufón de la pluma de pavo real se quedó muy pasmado con lo que acababa de oír y todas las mañanas bien temprano se acercaba a la plaza a ver si pendía de la soga algún ahorcado

1172 cicerón dijo a la multitud voluptas est illecebra turpitudinis y entre la multitud alguien pensó nicéforo ii el chivo expiatorio por ejemplo que en la vileza también vive la voluptuosidad también vive y reina la voluptuosidad también vive y reina y triunfa la voluptuosidad es como una letanía zabulón íncubo de ursulinas ora pro nobis dromedario walt íncubo de clarisas ora pro nobis boutam súcubo de marineros con la brújula loca ora pro nobis no, no llames jamás a la muerte por su nombre juana tadea rómula la esposa del garzón floriancito el del espejo mozo falóforo heredero de su anciano padre en el ritual de las faloforias tampoco te pronuncies en el pleito entre cicerón y nicéforo ii el chivo expiatorio es algo que ni te va ni te viene

1173   vuelve sobre tus propios pasos y mira con arrobo los feroces senos sapientísimos de las mujeres mediterráneas a las que los dioses colmen de bendiciones dichosas amén amén no hay nada más hermoso que la contemplación de dos soldados mamando en buen amor y compañía los pechos de la cantinera generosa las ambas tetas de la cantinera caritativa que como el sol da lo que tiene y aún le queda más para mañana

1174   los esquimales tienen dos almas las dos son del tamaño de un gorrión y habitan una en la garganta y otra en el sexo tu padre no pronuncies su nombre jamás creyó en semejante superchería

1175   tú tienes un agujero en la cabeza por el que te entra el viento silbando y soplando en una de las series de postales del calidoscopio de tu abuelita se contempla la sucesión de escenas en las que ulpiano el lapidario primero poco a poco y después con ansia apresurada hace el amor a hipermestra en su etapa en la que adopta forma de mujer algunas mañanas de verano por el agujero que tienes en la cabeza se puede ver el relevo de la guardia unos van a caballo y otros a pie se cruzan y se entrecruzan sin tropezarse jamás con tanta disciplina como lucimiento y van todos relucientes muy bien vestidos en otra serie hipermestra convertida en hombre pedica a ulpiano el lapidario que muestra el gesto agradecido quizá ligeramente triste lo malo de los soldados de la guardia es que envejecen muy de prisa al mediodía son viejos y por la tarde a la caída del sol se mueren con ademán humilde y sensatísimo artemis en el baño estaba tan hermosa que al envidioso sipretes le brotaron los senos y se le sumió la verga en realidad el relevo de la guardia no es más que el barrido de la guardia muerta sipretes amó de hombre y de mujer a la novia de tuprimo aunque este extremo guarde accidentes no poco confusos en el calidoscopio de tu abuelita no se aclaran al menos con suficiencia que pueda alejar la duda las amas de cría y los niños madrugadores se llenan los bolsillos de soldados muertos nadie los echa en falta porque no están contados son muchos pero no se sabe cuántos quizá mil o más el bufón está muy ridículo cuando se viste de mujer los hombres se ríen de sus andares y las lesbianas le tiran piedras y le escupen por el agujero que tienes en la cabeza también se puede ver el horizonte con sus pájaros los hay de dos clases los de pata larga que vuelan en formación geométrica y los de pata corta que vuelan al buen tuntún y en revueltas bandadas tiresias porque vio dar muerte a dos serpientes amándose se convirtió en mujer y fue concubina de milón de crotona que luchaba con más fuerzas que nadie porque se alimentaba de gallos en el calidoscopio de tu abuelita puede seguirse detalladamente todo el proceso en general ninguno de los pájaros que se ven por el agujero de tu cabeza es simpático ni hospitalario sino egoísta y muy voraz los pájaros van a lo suyo y se apoyan en el espíritu de cuerpo depredan y asesinan y después se tapan las faltas unos a otros cuando tiresias olvidó la muerte de las dos serpientes amorosas volvieron a su primitivo ser sus atributos de hombre y entonces en el mercado de esclavas compró a la joven y bellísima azahara como recipiente en el que saciar y vaciar su lujuria si tu abuelita te dejase mirar por su calidoscopio allí podrías verlos nadie cumple con la ley que prohíbe comer pájaros fritos el hombre se defiende y come pájaros fritos para resarcirse de los desmanes que cometen ulpiano el lapidario durante el tiempo que vivió con el caballero de eon aprendió que era mejor no freírlos sino rellenarlos con marihuana y muérdago a partes iguales y ponerlos en adobo vinagre sal de la higuera semen de gato atropellado por un automóvil alcaparras perejil laurel yerbaluisa y dalias de cementerio de varios colores a los veintiún días ya pueden comerse son sabrosos y es escabeche energético muy vengativo y reconfortador en islandia se lo dan a las ballenas recién paridas en el calidoscopio de tu abuelita es muy graciosa la secuencia de los siete heroicos y detonantes concúbitos de crook f. jack el pirotécnico con la hieródula ildefonsa tu abuelita se muestra muy reacia a enseñarla o pide un alto precio difícil de pagar dada su edad el agujero de tu cabeza precisa mucho aseo debe fregarse con jabón al menos una vez a la semana porque es inevitable que quede algún cadáver olvidado si sus restos son irreconocibles deben echarse a arder en la permanente pira del soldado desconocido algunas mujeres de nombres monstruosos dolores schulze consolación von henning aparición michelet virtudes rosenkranz purificación chavacci concepción mondolfo etcétera puestas en cuclillas les orinan por encima es un espectáculo lamentable que debe evitarse debe ser denunciado a tiempo para que las autoridades incluso sin previa formación de causa las fusilen los extranjeros disfrutan con los fusilamientos de las herejes ori-

nadoras sacan fotos en blanco y negro y en color y aplauden a la
tropa entre ellos se cruzan apuestas sobre la puntería la marcia-
lidad y otras conductas del pelotón de ejecución al que después
emborrachan para perseguirlo por el comedor de la fonda y go-
zarlo en la cama de las sábanas sucias y acogedoras acto seguido
apuntan en su agenda el número de muertos el número y la calidad de las cópulas con los vivos sus características talla peso últimas voluntades color del pelo dimensiones del falo en erección
expresadas en pulgadas advocaciones y eficacias de sus escapularios y cualquier otro síntoma que pudiera ser útil al estudioso por
el agujero que tienes en tu cabeza chifla el viento muy melodiosamente y no te produce catarros sino muy dulces sensaciones tus
compañeros de oficina te envidian y el jefe aunque se muere de
curiosidad procura mantenerse impasible no se lo cree nadie y
menos que nadie tú que estás en el secreto tú sabes con quién le
engaña su mujer con el anticuario de los mínimos lentes de metal
que tiene un amor triste de mucha cadencia mucho sentimiento

1176   el anticuario de los mínimos lentes de metal en sus borracheras
de ajenjo cobra valor y da vivas estentóreos a la república al
sagrado corazón de jesús a dafnae que adoptó forma de laurel y
a gabina montargis la esposa del jefe la mujer que había besado
ya tres veces el trasero de leonardo el principio de la razón suficiente limita al norte con el fundamento y al sur con la facultad
de fundamentar el este y el oeste quedan exentos stop el principio de la razón determinante limita al norte con la causa al sur
con el basamento al este con la motivación y al oeste con la razón
suficiente de todo ser todo acontecer todo conocer y todo obrar
stop el anticuario de los mínimos lentes de metal después de
evacuar el vientre hacer un paquetito con el excremento y depo-
sitarlo en el primer buzón propicio saca su colección de sellos del
vaticano y se pasa las horas muertas pensando en los derroteros
que hubiera tomado el cristianismo de haber sido elegidos filemón
y baucis para la dignidad de papa a filemón se le llenó el escroto
de ortigas y a baucis le nacieron áridos cardos en la nuca el anticuario de los mínimos lentes de metal llora con un incontenible
desconsuelo

1177   los cementerios no deben estrenarse enterrando un hombre muerto sino un caballo vivo los pescadores evangélicos del lago de
tiberíades tienen demasiada hambre para saber que esto es ver-

dad los cazadores de focas de las islas spitzberg en cambio saben
que es una práctica higiénica recomendable en la cama de las
frustraciones de tuprimo no hay ningún caballo enterrado quizá
por eso en ella anida el cuervo pausanias tísico desplumado y
pecador el cachalote irlando garinette defeca delicadísimo ámbar
gris tampoco en la cama de las frustraciones de tuprimo defecó
jamás irlando garinette ni ningún otro cachalote aunque sí tuprimo la novia de tuprimo y sus permanentes o fugaces amantes de
los tres sexos en los obscuros interiores de tuprimo vive a tientas
el typhlocyrolana moraguesi de las cuevas del hams en los tenebrosos dentros de la novia de tuprimo vive al tacto la squila munidopsis del jameo del agua durante el coito de tuprimo y su
novia ambos crustáceos se saludan e intercambian presentes después se va cada uno a su rincón a seguir meditando

1178   ivón hormisdas el hereje muerto en la cama a resultas del furor
de la siniestra coja galatea v nació en un mes de febrero que no
conoció la luna llena adornándole la noche a veces pasa dicen
que cinco cada siglo pigmalión encontró algo frío el mármol de
galatea i y la complaciente venus se lo calentó para evitarle catarros al prepucio el dibujante japonés del pincelito de pelo de
pubis iracundo pintó la escena con los siete colores de su arco
iris v. mónada 888 a galatea ii la mató polifemo aquella mala
bestia tuerta de una pedrada mientras hacía el amor con acis el
rústico galante de falo en forma de serpentina que jamás quiso
ni mandar ni obedecer a nadie v. mónada 278 galatea iii fue la
coqueta pastora del palemón de virgilio que requerida por los
mozos dametas el lobo y menalcas la paloma se escondía a medias entre los salces jamás demasiado para que de noche o de
día pudieran descubrirla v. mónada 674 galatea iv fue la que
cervantes anticipándose al triángulo de las comedias que gustan
a las familias quiso que cantaran al alimón sus dos amantes el
ganador con sus cuernos y el perdedor con sus esperanzas como
ninguno de los dos era rinoceronte ninguno de los dos perdió la
batalla v. mónada 688 la galatea que mató en la cama al hereje
ivón hormisdas fue galatea v la del útero insaciable la mujer
con un alza de veinte centímetros en el pie derecho tan golfa como
george sand aunque quizá ligeramente menos virago es fama que
nacer en el mes sin luna acarrea desgracias y sinsabores a ivón
hormisdas el hereje no lo mató el yunque ajeno sino el martillo
propio quebrándose por la debilidad si ivón hormisdas hubiera

puesto un diamante sobre la cabeza de galatea v dormida, ésta se hubiera despertado sobresaltada a galatea v la mujer con un alza de veinte centímetros en el pie derecho sólo hubiera podido aplacarle el rijo santo el difícil elixir de alberto el chico que se prepara a la luz de un cirio de entierro con polvo calcinado de glande de lobo caucasiano y pelo de barba de lobo orensano rebajado con tuétano de columna vertebral de lobo magiar o burgalés o dálmata ivón hormisdas el hereje llegó hasta donde pudo y heroica y abnegadamente prefirió morir en el cumplimiento del deber, en el infierno el gran pontífice belberinto su guardián lo trata con toda suerte de consideraciones y no le hostiga ni le escarnece

1179   los más tiernos policías del distrito aman (amaban) en secreto a leonor galigay la heroína de la dulce carezza y el triste destino leonor galigay que era rubia como un ángel noruego y dramática como una novia armenia tenía los dientes ligeramente separados los labios de la boca carnosos la sonrisa dulcísima y los grandes labios prensiles y en forma de cepo raposero no dependía de su voluntad tú y todos lo dicen pero sus orgasmos espirituales con harta frecuencia se perfeccionaban en el esotérico rito de la irremisible amputación de la verga del homenaje leonor galigay de un solo y rápido y húmedo mordisco de sus grandes labios en forma de cepo raposero le separaba a la verga amiga la cabeza del tronco, a requerimiento del consejo de ancianos los seis más tímidos policías del distrito se dispusieron a detenerla los seis murieron y fueron enterrados con el glande adornándoles la solapa como un clavel ¿de qué les sirvió a los misteriosos jóvenes policías marcados de viruela leer la nueva eloísa? absolutamente de nada porque leonor galigay la amable destrozadora murió en la cámara de gas sonriendo a los fotógrafos

1180   cesonia la cartomancera esposa de calígula predijo el final amargo de leonor galigay cuando vio el rey de espadas puesto del revés y los cuatro ases seguidos presagiando la muerte lo siento por ti leonor galigay le dijo mirándole a los ojos pero las cartas no mienten y aquí declaran tú lo ves que has de morir en el patíbulo no entiendo claro lo de la cámara de gas quizá la sota de bastos quiera decírmelo cesonia mató al marido dándole un filtro de amor se conoce que se le escapó el pulso en el hipomanes tuprimo lamiéndose sin cesar la arruguita en forma de signo de interrogación al revés que tiene en la comisura de los labios escuchó en silencio las palabras de cesonia

1181   cuando tu madre engañó a su amante el ministro del aire de bunga capital bunga-bunga con tu padre no pronuncies su nombre su eminencia el arzobispo de bunga-bunga-kibunga y su majestad el rey kabunga-kebunga primero de bunga antes guinea holandesa y aun antes costa de los cocoteros le ofrecieron a su excelencia el ministro del aire de bunga general bonga-bonga-kobonga presentar una reclamación ante el consejo permanente de las naciones unidas no merece la pena les respondió su excelencia agradezco a vuestra majestad y a vuestra eminencia los buenos deseos que me demostráis pero os aseguro que no merece la pena ni esa mujer es la primera que me pone cuernos ni yo soy tampoco ¡cuán vana pretensión! el primer hombre a quien esa mujer puso cuernos mi honor está a salvo y el de nuestra patria también con la venia de vuestra majestad no pienso dimitir bunga me necesita y yo estoy dispuesto a seguir sacrificándome por ella ¡viva bunga! su majestad kabunga-kebunga primero su eminencia el arzobispo de bunga-bunga-kibunga y su excelencia el ministro del aire general bonga-bonga-kobonga invitaron a cenar a tu madre y a tu padre no pronuncies su nombre para sellar las paces después a renglón seguido del café los licores y el cigarro habano su majestad invocó el derecho de pernada y la cama redonda quedó para futura mejor ocasión su eminencia su excelencia tu padre no pronuncies su nombre y la infanta zósima wilgefortis trófima la de los pantalones vaqueros echaron una partida de mus en la antecámara

1182   el misterio rodeó las investigaciones y nunca se supo de qué raras substancias de vegetación estaban hechas las florales excrecencias de la verga de caballo de lot san agustín pensó en rectitud subsista el estado (piensan quienes parasitan el presupuesto) florezca abundante en riquezas glorioso de victorias asegurado en la paz ni la albahaca ni la amapola ni el tomillo son de modo exacto la albahaca la amapola y el tomillo habituales ¿qué nos importa lo restante? que el que tenga mayor poder ponga bajo su bota al que tenga menor poder, que el rico someta por hambre al pobre, que el rico abuse del pobre para mayor satisfacción de su fausto, el misterio rodeó las investigaciones y nunca se supo qué rara ornitomancia podía explicar la conducta de las aves anidadoras en la solemne robusta verga de lot que los pueblos aplaudan no a los

servidores de sus intereses sino a los abastecedores de sus placeres
ni el verderol ni el pinzón ni el jilguero son de forma precisa el
verderol el pinzón y el jilguero de la costumbre

1183 las tres patas del trípode bailarín el dalai lama el lego en forma
de lobo giles garnier y el bonzo guy de kumano-goo acordaron
redactar el siguiente informe: en kimberley hay un pescador de
caña que se llama lovejoy timothy lovejoy los eleatas partiendo
de la afirmación de la unidad de lo que hay se plantearon el problema de la relación entre la realidad y la razón la gente se ríe
de timothy lovejoy y de su aspecto y él se ríe de la gente y del
aspecto de la gente timothy lovejoy de joven había sido un calva-
trueno que tenía aterrorizada a la comarca preñaba a las mujeres
y asustaba a los hombres a fuerza de pegarles con un grueso garro-
te los milesios fueron físicos pero no dejaron de ser teólogos el
hilozoísmo procede partiendo de la analogía entre materia y organismo a veces no es fácil deslindar la frontera entre el concepto
organismo vivo y el concepto realidad psíquica timothy lovejoy
después sentó cabeza y el paisanaje que siempre procede con mala
fe empezó a decir que había perdido la cabeza mark baldwin após-
tol del pancalismo sostiene que la irreductibilidad aparente entre
las categorías de la evolución y de la cantidad halla su clave en la
estética esto es que la verdad suprema es la belleza suprema sobre
este punto puso ciertas reservas el bonzo guy de kumano-goo no
era verdad timothy lovejoy no había perdido la cabeza y era el
único hombre sensato del contorno su atuendo y sus hábitos no
eran muy ortodoxos pero tampoco podía decirse que fueran inmo-
rales ni que se apartasen un punto de lo mandado por la ley scho-
penhauer fue el único panthelista pero su panthelismo no presu-
pone un panteísmo de la voluntad puesto que la voluntad se nos
da inmediatamente timothy lovejoy tenía mucha fuerza y aunque
se rieran de él ya no pegaba a nadie lo único que hacía era reírse
él también y con más escándalo que los demás el predicado es
real y el substantivo es realidad timothy lovejoy fumaba en pipa
de loza y no se metía con nadie ni provocaba a nadie el ser real
sólo cobra sentido por contraposición al ser aparente o potencial
o posible una mañana timothy lovejoy apareció aparente o potencial o posiblemente muerto tenía la espalda llena de gruesos perdigones y la cabeza hendida de un hachazo su aparente o potencial o posible cadáver desapareció de forma misteriosa y durante
años se dijo que su alma vagaba por las afueras de kimberley

anunciando el inmediato porvenir la lluvia el rayo el trueno el huracán riéndose a espantables carcajadas y silbando como una enorme lechuza el ser real coincide con el ser con el ser actual con el ser existente o ser que es y realidad significa ser o actualidad o existencia no fue cierto cuanto se dijo de timothy lovejoy porque timothy lovejoy no había muerto sino que había engañado a la gente haciéndole creer que había muerto para kant lo que concuerda con las condiciones materiales de la experiencia es lo real a timothy lovejoy lo escondió en el pajar la comadrona juliana que tenía renombre de bruja juliana le pegó la cabeza con goma arábiga y le sacó todos los gruesos perdigones de la espalda uno a uno con mucha paciencia y unas largas pinzas x.z. naturaleza historia dios piensa que la ciencia de la naturaleza depende de una ontología que la ciencia puede pedir o desechar pero no crear timothy lovejoy tardó muchos años lo menos cien años en volver a enseñarse pescaba de noche y se escondía de día y durante ese tiempo no pasó el calendario sobre sus carnes x.z. ob. cit. muestra que la historia no es un simple hecho pretérito ni una presente producción de realidades sino el hacer un poder que la convierte en una cuasi creación al cabo de los cien años cumplidos timothy lovejoy apareció de nuevo y la gente volvió a reírse de él y de su grotesco y también dramático aspecto timothy lovejoy como es bondadoso corresponde riéndose de la gente y de su grotesco y también cómico aspecto x.z. ob. cit. estudia la dimensión en que se plantea el problema de dios que viene dada por la religación como posibilitación de la existencia en cuanto tal timothy lovejoy se dirigió a la multitud ¿por qué os matáis con dinamita para no salir de pobres? ¿por qué no matáis a quienes os empujan? yo timothy lovejoy a quien tenéis por loco sigo pensando que hay pesca bastante para todos con una ballena puede comer toda una familia desde que el hijo se engendra hasta que el hijo nace, el dalai lama el lego en forma de lobo giles garnier y el bonzo guy de kumano-goo firmaron y signaron el documento

1184   el marido de tu abuelita siempre le había dicho a tu abuelita mantén ante todo una distante frialdad una mujer puede o puede no ser infiel al marido con doce con veinticuatro con treinta y seis amantes simultánea o sucesivamente lo que no debe es mostrarse demasiado maternal con ellos todo cabe en la cabeza y casi todo en el corazón todo vale en la cama y casi todo en el cuarto de

baño pero tú no descompongas el gesto pase lo que pase la mere-
triz pascuala se duerme en el cunnilingus con su colega madame
jules ichneumon de soltera paquita vidal sampedro o bien por la
ventana observas como mrs. blood de soltera majken laxness lucha con el olisbo o bien en los jardines de korumabad a orillas
del mar caspio contemplas como el sátrapa benito es pedicado
por uno de los capitanes de su guardia tú pasa de largo puesto
que es asunto ajeno asunto que no te concierne la única falta de
educación erótica que se condena en los más rígidos tratados de
urbanidad es la del voyeur es algo casi tan grave como la que se
comete llevándose la taza de té a la boca con el dedo meñique
disparado haz lo que quieras con el calidoscopio sigue mirando
y deja mirar por él a los demás si ése es tu deseo pero piensa que
en todo caso es un deseo poco discreto pídeme transigencia pero
no aplauso el sexo es un guión heráldico que debe respetarse

1185 la paz de la vagina no produjo sino cuarenta días y cuarenta noches de amor homosexual después todo volvió a su violencia por
la calle pasa el verdugo completamente borracho dando gritos
horrísonos desde las ventanas le tiran piedras envases de hojalata
vacíos botellas rotas cubos de lejía y cortantes afiladas monedas
pero el verdugo completamente borracho no cesa de gritar igual
que un puerco agonizante ¿te duele algo? le pregunta el hombre vestido de pierrot sí, me duele todo

1186 monseñor metrófanes david peloponesiano y el frutero brujo del
cantón del jura que fabricaba la manteca y el queso invitaron a
cenar a hehugasta la sílfide que tuvo cópula con el emperador
augusto y a su hermano manfredo el silfo que tuvo cópula con
el emperador augusto durante la cena el coro de voces blancas
cantó el lingit culum meum letra y música de chicus esculanus
el hereje que osó decir que había otros mundos habitados además
del nuestro como director del coro actuó florón el querubín al
que una vaca del helesponto había comido el falo tomándolo por
una margarita lo pasaron bien las dos parejas y al final el catamita monseñor metrófanes david peloponesiano fue pedicado siete
veces por el insaciable bujarrón diofante de macedonia el frutero
brujo del cantón del jura que fabricaba la manteca y el queso
mientras los dos hermanos hehugasta y manfredo unidos en el
recuerdo de la verga del emperador augusto se masturbaban a
dos contra lo mandado en la encíclica casti connubii el querubín

florón no permitió que el coro de voces blancas cesara de cantar
ni un solo momento

1187   al final tu abuelita accedió a acostarse con safo clítoris de iridio la
poetisa de la vulva de papel de estraza sobre un lecho de cebadas
cerdas amorosas por fortuna para la historia de tu familia sus
cópulas aunque perfectas no fueron fecundas los ancianos ciegos
daneses en visita a los museos de italia aplaudieron entusiástica-
mente al oírles jadear como bien ensayadas hetairas ¿no es a
ti amor mío a quien poseyó la bellísima nereida tetis? ¿no es a ti
vida mía a quien pintó el giotto orinando al pie de los recios
muros de larisa? ¿no fuiste tú bien mío la dichosa felatriz del
intrépido falo del paladín teseo cuando llegó al palacio del injus-
to rey de gortina? ¿no fuiste tú tesoro mío quien eligió la flor
de las doncellas que habrían de servir de pasto al minotauro?
¿no fuiste tú dueña mía y de todo lo mío quien se durmió mil
veces mamando los perfectos senos de la degollada polixena? ¡ah
necesario pecado mil veces maldito! no te vistas permíteme contemplar la derrota que llevaba tan largos años nutriendo estas carnes que ves en las que lo único que no muere es la ilusión invoca
el espíritu de justina la emperatriz que se bebió la sangre de su
amado ¿no fuiste tú puerca lesbiana quien me condujo hasta el
lecho del mutilado atis el estúpido sacerdote que se arrancó el
peso de la entrepierna con un agudo pedernal? ¡ah necesario im-
placable pecado mil veces maldito por quien lloré mil veces!

1188   tú sabes de quien es el pie desnudo cuya huella se pinta en el
techo de la alcoba de mirra la hija de cíniras la puta pobre tú lo
sabes pero no lo dices no, no es el pie del arzobispo anglocato ni
el de ribenzal el fantasma no es el pie del rey pagano veremundo
que hizo asar los pechos de santa eteldera con leña de la misma
cruz ni el del noctámbulo bohinum el armenio que preñó a distancia a la bruja antida colás que murió en la hoguera no es el
pie de cayo fanio el historiador que se murió de miedo ni el de
la mágica gratidia que engañó a pompeyo tampoco es el pie de tu
contrapariente el sodomita lespecio que envenenaba niños y a
quien se comió un tiburón en el puerto de zanto ni el de la monja
sangrienta del castillo de lindenberg lo más probable es que no
sea ni siquiera un pie humano ni extrahumano sino el reflejo de
las manchas de semen de la sábana triste y tibia de la hija de
cíniras la ramera pobre y defectuosa

1189   tuprimo no conoció a sir joshua nehemit el gourmet de calcetines
de tropa:
a)   sir joshua nehemit (gourmet de calcetines de tropa) afirma
que todos los gourmets de calcetines de tropa mienten, por tanto
sir joshua nehemit miente si (y si sólo) dice la verdad y dice la
verdad si (y si sólo) miente
b)   las tarjetas de sir joshua nehemit dicen por una de sus caras
b': sir joshua nehemit ph.d. degustador de calcetines usados al
dorso de esta tarjeta se dice la verdad
y por su cara b": sir joshua nehemit ph.d. degustador de calcetines usados al dorso de esta tarjeta se dice la mentira
por tanto si b' es verdad b" debe ser verdad y por ende b' debe
ser mentira, y si b' es mentira b" debe ser mentira y por ende b'
debe ser verdad
tuprimo no conoció a sir joshua nehemit el gourmet de calcetines
de tropa hubiera querido conocerlo para instruirse

1190   el novicio heliodoro de ultricuria gozaba del ano virginal de un
mozo al que masturbaba al tiempo de sujetarlo mordiéndole la
nuca cuando fue sorprendido por el también novicio germán de
garniza quien le recriminó con estas palabras desdichado ¿qué
has hecho? merecerías condenarte por tan nefando crimen, heliodoro de ultricuria le respondió es un gentil y lo he seducido para
que se convierta y germán de garniza musitó perdonadme hermano ignoraba vuestros designios germán de garniza despojándose
de los hábitos insistió en la conversión del gentil de cuyo ano
todavía manaba la sangre

1191   tu abuelita sacó brillo a su amatista la novena piedra del pectoral
del gran rabino y mató siete perros nocturnos envenenó a tres
hizo comer esponja frita a dos degolló a uno y deslomó con el
histórico sable de tu abuelito al último, con la esperma de la eyaculación agónica de siete perros nocturnos ocho libras de oro
potable dos de jugo de cerrajas y doce de miel puestas a hervir
en tres azumbres de vino blanco y pasadas durante una noche
entera por el diabeto se prepara el elixir de afrodita que devuelve
la vida a las vergas caducas y la ilusión a los corazones jubilados
sus perros víctima y sus siete amantes que aún siguen sorprendidos
por tanta dicha no tienen nombre tu abuelita fue siempre muy discreta en el libro de san albano se describen las características del
greyhound cabeza de serpiente cuello de ánade pie de gato cola

271

de rata flancos en proa y lomo de besugo el perro que el rey canuto reservaba para sus nobles quizás uno de los perros muertos aquella noche fuera un greyhound

1192   la vida se apaga de dos maneras como la luz que se va cuando se funden los plomos o como la tartamuda lamparilla de aceite que se cansa de alumbrar el altarcito portátil de las ánimas del purgatorio últimamente se le veía ya muy fatigada de cuando en cuando trae la santera el altarcito portátil de las ánimas del purgatorio la santera tiene cara de celestina es la alcahueta de los santos que va cargada de medallas mágicas cuenta hechos milagrosos extraordinarios sucedidos vive de limosna y muere de olvido discretísimo y humilde la muerte llega como un halcón volando un rayo un pensamiento súbito o como una tortuga jamás apresurada tú puedes elegir el plomo que se funde y el halcón que vuela te vas al infierno sin remisión pero puedes tirarte de cabeza por un acantilado (la gente suele tirarse de pie no de cabeza) o pegarte un tiro en el pecho o en la sien lo que no puedes elegir es la lamparilla de las ánimas del purgatorio la filosofía es una meditación de la muerte si estás ya curado de vanidades le llamas la purga del corazón las meditaciones mueren como pájaros que se hartan de volar las ánimas del purgatorio no vuelan se dejan mecer por la brisa o arrastrar por el vendaval depende de los pecados que tiznen su conciencia el hombre se asusta de la vida y le llama commentatio mortis no es cierto pero sería hermoso que fuera cierto te estás muriendo nadie lo sabe pero te estás muriendo te sientas en la cama y lees a ovidio morsque minus poenae quam mora mortis habet no es prudente agonizar con resignación quizá sea llegada la hora de sacar el revólver que escondes en la panza de la mesa de noche en el mismo sitio en el que tu padre no pronuncies su nombre guardaba el orinal las costumbres van cambiando miras en torno tuyo son graciosas las caras de quienes asisten al gratuito espectáculo de tu muerte quoqumque aspicio nihil est nisi mortis imago también es gracioso este pensamiento de ovidio a cualquiera de los mirones que tu muerte convoca a alguno por lo menos hubiera podido ocurrírsele algo semejante la verdad es que mires a donde mires todo está dispuesto para representar la escena de la muerte petrarca no dijo más que vaciedades sobre la muerte tú pides a todos que te dejen a solas con el confesor hijo mío disponte a bien morir no hermano quien debe disponerse a bien morir eres tú entonces te incorporas y con tus últimas fuerzas lo estrangulas es débil y delgadito y no te cuesta demasiado trabajo después huyes por la ventana con la mortaja debajo del brazo los transeúntes te ven pasar pero a ninguno le causas la menor extrañeza

1193 por confidencia cuya fuente no te está permitido revelar sabes que tres de los perros muertos aquella noche fueron un chihuahua mejicano un chin-chin japonés y un chau-chau chino, no fue casualidad sino vicio en cualquier caso huelga todo comentario

1194 esquela decimocuarta y última mónada. premisa necesaria: si el tiempo fuera no más que temporal no sería continuo, el tiempo implica el espacio
23^h 55′ 20″ es algo confuso el lance de la muerte de los perros nocturnos a los que tu abuelita envenena revienta degüella o tunde a palos
23^h 55′ 30″ también es confuso cuanto se lee en el libro de esdras y nehemías o en los libros sapienciales y tú tienes que resignarte a negar de memoria cuanto te dicen, sí, hubiera sido cómodo ser derrotado a los veinticinco años morir a los veinticinco años r.i.p.
23^h 55′ 35″ y aun antes sin una sola cana en la cabeza sin una sola caries en la dentadura sin una sola nube en la conciencia sin un solo arañazo en el alma sin un solo mal soplo en el corazón no más que con dos o tres minúsculas lagunillas en el alma
23^h 55′ 50″ la hija que tuviste queriendo y ahora se droga
23^h 55′ 55″ la hija que tuviste sin querer y ahora te desprecia
23^h 56′ 0″ la hija que tuviste ignoras cómo y hace ya muchos años que ni la ves ni quiere verte
23^h 56′ 5″ no merece la pena que te desnudes para morir
23^h 56′ 8″ con tus hijas no tuviste suerte ellas tampoco tuvieron suerte contigo y quizá tu deber sea quedarte en medio de la calle muerto en un banco del paseo por ejemplo o en el barandal de una fuente pública y con las botas puestas para mayor escarnio r.i.p.
23^h 56′ 22″ también para que tus hijas comenten con las amigas claro ya lo decía yo el pobre tenía que morir así r.i.p. en el fondo era un buen hombre quizá algo lerdo no tenía mala intención pero la cabeza no le funcionaba con normalidad nunca quiso hacer nada y de nosotras no se ocupó jamás
23^h 56′ 35″ tú no respondes porque estás muerto r.i.p.

23^h 56′ 40″ tampoco merece la pena llevarle la contraria a los hijos

23^h 56′ 45″ tú te mueres r.i.p.

23^h 56′ 48″ una vez pensaste que la soledad no implica la desesperanza aunque a veces llegue a bordear su linde

23^h 56′ 55″ tú has querido resistir y no has podido

23^h 57′ 0″ de joven no creías en la muerte pensabas que era un accidente ajeno el dante te había regalado un verso que usabas de divisa questi non hanno speranza di morte

23^h 57′ 10″ de joven creías en el infierno pero no en que fueras a acabar ardiendo en el infierno la caldera de belcebú no te producía el menor espanto

23^h 57′ 23″ tú has podido resistir y no has querido quizá tampoco te hayan dejado

23^h 57′ 28″ en el eclesiastés se lee más vale perro vivo que león muerto no es verdad tu abuelita no pudo nunca envenenar reventar degollar tundir a palos un león tú has querido resistir como un león y ahora te toca morir como un perro r.i.p.

23^h 57′ 40″ nada acontecerá en el universo y el mundo seguirá dando vueltas sobre su eje pensar lo contrario sería pecado de soberbia

23^h 57′ 47″ a ti te llorarán durante unos minutos una docena de amigos ya muertos o próximos a morir algunos hermanos algunos hijos algunos nietos tu mujer y dos o tres mujeres tus perros tus tórtolas

23^h 57′ 55″ es el fin del oficio de tinieblas cuando ya los niños empiezan a cansarse de hacer sonar las carracas y a las niñas les sudan las axilas y la cintura y les duelen los pies

23^h 58′ 10″ tú no te resignes a nada ni siquiera a morir

23^h 58′ 15″ tú grita hasta quedarte sin voz y sin respiración que no quieres nada que no quieres que te dejen vivir en paz ni en guerra morir en paz ni tampoco en guerra

23^h 58′ 24″ nadie se da cuenta de que se muere hasta que se muere de verdad r.i.p.

23^h 58′ 29″ la parca en camisón el cura leyendo latines rutinarios y administrativos la familia diciendo necedades y procurando prestar oídos a tus últimas e históricas palabras

23^h 58′ 41″ todo esto debe ser evitado mientras sea posible hacerlo

23^h 58′ 46″ tú dices tendréis que tomaros la molestia de matarme todo esto está durando ya demasiado

274

23ʰ 58′ 53″ en venganza tú huyes sin que nadie te vea

23ʰ 58′ 58″ ya has estrangulado al cura y ya has saltado por la ventana

23ʰ 59′ 3″ séneca llamaba bien morir a morir voluntariamente

23ʰ 59′ 7″ tú pones el cuello en la vía del tren y la rueda de la locomotora te lo corta con gran limpieza y de un solo tajo ya estás muerto r.i.p.

23ʰ 59′ 16″ primero sale un gran chorro de sangre un violento chorro a boca llena de sangre rápida roja y alegre mientras la cabeza que todavía siente el dolor rebota en dos o tres traviesas de pino embreado

23ʰ 59′ 30″ después mana un tenue hilillo de sangre

23ʰ 59′ 34″ la cabeza ya dejó de rodar y tienes los abiertos ojos como de vidrio mal cocido

23ʰ 59′ 40″ el hilo de sangre se va haciendo lento obscuro y sólido

23ʰ 59′ 45″ la representación termina a tus espaldas r.i.p. y en los diarios te dedican necrologías

23ʰ 59′ 52″ el mandato del eclesiástico es terminante ante mortem ne laudes hominem quenquam

23ʰ 59′ 59″ sí, hubiera sido más cómodo ser derrotado a tiempo...

0ʰ 0′ 0″

Palma de Mallorca, entre el día de difuntos de 1971
y la semana santa de 1973